本书编委会

主　　任：李绍美

副 主 任：蓝　青

成　　员：(按姓氏笔画为序)

白荣敏　李修意　吴敬亮　陈培青

林成峰　郑　坚　高燕君

主　　编：丁振强

副 主 编：冯志洁　佘燕文

编　　委：王怀利　张　洁

太姥山

政协福建省福鼎市委员会文化文史和学习委◎编

海峡出版发行集团｜海峡文艺出版社

图书在版编目（CIP）数据

太姥山/政协福建省福鼎市委员会文化文史和
学习委编.－福州：海峡文艺出版社，2024.5
（福鼎文史.乡镇专辑）
ISBN 978-7-5550-3548-0

Ⅰ.①太…　Ⅱ.①政…　Ⅲ.①乡镇－文化史
－福鼎　Ⅳ.①K295.75

中国版本图书馆 CIP 数据核字（2023）第 219255 号

太姥山

政协福建省福鼎市委员会文化文史和学习委　编

出 版 人　林　滨
责任编辑　邱戊琴
出版发行　海峡文艺出版社
经　　销　福建新华发行（集团）有限责任公司
社　　址　福州市东水路 76 号 14 层
发 行 部　0591－87536797
印　　刷　福建新华联合印务集团有限公司
厂　　址　福州市晋安区福兴大道 42 号
开　　本　787 毫米×1092 毫米　1/16
字　　数　370 千字
印　　张　21　　　　　　　　　　插页　2
版　　次　2024 年 5 月第 1 版
印　　次　2024 年 5 月第 1 次印刷
书　　号　ISBN 978-7-5550-3548-0
定　　价　85.00 元

如发现印装质量问题，请寄承印厂调换

总　序

李绍美

福鼎古属扬州，晋属温麻县，隋开皇九年（589）废温麻县改原丰县，唐武德六年（623）置长溪县，清雍正十二年（1734）为霞浦县辖地，归福宁府。清乾隆四年（1739）由霞浦县划出劝儒乡的望海、育仁、遥香、廉江四里设福鼎县，县治桐山。1995年10月，福鼎撤县设市，现辖10个镇、3个街道、3个乡（其中2个畲族乡）、1个开发区。

福鼎建县虽不足300年，但人文历史悠久，早在新石器时代就有先民在这块土地上繁衍生息，并因山海兼备的地理特征创造出丰厚和多元的文化，如滨海名山太姥山孕育了太姥文化，依海而生的马栏山先民则开辟了海洋文化。随着时代的发展，福鼎的文化愈发精彩和独特：与浙江交界的叠石、贯岭、前岐等乡镇，接受瓯越文化较为明显，其方言与温州的腔调接近；与长期作为闽东文化中心的霞浦县相近的硖门乡和太姥山镇，受儒家文化影响较深，文风盛于其他乡镇；地处山区的管阳、磻溪等镇和地处滨海的沙埕、店下等镇，在生产方式与生活习惯上均有很大的不同……新中国成立以来，特别是改革开放后，福鼎各乡镇立足各自的区位特点和地方传统，抓住历史机遇，走出了各具特色的发展之路，在经济建设、社会治理、文化繁荣等方面都取得了长足的进步，变化可谓翻天覆地。

基于市情，我们改变常规文史工作立足县市层面，把视角下移，提出为辖下的13个乡镇、3个街道、1个开发区编纂文史资料并合出一套丛书的思路，使得政协文史工作更细致入微、更接地气。这一思路得到了福鼎文史界和各乡镇（街道、开发区）的积极支持和大力配合。为了做好这项工作，市政协总体协调，聘请文史研究员跟踪、指导、参与丛书具体编纂事宜，努力推进这项工程量巨大的工作。各个乡镇（街道、开发区）成立工作小组具体落实，有的乡镇与高校合作，借助高校的科研力量；有的乡镇聘请当地文史工作者，借助当地"活地图""活字典"的力量……可谓"八仙过海，各显神通"，使得丛书的编纂进展顺利。

本次系统挖掘整理各乡镇的文史资料，是文史工作的一次创新，而且以乡镇为单位编纂成书，使每个乡镇零散的资料归于系统化，实乃为每一个乡镇写史纂志，对各乡镇的文化建设意义重大。在工作中，很多史料的价值以文史的眼光审视得到重新"发现"，更有不少内容属于抢救性的挖掘整理，十分难能可贵。也因此，这项工作具有开拓性，也更具挑战性。自工作开展以来，镇里、村里的老干部、老"秀才"和"古董"们，市里各个领域的文史爱好者，以及高校研究人员，纷纷热情参与其中，为完成这项浩大的文化工程付出了艰辛的劳动。大家既科学分工，又团结协作，怀抱对乡土的热爱、对家乡的厚谊及对文史的关怀，兢兢业业，埋头苦干，无私奉献，终于使煌煌几百万字的"福鼎文史·乡镇专辑"丛书与大家见面了。该丛书的出版，拓展了福鼎文史工作的广度和深度，使福鼎文史工作有了新的突破、质的提升。

　　文史工作是政协工作的重要组成部分，是一项有益当代、惠及后世的文化事业，在传播优秀文化遗产、繁荣发展文化事业、推进建设和谐社会等方面都具有十分重要的意义。市政协历届领导班子有重视文史工作的优良传统，以对历史负责的求实态度，尊重社会各界的意见、建议，注重文史人才的培养并发挥他们的积极作用，守正创新，破立并举，推进福鼎政协文史工作长足发展，为福鼎地方文化建设做出了积极贡献。在此，谨向所有关心和支持这项工作的各界人士表示诚挚的谢意！

　　读史可以明智。历史是昨天的客观存在，是我们认识现实、走向未来的前提和出发点。迈入新时代的福鼎，正孕育着新的希望，让我们紧密团结在党的领导下，一如既往地秉承"肝胆相照，荣辱与共"的方针，与全市人民一道，团结拼搏，鼎力争先，不忘初心，接续奋斗，为加快建设宁德大湾区沙埕湾生态临港产业城市发挥我们应有的作用，做出我们应有的贡献。

　　是为序。

（本文作者为福鼎市政协党组书记、主席）

目　录

🐚 人物春秋

往事钩沉

经济社会

文教卫生

民俗风情

物华吟赏

附录:

山·川故里

万古雄镇

　　太姥山镇隶属福建省福鼎市，原名秦屿镇，地处东海之滨晴川湾畔、宁德世界地质公园太姥山下。在这119.08平方千米的热土上，生活着汉族、畲族、回族等23个民族共约5.8万人。早在5000多年前的新石器时代，镇域内就有古越先人在此劳作生息。相传秦时，便是"秦人避乱之所居"。明万历《福宁州志》载："吾州有山秦屿，疑宇内视此为东南荒僻，故避秦南奔，聚居于此。晋人避乱来居泉州江侧，遂名晋江，吾州名秦川类此云。"这是秦屿名称由来最早的文字记载。清初举人左天镛《洪山赋》歌曰："尧母孕灵兮称太姥，地托秦人兮犹名秦屿。"秦屿旧属福宁州劝儒乡望海里十都，清乾隆四年（1739）福鼎置县后，为福鼎县七都。民国元年（1912），废都设秦屿区。1940年，始设秦屿镇。中华人民共和国成立后，秦屿设福鼎县第二区，后又改为第三区、第五区、秦屿区。1958年8月，成立秦屿人民公社。1982年8月，恢复秦屿区。1987年改设秦屿镇。2011年3月更名为太姥山镇。在漫长的历史长河中，当地人民用智慧和双手创造了灿烂的文明，用热血和生命铸就了"万古雄镇"的美名。

"万古雄镇"石刻（太姥山镇党建办 供图）

美丽之境

　　太姥山镇昔时因地形似莲花，雅称"莲花屿"。大自然绝妙的手笔以粗犷山石和飘逸海波的笔触，勾画出一幅多姿多彩的山海画卷；以归航渔歌与错落梯田的韵律，弹奏起一曲美妙诱人的山海交响。域内闻名遐迩的国家 AAAAA 级旅游景区、国家级风景名胜区太姥山滨海横亘，东南距中国最美十大海岛之一的嵛山岛仅 5.4 海里。晴川湾内外岛屿如星如棋，点缀于碧波之上，有地壳运动断裂带遗迹和原生态海蚀地貌景观。这里沙鸥点点，有海鸟的家园——鸟岛"日屿"，有夕阳下独特格调之美的"海上田园"——小筼筜滩涂；这里金滩遍布，如月如梳，沙质细软，牛郎岗海滨浴场最负盛名，是观海听潮冲浪的好去处，素以"碧海金沙好消夏"享誉远近；这里有户外活动的理想之地——蒙湾，有太姥娘娘故里——才堡，有才溪水蜿蜒清澈，有何坑峡谷狭长清幽，有白茶故里——方家山；还有见证抗倭战争的明代古堡，全国爱国主义教育基地——清代戍台故兵义冢群。种种景致，足以让你流连忘返；斯景斯境，纵使神仙也向往，无怪乎太姥山有"海上仙都"之美誉。

牛郎岗海滨浴场（太姥山镇党建办 供图）

富庶之地

　　山海相伴的太姥山镇，物产丰富，鱼米飘香。承接先人"秦屿左右两山并峙，中一海门，若截以为塘，则茫茫沧海安在不化为桑田耶"的设想，自 20 世纪六七十年代秦屿海堤的先后围垦，造就了这片万亩大"粮仓"。源于闻名遐迩的太姥山鸿雪洞的"绿雪芽"古茶树，使这里成为白茶祖地。如今，以绿雪芽有机茶生产为主的茶叶生产，已成为农业增收的重要渠道。漫长的海岸线上，浅海滩涂遍布，域内盛产大黄鱼、水鳝、黄带、石斑鱼、鳗鱼、墨鱼、梭子蟹、对虾、青蟹、蛏、泥蚶、海蛎、泥螺、麦螺、海蜈蚣、弹涂鱼等种类繁多的经济鱼类，是各类海洋生物繁衍生息的理想家园。这里海水养殖产业发展蓬勃，弹涂鱼养殖和紫菜种植方兴未艾。秦屿是福鼎主要的粮、渔产区。先贤们"南山青接北山黄，麦陇翠连菜圃香""福橘温柑物产呈，四时佳果赴纵横""居人多是海为田，租尽缫船与钓船。梅李熟时蚱又上，好看装载下闽川"的田园美景与"山海同步"的蓝图正在变为现实。

人文之薮

悠久的历史赋予太姥山镇深厚的文化积淀。福建沿海史前文化遗址——彭坑后门山新石器时代遗址，是迄今为止福建地区发现的为数不多的彩陶与石器加工场所共存的遗址。它的发现对探讨闽台史前文化的渊源及南岛语族的起源与扩散等课题，都有极大的研究价值和学术意义。潋城大段山、小兜山，外才九帅爷宫山等，先后出土了不少的商周时期文物。这些遗址、文物告诉了人们，早在新石器时代，古闽越人就在这里繁衍生息。潋城古堡、屯头古堡、虎头岗义冢群、忠烈祠、义勇祠和

村容村貌（太姥山镇党建办 供图）

张朝发墓等历史遗存，或保存完好，或原样修葺，共同见证了历史上英勇不屈抵御外侮的史话。这里有福鼎域内最早的书院——草堂书院，有朱熹传播理学一脉的石湖书院。这里人文荟萃，代有名士，有"北乡三博"之一的杨惇礼及其孙杨兴宗、杨楫，史称"潋村三杨"；有"城外王公孙父子六举人，兄弟叔侄五拔贡"的儒林之秀和"城里王学贞刊先贤遗集为父祝寿"的文苑佳话；还有摩尼教遗址和唐宋以来众多的古寺庵，以及崇祀太姥娘娘等地方神的宫庙，这些代表了佛、儒、道三教文化在秦屿的交融汇合。方家山、孔坪、才堡等畲族村落的服饰、婚丧习俗和主要民俗节日——三月三"乌饭节"、四月八"歌王节"、九月九"望海节"，以及"丁氏回族"民俗等，彰显出强烈的民族特色。太姥山镇小吃味美形秀，做工讲究，丰富多样，有福建名小吃"秦屿筛丸""邱记小笼包"等，工艺讲究，风味独特，远近闻名。当地集镇区域操福州方言，风土腔音一如省会，成为独特的"方言岛"，故又称为"小福州""玉榕"，俗呼"小三山"。因此，当地民俗文化大部分传承着福州的特点。民俗表演有台阁、鱼灯、钱墩境狮灯等，独具魅力。民间竞技活动有藤牌舞、龙舟竞渡等，场面壮观，气势恢宏。民间文学有竹枝词、渔歌、畲歌，以及"龙船诗""茶诗""添丁诗""升龙烛诗""送洞房诗"等，优美朴素，别具一格。源远流长的文化传承，多元共存的文化结构，给太姥山镇增添了无穷的魅力。

英雄之城

　　太姥山镇历经烽火硝烟的磨难，古城旧痕累累的历史，至今仍让人感慨万千。自明清以来，太姥山镇即是海防要地。明洪武二十年（1387），烽火门水寨驻扎此地；后又徙大筼筜巡检司，移驻秦屿；明嘉靖十七年（1538），为防倭寇，土司陈登倡建秦屿城堡；清康熙二十三年（1684），烽火营由三沙移驻秦屿城堡内，设立烽火营参将署、守备署；清雍正二年（1724），烽火营改游击为参将；清乾隆三十一年（1766），徙灌口巡检司驻秦屿城堡，始设秦屿巡检司。秦屿城堡是福鼎最大最长的乡城，也是最具有同仇敌忾、众志成城优秀品质的英雄之城。明嘉靖年间，抗倭名将俞大猷、朱玑等曾多次屯兵于此，并以此为根据地，转战闽浙海疆；嘉靖三十五年（1556），倭寇万余人侵犯，秦屿人民在当地人程伯简的领导下奋起抵抗，坚守七昼夜，击退来犯之敌，死难烈士共48人；倭寇攻秦屿城堡不克，遂转攻屯头堡，义民林卿等率乡勇奋力抵抗，16人不幸殉难；明天启二年（1622），海寇千余众骚扰秦屿城堡，义民张銮三、陈姑娘等自发组织御敌，43人壮烈殉难。1934年3月，以潋城为中心的福鼎南区农民暴动——潋城暴动，是福鼎早期共产党组织领导的有组织、有计划

秦屿戍守台湾将士墓群（李秋容 摄）

的农民武装斗争，轰动了闽浙边境，对福鼎、霞鼎、鼎平游击根据地的巩固和发展起了重大的作用。1934年5月，叶飞等率领闽东红军独立团，攻打秦屿城堡守敌78师一个营，在当地百姓支援下，打垮了敌人，占领了秦屿城堡，对福鼎、霞浦两县的革命影响很大。近数百年间，太姥山镇人民没有停止过保卫家园、抵御外侮内患的斗争，仁人志士不惜血染城头，更有如戍台故兵王建楠，抗英名将张朝发，抗日英烈丁友亮，革命先烈黄丹岩、陈宝洲等秦江儿女血沃中华，为反对殖民统治，捍卫领土完整和民族尊严，抗击外来侵略，争取民族解放，不惜用生命为太姥山镇谱写了英雄壮丽的诗篇，铸就了"万古雄镇"的美名。那四字镌刻在岐头宫海岸边的悬崖绝壁上，宛如一只雄狮镇守在太姥山镇的东大门，傲视茫茫东海。

希望之都

太姥山镇位于福鼎市东南部，与霞浦县毗连，濒临东海，港湾众多，北距深水良港——沙埕港10.8海里，南距三沙港27海里，与台湾基隆港相距不过142海里，水陆交通便利。太姥山镇地处太姥山下，风光旖旎，人文荟萃，业已成为太姥山"山、海、川、岛"风景旅游观光的集散地。贯穿全域的省道沙吕线、沈海高速公路和温福铁路，分别设有太姥山汽车站、高速互通口和太姥山火车站等交通中转站。朝气蓬勃的太姥山镇，已经形成食品加工、三车配件、光学仪器三大主导产业，实力不断增强；形成茶叶、蔬菜、蓝莓及水产养殖等高效益特色产业，农业现代化进程持续加快；第三产业不断发展壮大，形成以旅游业为龙头，各服务行业共同繁荣的格局。

太姥山镇集镇全景（太姥山镇党建办 供图）

太姥山镇是国家首批发展与改革试点城镇、福建省首批 22 个小城镇综合改革建设试点镇之一。今日的太姥山镇，通过加快产业转型升级和龙头企业培育，扶持民营经济和中小企业，促进了实体经济稳步发展，经济发展各项指标连续五年跻身宁德市各乡镇前列，城乡面貌日新月异；小城镇建设与项目投资强力推进，规划体系不断完善，多规合一机制正在形成，小城市框架进一步搭建，城市功能日益完善；宁德市首个乡镇生活污水厂建成并投入运营，农村基础设施和公共服务不断完善，生态环境优美宜居；统筹就业、住房、社会保障以及教育、卫生、科技等社会事业发展，民生福祉保障不断改善。走在新时代征程上的太姥山镇，正豪情满怀，向着建设"宜居、宜业、宜游"城镇，实现新型城镇化的宏伟目标昂首迈进。

（本文由太姥山镇人民政府供稿）

太姥山镇地理风貌

✍ 冯志洁　丁振强

太姥山镇，原名秦屿镇，隶属福建省福鼎市。地处福鼎东南部晴川湾畔，西北依太姥山，东南临东海。全镇面积 119.08 平方千米，海域面积 40 多平方千米，海岸线长 32 千米。山环海绕，山、海、川、岛会列其间。丰富的山海资源，绵长的海岸线，山海交汇的独特地理环境，奠定了太姥山镇的经济格局和文化基调。

闽东地区的主要山脉即太姥山脉，自浙江入境，纵跨福鼎、柘荣、福安、霞浦，介于东经 119° 40′—120° 25′ 与北纬 26° 42′—27° 25′ 之间，为福鼎、霞浦两县溪流的分水岭。该山脉山峦绵延，奇峰兀立，海拔多在 400—700 米之间，其主峰新月峰高达 917.3 米。

太姥山脉的形成，缘于燕山运动产生的大规模断陷和坳陷，造成了厚度较大的晚侏罗世和早白垩世大规模的火山喷发。太姥山大部分属于构造侵蚀、剥蚀丘陵盆谷地形，具有典型的低山丘陵特征，形成以高丘为主的丘陵、河谷、盆地地貌。山体蕴藏的矿产资源主要有铅、锌、银、镉、明矾石、石英岩、高岭土、玄武岩等。森林覆盖率达 46% 以上。明人胡孟修说："太姥盘峙海阳陬，岩壑之胜甲天下。"绵延相耸的山峦，构成了福鼎的天然屏障。

太姥山，历史上又名"才山"。传说中，黄帝之师容成子曾在山上栖之。尧时有老母种蓝于此，因名太母山。西汉年间，汉武帝命东方朔授天下名山文，改"母"为"姥"；五代十国时，闽王封为西岳之神。明代王应山《闽都记》记载：

太姥山，在州东北百二十里，旧名才山。容成先生尝栖之，峰下石砰、石臼、石杵尚存。王烈《蟠桃记》："尧时有老母，业种蓝，既而仙化。因呼太母。汉武帝命东方朔授天下名山文，乃改'母'为'姥'。"山有三十六奇，唐开元三十年，都督辛子言自越泛舟来闽，止宿海上。梦朱衣玄冠执圭而前曰："某神吏，昧爽，仙姑之蓬莱，属某为先驱。中丞泊舟挡路，幸移楫。"既觉，移舟。暴雨洪涛，少顷澄净，云霞绚彩；有鸾鹤、箫管之音。子言图录奏闻。玄宗张图华萼楼，宣示诸王、宰辅，敕有司春

太姥山风景图（许少华 摄）

秋二祭，仍禁樵采。唐时，有里人林嵩记。宋时，有里人杨楫嘉定中《灵峰寺记》。山下有蓝溪寺，前有蒙井，有敛港，皆名胜。

太姥山摩空际海，奇石嶙峋，以其壮美的自然景观被世人誉为"海上仙都"。种种传说，使得太姥山不仅在地理上具有重要意义，更被赋予了浓厚的文化内涵。太姥山1988年，被列入国家级风景名胜区（第二批），2010年入选世界地质公园名录，2013年被授予国家AAAAA级旅游景区。

清嘉庆《福鼎县志·山川》记载福鼎地势："层峦叠嶂，跬步皆山，曲港清溪，周遭环境，颇有竞秀争流之概，其亦东南一奥区也。"太姥山镇是福鼎市直面东海的经济文化要镇之一，西北是太姥山脉绵延起伏，东南为冲积小平原。域内有大小山峰49座，主要河流有吉溪、玉湖溪、陡门头溪和秋溪。依山面水的自然环境，滋养着世世代代在此生活的百姓。

太姥山镇水道密布，直通大海，地理优势明显。本镇自西向东有5条主要溪流汇集成吉溪和洋里溪，注入秦屿湖。秦屿湖以东便是浩渺无际的东海，晴川湾是其入海口，沙滩浅缓，加之山林溪水夹带的有机养分，为渔业与滩涂养殖业的发展提供了极为有利的条件。明代万历年间，福建侯官（今属福州）文士陈仲溱登临太姥山摩霄峰，写下《太姥山记》概其山水之胜：

细辨诸涧，蓝溪水在竹园之外，绕长蛇岭之里而出；龙潭水绕国兴、才山之麓而出；箬溪水绕摩霄、金峰、太姥洋之背而出；叠石水绕太姥洋之

湖光山色（李步登 摄）

九鲤朝天（释长净 摄）

前而出，皆由秦屿入海。其山自摩霄而东，多石而以岩壑胜；自摩霄而西，多土而以竹木胜。

    源源不竭的溪流与涨落往复的海水持续冲刷，形成海湾沿岸大面积的沉积海滩平原。低洼的地势也给当地带来水患。清嘉庆《福鼎县志·水利》载："福鼎环山带海，地之高者苦旱，卑者苦涝，苟非度势因时，蓄宣有备，曷能泽流无穷，与郑、白二渠相媲美乎？"当地百姓因地制宜，兴修水利，潴泄相济，充分利用水资源以惠及邑民。

    早在宋代末年，太姥山峰峦之间已经出现梯田绕山、松林郁茂的景象。宋人王十朋《入长溪》写道：

老矣倦游宦，入闽知山川。

三山疑隔海，九岭类钻天。

插稻到山顶，栽松侵日边。

长溪水无限，前更有清泉。

    数百年来，当地百姓从未停止对此地的环境改造。他们开垦山地，筑堤围田，将山地海滩变为水田交织、茶林笼绕的美丽田园。至20世纪50年代，太姥山镇的许多溪流山涧，先后修筑堤坝，拦河蓄水，相继建设巨口、吉坑、长章溪、平桥等水库共14座，总蓄水量达1775万立方米。其中1959年开工建设的吉坑水库，总库容达558万立方米，为福鼎第二大水库。如今，全镇有效灌溉面积近20000亩。

    太姥山镇属于典型的亚热带海洋性季风气候，气候温和湿润，降水充沛。受到海洋气候的影响，冬暖夏凉。年平均气温18.2℃左右，昼夜温差大；年平均降水量约为1471.4毫米，降雨多集中在每年5月至9月。夏季高温湿热，亦常受台风影响。

关于当地气候特征，清嘉庆《福鼎县志·气候》中载：

鼎邑虽属闽地而邻于浙，其气候实与福州暨郡城稍异。如春初间常雨雪，较寒于冬，发雷常早，遂成阴霾。夏则多旱，洋田喜雨，山田喜晴，收获不齐而丰歉因之。秋初飓风时发，暑雨霪霖，乍晴复雨，溪流泛涨，山岚海瘴尤盛于夏秋之交。秋热更烈，雨复暴寒，湿热熏蒸，人多疟痢，霜降稍觉清凉。将届小阳，复成暄燠，花有非时而开者。小雪以后，霜华满地，辄作严寒。冬至既交，则雪常盈寸。此乃邑中一岁之气候也。

依山面海，气候温和，是太姥山镇最典型的环境特征。在大自然赋予的"山海交汇"大舞台上，太姥山镇的百姓世世代代繁衍生息，不断开发利用山海资源，用勤劳和智慧写下一首首撼人心扉的杰出诗篇。

太姥山镇区位交通

冯志洁 丁振强

太姥山镇位于福建、浙江两省交界的福鼎市，在交通上地位极其重要。但是，峰峦林立、冈麓相接的特殊地形成为本地道路交通发展的巨大阻隔。历史上，闽东地区交通极其不便。清人顾祖禹《读史方舆纪要》记载：

> 福建之地，海抱东南，山连西北，重关内阻。群溪交流，虽封壤约束，而山川秀美，福州一郡，居然都会。说者谓温、处、衢、信，闽之北藩也；建昌、南赣，闽之右壁也；惠、潮，闽之西门也；大海，闽之东户也。建宁一郡，北当仙霞，虞浙江之突入；西瞰分水，虑江右之窥伺，东带松溪，防矿贼之窃发。是诚全闽之头目，保护不可或怠者也。邵武迫近建昌、杉关之冲，恒由不意，而汀、漳二郡与南、赣、惠、潮邻接，山溪旷邈，奸宄遁逃，易生衅孽。且漳州南控岛屿，其民险，往者倭奴流突，大率漳郡之人为之向导，不可不折其萌矣。福宁一州，屹峙东北，温州南下，此其最冲。夫以闽之封壤，而四境之间，敌皆可乘，乃欲高卧无患，真千古必无之事也。

宋代著名文学家曾巩走过福州至明州（今宁波）的艰难行程后，写下了脍炙人口的散文名篇《道山亭记》，开篇便生动描绘了闽地的山川地貌与沿途水陆交通状况：

> 其路在闽者，陆出则阸于两山之间，山相属无间断，累数驿乃一得平地，小为县，大为州，然其四顾亦山也。其途或逆坂如缘絙，或垂崖如一发，或侧径钩出于不测之溪上，皆石芒峭发，择然后可投步。负戴者虽其土人，犹侧足然后能进。非其土人，罕不踬也。其溪行，则水皆自高泻下，石错出其间，如林立，如士骑满野，千里下上，不见首尾。水行其隙间，或衡缩蟉糅，或逆走旁射，其状若蚓结，若虫镂，其旋若轮，其激若矢。舟溯沿者，投便利，失毫分，辄破溺。虽其土长川居之人，非生而习水事者，不敢以舟楫自任也。其水陆之险如此。

为了突破高山险阻，当地百姓从未停止开拓山路，修建驿道，建立与外界的联系。

陆路交通

太姥山是福建省东北部的天然屏障，在战略上具有重要地位。五代十国时期，闽国偏安一方，经济文化发展较快。闽王开始沿驿道和交通要口设立关隘，与塘汛、站铺、烟墩相辅，传递消息，防御敌人，传递军情。为了抵御吴越等国入侵，闽王敕令长溪县（福鼎当时归其管辖）在北路与浙江平阳、泰顺交界处的险要之地构筑分水关与叠石关，形成福鼎最早的一批关隘。

千百年来，相继设置的大小关隘、塘汛、驿站，为我们追寻福鼎陆路交通变迁的轨迹提供了准确坐标。诸多关隘中，分水关是福建北部驿道最重要的关隘。分水关位于福鼎县城北面15千米，海拔450米，既是防卫御敌的军事关隘，又是连接闽浙两地商旅往来的重要驿站。它处在浙江泰顺、平阳（现属苍南）与福建福鼎三县交界的分水岭上，是东南沿海南北往来的喉嗌，号称"闽东北门户"。

明清时期，福建通往浙江的主要商路有两条：

其一，从杭州经温州、瑞安、平阳通过福鼎分水关进入福建，在福建域内经福鼎、霞浦、宁德、罗源、连江诸县境，跨越北岭、汤岭到达福州。这条商路被称为"福温古道"。

宋梁克家《三山志》已明确记载这条古道，并详细记录了从温州至福州沿途经过的馆驿：温泉馆、潘渡桥、陀驿、四明驿、飞泉驿、白鹤岭、宁川驿、深浦渡、双岩岭、黄崎镇滩头渡、下盂驿、盐田驿、温麻驿、倒流溪驿、饭溪驿、白林驿、桐山驿、分水关等。这是闽浙往来的重要道路，也是江南乃至北方地区与闽粤商贸流通的要道，商旅极为频密。

此道在福鼎域内经贯岭、时泰亭、水北、桐山、岩前（今属桐城）、王孙、点头、倪家地、白琳、金刚墩、五蒲岭、三十六湾、蒋阳、杜家、龙亭界，之后进入霞浦境，经宁德、连江至福州。在倪家地分出通往旧称秦屿堡的支路，由倪家地经郭洋、流坑、才堡至秦屿堡，由秦屿堡越渠口，经下锁桥、北洋、硖门越过棋盘岭进入霞浦。另有大筼筜支路，由倪家地经郭洋至潋城，向东沿海至小筼筜、大筼筜、后澳、黄岐。

福温古道沿途崎岖险仄，萦纡陡峻，这样的道路车马是无法行驶的。往来商旅行人只能肩挑背负，徒步行走。清人蓝鼎元《福建全省总图说》载：

> 宇内东南诸省皆滨海，形势之雄以闽为最。上撑江浙，下控百粤；西踞万山，东拊诸夷，固中原一大屏翰也……自浙东海岸温州入闽，由福宁州

宁德、罗源、连江至省城，皆羊肠鸟道，盘纡陡峻。日行高岭云雾中，登天入渊，上下循环，古称：蜀道无以过也。

其二，从浙江杭州出发，由富春江入富阳、桐庐、建德、兰溪、龙游、衢州、上杭埠、仙霞岭，经浦城进入福建。

此道在上杭埠也可分向西行到常山，入江西，经玉山、上饶、铅山，过武夷山进入福建崇安，再由崇安经建阳、建瓯、南平、古田、闽侯到达福州。这条驿道自杭州到浙江常山县，皆为水道。自常山到福建古田的水口驿，水陆并行。

崇山峻岭的阻隔，给地方百姓生活以及经济发展造成了非常不利的影响。元代散曲名家曾瑞游走在江南及浙闽地区，曾以一曲【中吕】《山坡羊·过分水关》将由浙江入闽时山路崎岖难行的情境描写得淋漓尽致，词句之间充溢着旅途艰辛的感怀：

> 山如佛髻，人登鳌背，穿云石磴盘松桧。一关围，万山齐，龙蟠虎踞东南地。岭头两分了银汉水。高，天外倚；低，云涧底。
>
> 行人驱驰不易，更那堪暮秋天气，拂面西风透客衣。山雨霏微，草虫啾唧。身上淋漓，脚底沾泥。痛恨杀伧情鹧鸪啼，行不得。
>
> 云山叠翠，枫林如醉，潇潇景物添秋意。过山围，渡山溪，扬鞭举棹非容易。区区只因名利逼。思，家万里；愁，何日归。

秀美而险峻的太姥名山，让众多文人雅士望而却步，心存遗憾。清代末年秦屿宿儒邹逸在《游太姥山记》中心生感叹：

> 余独怪天地之灵秀既有所聚，拔而为峰，挺而为石，千岩万壑具神工鬼斧之奇，而又厕之穷乡僻壤，轮船铁轨之所不通，诗豪文伯之所不到，俾灵岩古迹沉埋于荒烟蔓草间，不能与闽之武夷、浙之雁荡、赣之匡庐同脍炙人口。而屠狗、卖浆、菜佣、伧父皆得领兹山景。是天与太姥既显之，而又晦之，抑独何欤？

当时，即便在太姥山镇，高山与大海依然可能成为村落间的交通屏障。从秦屿堡到屯头村直线距离不过 1 千米，走陆路需要环海岸线越山绕道数十里，两地隔海相望却遥不可及。清光绪《福鼎县乡土志》载，屯头村"盈盈一水，与秦屿对峙，潮落雇小舟，装载人物于泥漳上行，可通秦埠"。在秦屿堡小东门海堤建成以前，里澳、屯头至日澳、番岐头、小筼筜等村均为依山面海的海边村庄。站在屯头村，正如清叶信祥《麟江竹枝词》描述，"道头相望是秦江，便捷无如一渡船"。屯头码头的水路交通成为这些地方的村民往来秦屿堡的主要通道。

长期以来，福鼎县际、乡村道路大多是迂回孔道，辗转与驿道相通。一条条石板山道构成纵横交错的道路网，遍及僻远山区村落。山川交错的自然环境，始终是道路交通建设与地方经济发展的瓶颈。

中华人民共和国成立后，东南沿海的道路交通建设成为我国沿海经济发展和海防战略的重要任务。1955 年，纵贯闽东地区的第一条公路"福温线"全线建成通车。该公路通过福鼎分水关，北上浙江通向京津，南下福州以达两广。这条公路的开通，给地处闽东北之隅的福鼎与外界联系提供了便利的交通条件。福温线后来成为国道 104 线的一部分路段。国道 104 线又称"京福线"，起自北京，终点福州，经过北京、天津、河北、山东、江苏、安徽、浙江、福建八个省（市）。该线从浙江温州进入福鼎分水关（省界），经福鼎、柘荣、福安、宁德（蕉城）、罗源、连江到达福州。由于国道 104 线路经福鼎县城后便向西南方向的柘荣、福安方向行走，太姥山镇等滨海地带需要通过省道和县道与之相接。

20 世纪 50 年代至 70 年代，随着大规模的城乡公路建设，福鼎过往不便的交通状况发生了极大改观。省道"沙间线"（福鼎沙埕至霞浦间峡公路）的贯通，为太姥山镇的交通环境改善起到决定性作用。该线起自福鼎沙埕港口，至霞浦县间峡，全长204.90 千米，是闽东沿海的重要交通线。其中，由福鼎县城南出，途经岩前、点头、白琳、倪家地，越周仓岭，过郭洋、才堡，抵达秦屿城堡（今太姥山集镇），全程 40千米。"沙间线"的修建历时 20 年，福鼎县城至白琳镇段 1958 年建成，福鼎县城至沙埕镇段 1966 年建成，霞浦至间峡段 1960 年 7 月修通、1964 年 8 月改建，牙城镇至霞浦县城 1974 年建成，白琳镇至牙城镇 1979 年建成，省道直通太姥山镇，大大改善了当地的交通。

进入 21 世纪，太姥山镇的交通变化更是翻天覆地。2003 年 6 月,北起福鼎市分水关，南至宁德市蕉城区（塔山）的"福宁高速公路"全线建成通车。2005 年 1 月，福宁高速并入 G15 线沈海高速公路。高速在太姥山镇设有出入口，由此上高速，北上途经温州、台州、宁波、上海、连云港、青岛、大连，至沈阳；南下通往福州、莆田、泉州、晋江、厦门、漳州、深圳、广州、湛江越海到海口。如今，太姥山镇县道、乡道纵横交错，每天有班车通行往来于福鼎市区及霞浦县城等地，各行政村实现了公共交通村村通。太姥山镇的内部交通及对外通道建设在 21 世纪都进入了新阶段。

2009 年 9 月 28 日，"福温高铁"动车正式开通运营，在太姥山镇才堡村设立了高铁动车站。闽东北的崇山大海之间，高速列车向北穿越秦屿隧道和长 9800 米的分水关隧道，向南越过长 13099 米的霞浦隧道与长 8169.28 米的宁德跨海大桥，连接上通往全国各地的高速铁路运行网络，从此，太姥山镇进入高铁时代。

水路交通

福鼎地处福建北部沿海，当地百姓的生活世代都与海洋密不可分。福鼎域内先后发现的前岐镇棋盘山遗址、太姥山镇后门山遗址，以及店下镇洋中村的马栏山、后保栏山、洋边山等多处新石器时代遗迹，在地理位置上都处于滨海之地。海上交通成为 5000 年来先民们在东南沿海流动联系的重要纽带。

太姥山镇位于福鼎沿海区域，自古以来就是海上交通枢纽。长达 32 千米的海岸线犹如一条金色丝带环绕东面，货物贸易皆通过海路运输。同时，这里也是从事海洋捕捞渔船挂网停泊的重要口岸。

秦屿港位于晴川湾内，是福建北部海上交通的重要港口。该港口地处太姥山镇东南方，距福鼎县城 45 千米。秦屿港辐射区域甚广，西有磻溪乡，西北为白琳镇，东北为店下镇，南与里山湾海域相连，背靠太姥山。明清乃至近代，这里与台湾、浙江、山东、天津乃至欧洲国家的交往都十分频繁。

秦屿港开发历史悠久。由于"本境紧要口岸，直接大海，商艘沓至，弊窦易滋"（《福鼎县乡土志》），最初建设为军事需要。明代福建倭乱严重，嘉靖三十五年（1557）为抗倭寇入侵，福宁府北路海面开始设防，秦屿港成为海防要塞。清康熙二十三年（1684）迁移三沙烽火营驻扎到秦屿堡，此后百余年间，该营曾遣兵赴台湾守防。清顺治年间，沙埕港因战事频繁，国内众商与海外的经济贸易从沙埕港转到了秦屿港，秦屿港成当时主要的通商港口，沙埕税官也移至秦屿堡。

清末至民国时期，秦屿港与外地通航通商日益发展。有载重为 15—25 吨的"锚缆"帆船 3 艘，载重为 4—5 吨的白底船 10 多艘，载运猪羊、柴炭、谷物等土产，出口到福州、温州等地，运回南货、荔枝柴、京杂等商品供应市场。闽南一带商人每年用"乌艚船"运载私盐数千吨到秦屿港兜售。《近代福州及闽东地区经济社会概况》一文曾考证近代福宁地区与各省间的水路贸易：

与天津、山东之间往来的民船叫"北驳"，它们运来水果、大豆、豆饼、虾油、瓜子、红枣、黑枣、粉丝、毛皮和毡等，运走原木、厚木板、纸张、笋、茶和神香等。与兴化之间往来的民船叫"海盐船"，它们从这里运走柴火、纸张、笋、木桶、木盆和茶叶等，从兴化运来食盐，每艘民船载运的货物价值从五千到一万元不等。开往台湾的船叫"台湾船"，它们运进食糖、樟木、牛皮、煤、鹿皮和西药，运走原木、厚木板、纸张、笋和柴火，每艘载货物价值约两万元。与温州、宁波来往民船叫"乌艄"，它们运进咸鱼，运走原木、柴火、纸张等，货物价值从五千到一万元不等。另一种船叫"锚舰"……通常往来于福州、宁波、温州之间，运进食盐、鲸鱼油，运走厚木板、纸张和柴火。

此外，每年农历十一月底至十二月初十，闽南到舟山渔场捕鱼的三四百艘钓鱼船返回时，皆停泊在秦屿港屯头，以鱼易货，有上百年历史。

1949 年以后，随着海上运输的发展，秦屿港建设速度不断加快。1957 年建成首座 50 吨位的驳岸式码头。1994 年建成 200 吨级客货码头。现今小筸笪千吨级交通码头直接与全国各大港口通航运行。

太姥山镇历史沿革

冯志洁　丁振强

太姥山镇有着悠久历史，文化积淀十分丰厚。远在 5000 多年前的新石器时代，人类已在这片土地上繁衍生息。2008 年第三次全国文物普查时，在太姥山镇彭坑村后门山发现了大规模的新石器后期古人类聚落遗址。20 世纪 80 年代以来，通过考古发掘，先后在该镇所辖彭坑村的彭坑、山兜山，潋城村的大段山，才堡村的九帅爷宫山、长顶山等地发现多处商周时期的文化遗迹。

行政建置历史沿革

要厘清太姥山镇的历史，必须先梳理福鼎市的行政沿革。福鼎，上古时期属九州之中的扬州，周为七闽，春秋为越国，秦为闽中郡，汉属闽越国，后汉为会稽郡南部，三国时属吴建安郡，为新设侯官县所辖。晋属温麻县，隋代为原丰、闽县辖地。唐武德六年（623）起隶属新置长溪县。元至元二十三年（1286），长溪县升为福宁州。明洪武二年（1369）福宁州改设福宁县，成化九年（1473）复为福宁州。清雍正十二年（1734）福宁升州为府，设霞浦县，福鼎属福宁府霞浦县。清乾隆四年（1739）析福宁府霞浦县地置福鼎县，因域内二十都有座福鼎山，故借用山名冠以县名，福鼎自此正式建县。

太姥山镇原名秦屿镇。秦屿，数千年前是濒临海岸间的岛屿，宋代称作橬屿，因岛上有榛树而得名。有人认为，秦屿的"秦"字源自秦汉之际"秦人避乱所居也"。清人左天墉《洪山赋》曰："地托秦人兮，犹名秦屿。"明代，福宁州地方官员并以福建东北沿海境内的秦溪、秦澳等地名加以佐证。明末何乔远在《闽书》中也采信其说。种种说法都试图证明，秦末中原地区民众为了躲避战乱，已迁徙入闽在此聚居。

古老的秦屿素有"万古雄镇"美誉。凌空眺望，该镇犹如绽放在闽东北海岸的一朵莲花，清光绪《福鼎县乡土志》载："秦屿，地势平坦，凭高远望，形如莲花出水，横旦海上，故又名莲川，诸乡中一大市镇也。"明代嘉靖年间，秦屿城堡中"廛居繁盛，其人朴茂"，是海上重镇。秦屿市"舟车辏集"，呈现出贸易繁荣的景象，当时已是福宁州屈指可数的著名市镇。鉴于海上防御和地方管理需要，嘉靖年间朝廷将大筼筜巡检司衙署移至秦屿堡，改作秦屿巡检司，并设巡检官。

太姥山镇，在宋代隶属于长溪县劝儒乡望海里。据宋梁克家《三山志》所列，望海里管辖区域有潋村、太姥山、砯村、王陀九岭、益溪、大小圆塘、白露、盐埕（六十六灶）。其范围与今天的太姥山镇行政管辖区域基本重合。沿海一带分布着各个盐场，盐场百姓在版籍上属于灶户，与民户分开管理。随着溪河入海口的堆积以及围海造田范围的不断扩大，海滩越来越多地被改造为农田，出现一座座村庄、城堡。

明代至清初，秦屿归属福宁州劝儒乡望海里十都一图。清乾隆四年（1739）福鼎建县后，秦屿属七都。周边的才堡等村，原属福宁州劝儒乡望海里十都二图，置县后为八都。彭坑、潋城、吉坑等村，原属福宁州劝儒乡望海里十二都三图，清代置县后为九都。太姥洋等村，原属福宁州劝儒乡望海里八都一图，清代置县改为十都。

清康熙二十三年（1684）沿海重开海禁，通商贸易。秦屿因有海港码头而成为福建北部沿海一带重要的贸易集散地。乾隆初期，朝廷在秦屿设立口岸，委派官员征收税银。

清乾隆三十一年（1766）闽浙总督苏昌等人上奏，认为："福鼎县秦屿地方为海疆扼要之区，请将灌口巡检移驻秦屿。"朝廷准奏，将灌口巡检司迁至秦屿城堡内，设立秦屿巡检司。清代末年，七都所辖的秦屿、跃鲤等市镇人口增长，更现繁华。清光绪《福鼎县乡土志》载：

> 七都。村二：秦屿、跃鲤。秦屿……诸乡中一大市镇也。西出岩角亭，折而东，越山坡而下，沿溪行半里许，曰跃鲤。数家临水，半读半耕，鸡犬桑麻，自成村落，洵林泉佳处也。由亭直出，抵八都才堡，西南接十都秋溪，东北乃九都下尾界，东南滨海境。分十社，自东徂西凡五里。明嘉靖间，土官陈登始筑土堡，国朝重葺。门七，多边海，不通道路，惟小南门有塘，可达秋溪。西出涌金门入市，人烟鳞比，阛阓云连，约数百间，盐仓、牙馆皆于是属焉。有山三：康湖、鳞后、积石。俗呼为"小三山"。城西向，溪二，曰：跃鲤、蔗溪。

福鼎建县后，所属各乡共分为20都。据民国《福鼎县志》，六都、七都、八都、九都、十都所辖村落如下：

> 六都，原福宁州望海里十一都一图：清溪、黄崎、屯头、佳湾、官仓、

斗门（斗南）、东溪、后坪、箩溪、旸谷、杨家坪、传岩、后埕、日澳、番崎头、大箕笪、小箕笪。

七都，原福宁州望海里十都一图：秦屿、跃鲤（洋底）、崳山。

八都，原福宁州望海里十都二图：才堡（才村）、底才、方家山、墓亭里、五彩湾、南山、郭洋（郭阳）、流坑。太姥山在其境内，方圆四十里。

九都，原福宁州望海里十都三图：外宅、洋门（阳门）、山兜、吉溪、潋城、茶堂、东山下、海田、后岚（后岚亭）、三墩、模兜、古坪、塔阳头（太阳头）、官仓、佳洋（佳阳）、箩溪头。

十都，原福宁州望海里八都一图：樟岐（漳岐）、渠口、涵口、王渡、南峰山、北峰山、溪边、上澳、下楼、毗湾、塘边、梅楼、秋溪、赤溪、蒙湾、菜堂、丁家埕（丁下埕）、太姥洋（太姥阳）。

上述5都中，大部分乡村今天隶属于太姥山镇，少数乡村在1944年以后调整划出归周边的乡镇管辖。

太姥山镇各行政村（社区）基本情况统计表

村名/社区	人口	行政区域（平方千米）	耕地面积（亩）	村名/社区	人口	行政区域（平方千米）	耕地面积（亩）
茶塘社区	1574		无	金麟社区	1736	1	无
寒碧社区	3232	1.2	无	康湖社区	1009	2.6	无
积石社区	1072	1	无	玉池社区	3824	1.3	无
秦屿村	5346		461	小箕笪村	867	3.8	756
建国村	4986		无	方家山村	847	8.58	1128
吉坑村	712	1.33	292	秦海村	836		351.3
太阳头村	1798	3.8	1115	太姥洋村	1512	6.53	610
牛郎冈村	967	5	580	孔坪村	2596	11.1	2365
潋城村	2208	4.8	2277	竹下村	1560	6.67	1700
彭坑村	1416	3.11	748	仙梅村	1440	6	7490
才堡村	2290	8.9	1945	巨口村	2202	4.76	1342
瓜园村	1825	3	无	樟岐村	1802	1.3	1639
下尾村	1580	3.1	1280	东星村	326	1.2	800
屯头村	1720	6.5	1677	蒙湾村	867	待定	367
斗门村	1812	7.5	2230	东埕村	2282	8.5	1600
日澳村	1443	6.47	972	洋里村	1180	4.5	2414

注：本表统计截止时间为2019年8月，数据由太姥山镇人民政府提供。

民国初年，福鼎县设置秦屿区。1932年，福鼎县重新划为5个区，秦屿、店下、硖门、后岚合编为第三区。1936年，全县共划分为3个区署，其中第二区公署设在秦屿。1940年，设秦屿镇。1944年，乡镇调整，秦屿镇下管辖有积石、金麟、康湖、寒碧、渠口、东埕、菜堂、竹下、长岗、跃鲤、才美、流坑、潋城、岚亭、屯头、日澳等16保。

1949年6月福鼎解放，全县重新划为四区一镇，设秦屿区。1949年10月，改为福鼎第三区。1955年复为秦屿镇。1958年8月成立秦屿人民公社，1961年6月恢复秦屿区，1968年9月设秦屿公社，1982年8月改为秦屿区，1987年复名秦屿镇。2011年3月经福建省人民政府批复，秦屿镇更名为太姥山镇。

太姥山镇，现管辖面积119.08平方千米，全镇所辖6个社区，26个行政村。6个社区为：玉池、康湖、寒碧、金麟、积石、茶塘。26村为：秦屿、建国、秦海、巨口、东埕、牛郎冈、樟岐、蒙湾、东星、小筼筜、日澳、屯头、斗门、吉坑、太阳头、彭坑、潋城、才堡、下尾、瓜园、洋里、太姥洋、竹下、仙梅、孔坪、方家山。

军事相关历史沿革

太姥山镇地处海防前沿，明清时一直被视为海疆戍防要地。《读史方舆纪要》载：

> （福宁）州北瞰永嘉，南屏侯官，山川险峻，实为要地。《防险说》："闽兴、泉、福、漳之地，皆滨海要冲。然莫有如福宁之尤险者，盖地势自西北而东南至会城尽之矣。而福宁又在东南，突出海中，如吐舌然。其左为瓯、括，海居东面；其右为福、兴，海居南面，福宁独当东南北三面之冲。岛夷入寇，必先犯此，故防维最急也。"

明代著名军事家郑若曾（1503—1570）的《福宁州守御论》更进一步分析：

> 八闽之地，二面当海者二，兴、泉是也。一面当海者二，福、漳是也。寇闽要冲，晋江之深扈、獭窟，兴化之冲心、平海，龙溪之海门，漳浦之岛尾，南靖之九龙寨溪皆是也。然莫有如福宁州之尤险者。盖大地情势，自西北而东南至于福建尽之矣。而福宁尤在福建之东南，突出海中，如人吐舌然。其左为瓯、括，海居东面；其右为福、兴，海居南面，福宁独当东、南、北三面之海，倭舶入寇必先犯此。水寨之设职此之故也。旧寨在州东北五六十里三沙海面，永乐初所置，抽用福州中、左二卫，福宁卫大金千

户所军守之，秦屿、罗浮、官井、洋胥属焉。

历代海上管制体系的建立，主要依靠巡检司。

巡检司制度始于五代，盛于两宋。通常设置在州县治以外的关隘冲要之地，归当地州县管辖。早期的巡检司主要为县所属捕盗官，负责州县以下缉捕盗贼与盘诘奸伪，以维护地方治安。各巡检司均统领一定数量的武装。福鼎的巡检司始设于宋代熙宁五年（1072），分别在桐山、蒋阳（蒋洋）、照澜设巡检司，归长溪县节制。

进入明代，福鼎地区作为闽浙沿海交界地区的战略地位开始上升。明代朝廷在实施地方行政管理的同时，不断加强军事武备体系的建设。明代开国，在各个军事要地设立卫所，建立了完备的地方军事防卫组织。各地军卫以下依序设有千户所、百户所。《明史》载：

> 福宁州元属福州路；明洪武二年（1369）八月降为县，属福州府；明成化九年（1473）三月升为州，直隶布政司。北有龙首山，东有松山，山下有烽火门水寨，明正统九年（1444）自海中三沙堡移此。东北有太姥山。东南滨海，海中有嵛山、台山、官澳山、屏风屿。东有白水江。西有长溪，源出寿宁县界，至县西南古镇门入海。东有福宁卫，南有守御大金千户所，俱洪武二十一年（1388）二月置。西北有柘洋巡检司，又有芦门巡检司，后移桐山堡。又东北有大筼筜巡检司，后移秦屿堡。

明洪武二十一年，朝廷在福宁海域设立"大金千户所"守备海疆。大金千户所成为海上防御的重要军事力量。此后，朝廷在沿海地区加强了巡检司的设置，设立"大筼筜巡检司"。明嘉靖中期，大筼筜巡检司由霞浦三沙迁出，驻扎在秦屿堡。清《福鼎县乡土志·海防编》载：

> 福鼎濒海之处，堤岸湾环屈曲，兼多港汊。沙埕为县治海道之咽喉，三面距海，商贾辐辏，近年有轮船拖驶其地，土货借以畅销。与沙埕斜对相距水洋五里者，曰南镇，烽、桐两营例派弁兵稽查本澳及秦屿港出入停泊船只。秦屿者，烽火门水寨驻扎之所也。与白鹭相通，白鹭有二（俗呼大白鹭、小白鹭）。而水澳峙其东，西则黄崎澳在焉。秦屿之东北，则番崎头、大小筼筜在焉。此皆本境紧要口岸，直接大海，商艘沓至，弊窦易滋。而水澳、大筼筜，洪武时设有巡检，就近缉捕，今皆徙驻他处。至四都之店下、

十一都之青湾、二十都之流江，则系次要口岸，俗称内港……店下港横乎其前；海潮自牳屿入者，秦屿首当其冲，北为日墺港、屯头港，南为蒙湾港、打水澳港，而黄崎、筼筜、番崎头数港绕出乎其外；海潮自八都港入者，南为峡门港，北为碑湾港、王度港。以上举其大者，皆内海也。内海虽通舟楫，而水浅不能载大舶，潮汐按时涨落，鱼菜螺蛤之饶，贫民资以谋生，亦一利源也。外海则波涛澎湃，一望无际，岛屿错落于其间……南关、北关，遥遥对峙如门户，而南关尤为扼要，贼艘之自温、台来者，必先犯之。海有警，添兵屯戍，刻不容缓。

明永乐十八年（1420）在福宁州沿海水域创立了烽火门水寨。倭寇入犯时，拨福宁卫大金所官军协守。明胡宗宪《筹海图编·卷四》载：

烽火门水寨，原设于福宁州三沙海中。永乐间倭寇犯境，议拨福宁卫大金所官军防守，秦屿、罗浮、官井洋皆辖焉。正统九年，侍郎焦宏以其地风涛汹涌不便栖舶，徙今松山寨地方。其后官井洋虽添设水寨，而沙埕、罗江、古镇、罗浮、九湾等险孤悬无援势，不能复旧矣。须官井、罗浮、沙埕，南、北、中三哨，罗江、古镇两哨联络防应，庶可恃为福州之藩户也。

经过几代人的励精图治，秦屿抱海水域的"烽火门水寨"成为军事防御要塞。秦屿烽火营既是明清时期守卫福建海疆的重要军事力量，也是清代戍守台湾最为主要的官兵补给基地。

明嘉靖年间，倭寇在浙江、福建、江苏等东南沿海地区频繁侵扰，肆意掳掠。嘉靖十七年（1538），倭寇入侵福鼎晴川湾，疯狂烧杀掠夺。嘉靖三十二年（1553）倭寇攻破秦屿所，大掠而去。倭寇之乱给当地民众带来严重的灾难。为保护家园，秦屿及周边百姓纷纷捐资出力，修筑城池防御倭寇侵略。秦屿古城和潋城城堡，成为当年民众保家卫国的历史见证。清嘉庆《福鼎县志》载：

秦屿城，嘉靖戊戌年（1538），土官陈登倡建。万历戊午年（1618），巡检张绘重修。门七：东曰岐口，小东曰望海，东南曰怀远，小南曰崇礼，南曰敦化，北曰永清，西曰涌金。周七百六十丈，高二丈五尺，厚一丈二尺。敌楼炮台各四，垛口三百零五，高六尺。国朝康熙五十六年（1717），总督觉罗满保、巡抚陈瑸、布政使石沙木哈捐修。乾隆三十一年（1766），徙灌口巡检驻此。嘉庆十年（1805），守备苏明登率里人重葺。

激城，嘉靖间，叶、杨、王、刘等姓分段兴筑。旧为乡堡，乾隆四年（1639）设县，徙杨家溪巡检驻此。周围三百三十八丈，高一丈七尺，厚一丈四尺。门三，曰东门、南门、西门。

明代嘉靖中期延至清代，朝廷对于秦屿、激城的军事防卫作用给予极大关注。清嘉庆《福鼎县志》又载：

> 海之有防，始于有明，海防之严，始于明之嘉靖，嗣后沿海一带筹备益密。福鼎地处闽北，与浙洋交界，最要口岸有三，曰南镇，曰激城，曰秦屿，逼近外洋；其余各澳及诸港汊，在在均可通海，前代屡遭倭警。

文中所言三个口岸，太姥山镇所辖有二。县志称洪武年间徙蒋阳巡检寨于大筼筜，为大筼筜巡检司；徙桐山巡检寨于水澳，为水澳巡检司。嘉靖年间，再次将大筼筜巡司迁至秦屿堡，为秦屿巡检司。

清代政府沿袭了明朝在秦屿堡设立的地方军事衙署。清初编撰的《大清一统志》说："秦屿在霞浦县东百里海中，为戍防要地，筼筜巡司置于此。"清康熙二十二年（1863）经福建总督王安国、提督施琅联合奏请，将驻扎在三沙的烽火营迁至秦屿驻扎，隶属于福建水师，配备战船多达11艘。国家在地方官员的配置上也反映出对于秦屿的特殊重视。其中文职官员设"秦屿防城"巡检员，武职设"烽火营防将"，分别驻守福宁府秦屿，驻军达千余人。

七十年的跨越发展

佘燕文　丁振强

从 1949 年至 2019 年，太姥山镇伴随中华人民共和国的成立已经走过 70 个春秋。70 年风雨兼程，70 年砥砺奋进，太姥山镇从一个贫穷落后的城镇成为全国文明村镇、全国首批发展与改革试点乡镇，成为福建省 15 个"小城市"培育试点之一。在镇区，一座座高楼拔地而起，交通四通八达；在乡村，伴随着"乡村振兴"的时代号角，现代文明与田园风光相互交融；在工业区，厂房林立，企业家们正为梦想而奋斗，用激情书写着新时代的产业奋进之歌……70 年的沧桑巨变，勾勒出了跨越发展的清晰轮廓，骄傲、幸福荡漾在每个太姥山镇人的心间。在中华人民共和国成立 70 周年这个新起点上，太姥山镇向着新目标、新梦想飞驰，书写仙都名镇砥砺前行的新华章。

农业发展

过去由于生产技术落后，人力是农业生产的核心要素。70 年来，太姥山镇的农业实现了由人力耕作到机械化农耕的历史变革，在田垄间攀爬劳作、面朝黄土背朝天的画面日渐远去，手握方向盘、手持遥控器的"科技农业"逐渐出现在我们的视野中，农耕方式的不断革新，激荡出 70 年来的春风化雨、日新月异。

70 年来，太姥山镇不断加快推进农业现代化，全力推广"五新"技术，加速传统

镰刀（太姥山镇党建办　供图）

木架铁犁（太姥山镇党建办　供图）

农业向现代农业的转型升级。当地农业产业发展日益壮大，形成了红豆杉、紫菜、弹涂鱼、蚕豆、避雨葡萄、蔬菜、有机茶、名优水果等八大基地。农技推广、生产保障、职业农民培育、农产品质量安全监测等四大体系初步形成，农业抗风险能力、市场竞争力和创新能力进一步增强。太姥山镇有粮食播种面积1426.67公顷，建立推广水稻生产机械化插秧200公顷。潋城千亩现代农业园区的规模、品牌优势不断叠加，辐射带动能力不断增强。现代农业发展水平不断提升，天湖白茶、绿野山庄、下尾奇林稷、才堡蓝莓等休闲农庄渐成规模，白茶、金线莲、红豆杉等特色农业基地效益显现，新建有巨口、潋城对虾养殖基地26.67公顷，以及蒙湾大黄鱼育苗基地。2015年全镇培育示范性合作社和家庭农场12家，带动1.6万农民增收致富，实现农业产值6.57亿元，农民人均纯收入12814元。

秦屿供销（太姥山镇党建办 供图）

秦屿国营农场（太姥山镇党建办 供图）

在乡村振兴的时代号角下，太姥山镇扎实推进方家山等7个村"美丽乡村"建设及乡村游，完成了600亩高标准农田建设和53.14亩旧村土地复垦；才堡、樟岐、太阳头等3个村完成防洪堤修复；洋里等12个村完成道路修建及硬化25千米，东埕等7个村完成五保幸福苑及老人活动中心建设修缮；实施25个村农村安全饮用水工程，超过2.5万个村民饮用水质量得到有效改善。农业生产和农民居住条件获得很大改善，乡村振兴可谓推进力度大、成绩显著。

太姥山镇是福鼎白茶重点核心产区，位于中国白茶山——太姥山的山脚下，产茶历史悠久。近年来，坚持"以政府为主导、市场为龙头、品牌为主线、文化为内涵"的茶产业发展之路，全力将茶产业打造成为太姥山镇乡村振兴、百姓致富、社会安康的绿色产业、支柱产业、文化产业。2019年辖区有茶园3万多亩，产茶村24个，涉茶农民3万多人，茶企300多家，全镇茶叶总产值达3.95亿元。

城镇发展

旧时太姥山镇区多是矮平房，高层建筑几乎没有，卫生脏乱差。70年来，太姥山镇以宽视野、高站位规划全局，因地制宜推动小城镇建设，先后荣获了全国文明镇、全国首批改革与发展试点乡镇、全国综合实力千强镇、福建省经济发达镇等荣誉，具有广泛的知名度与美誉度。进入21世纪以来，作为省级小城市培育试点，太姥山镇以昂扬向上、从不懈怠的精神状态，全力转动发展引擎。2014年太姥山镇被福建省委、省政府确定为"镇级小城市"培育试点后，太姥山镇进一步加快了探索特色化发展新路子的步伐。

2015年太姥山镇以全省首批小城市培育试点为契机，委托福建农林大学专家编制完成《省级小城市三年培育计划》并报送省发改委审批，内容涉及小城市功能定位、行动目标、主要任务及保障措施等四大方面。规划至2018年，小城市常住人口城镇化率达68%，户籍人口城镇化率达50%，基本建成发展领先、功能齐全、环境优美、特色鲜明的宜居、宜业、宜游的福鼎次中心城市。至2019年，太姥山镇区已由2000年之前的2平方千米左右，扩大到5.8平方千米，形成了极具辐射带动力的县域次中心。从2016年到2019年，太姥山镇连续四年入围"全国综合实力千强镇"。

如今的太姥山镇区，坐拥碧水绿树环绕的公园，为城镇点缀着嫣然绿意；热闹非常的购物街上四方游人如织；四通八达的交通路网为城镇建设提供了发展动力。太姥山镇以"滨海之城、兴业之祉、宜居之地"为发展目标，深入开展"点线面"城乡环境综合整治，实施玉池路等示范街区和滨江绿道、慢道工程建设，生活环境焕然一新。镇区外的农村基础设施和公共服务在不断完善，加快供水、供电、燃气等市政设施建设，大力推进城镇生活污水管网建设、垃圾收集和转运设施建设，实现污水和垃圾处理设施全覆盖和稳定运行；975县道集散中心段拓宽、新八都桥建造、海山大道、水井头三期路网、秦川大道"白改黑"等一批路桥项目完成建设，"四纵三横"镇区道路框架逐渐成形；太姥山第二幼儿园、太姥山第三小学、福鼎市第二人民医院等项目的推进，带来了教育、卫生等事业发展的显著进步。2015年城乡居民社会养老保险全镇续保缴费15591人，续保率97.06%，综合考评获全市第二名，新农合完成49367人，参合率113.95%；新增城镇低保7户、18人，农村低保12户、33人；太姥山镇敬老院项目完成主体建设，可满足100位孤寡老人居住；孔坪等14个村完成危房改造78户、254人。安置237户、802人的吉坑屯头安置地完成土地农转用报批，准备动工建设。残疾人家庭无障碍改造、白内障患者复明手术及重度残疾人"居家养护"补助发放等工作有序开展。完成太阳头等 7 个村被征地农民社保申报工作，发放燃油补贴 1816.28 万元。

工业发展

1950 年以前，福鼎没有一家上规模企业，太姥山镇工业生产几乎空白。1950 年以后，太姥山镇致力发展工业，工业经济如雨后春笋般蓬勃发展。70 年来，太姥山镇的工业经过艰难起步、曲折前进、迅猛发展的历程，绘就了一幅蒸蒸日上、蓬勃发展的工业经济的美丽画卷。

水井头工业园区

太姥山镇辖区内有两个工业园区，分别是文渡工业园区和水井头工业园区。文渡工业园区，年产值 150 亿元左右。截至 2019 年，水井头工业园区年产值 44 亿元，占地 1000 亩，入驻企业 36 家，规上企业 17 家，年产值亿元以上企业 13 家。这些企业业务涉及服装针织、机械配件、光学眼镜、食品加工等产业，安置就业人员4500 多人。

2005 年，海鸥公司入驻水井头工业园区，成为该工业园区内第一家投产的企业。经过多年发展，海鸥公司成为一家集水产育苗、养殖、加工、销售、自营进出口为一体的外向型民营企业，年加工水产品能力超过 3 万吨，年产值超 12 亿元，年出口近 2 亿美元。海鸥公司的跨越式发展，曾是太姥山镇"工业强镇"发展的一个历史缩影。

多年来，水井头工业区始终坚持"高起点规划、高标准建设"的总体思路，从完善园区配套着手，持续提升园区水、电、交通、通信等基础配套水平，保障入园企业员工吃穿住行、就医就学等实际需要，为企业发展解决后顾之忧；开展园区闲置低效企业清退工作，通过"腾笼换鸟"为发展"变"出更大空间。同时，太姥山镇还从产业引导、市场拓展、用地保障、产能兼并重组等方面帮助企业解决生产经营困难。正是这种"软硬兼备"的环境，吸引了一大批高质量的精品企业入驻。

宁德核电站

宁德核电站位于太姥山镇的备湾村，距福鼎市区南约 32 千米，东临东海，北临晴川湾。规划建设 6 台百万千瓦级压水堆核电机组，一次规划，分期建设，一期工程拟采用中广核集团具有自主品牌的 CPR1000 技术，建设 4 台百万千瓦级压水堆核电机组。2006 年 3 月，由中国广核集团有限公司、中国大唐集团公司和福建省煤炭工业（集团）有限责任公司共同投资、建设和运营的福建宁德核电有限公司正式成立。2006 年9 月 1 日，国家发展改革委同意宁德核电站一期工程开展前期工作。主体工程于 2008

年 2 月 18 日正式开工，采用我国自主品牌的 CPR1000 核电技术，设备国产化比例将不低于 80%。一期工程首台机组于 2013 年 4 月 15 日正式投产商业运行，2、3、4 号机组相继于 2014—2016 年间投产运行，4 台机组在 2016 年 7 月 21 日全面建成，年发电量达到 300 亿千瓦时。

作为海峡西岸经济区首座核电站，宁德核电站承载着国家发展清洁能源、实现碳减排目标的战略使命，为推进核电设备国产化进程，提升我国核电技术自主创新能力，加强海西经济区能源保障做出了积极的贡献。宁德核电一期项目实施了"18个月换料""厂址附加后备电源柴油发电机组设计改进"等 16 项重大技术改进，率先使用自主化全范围模拟机达到国际先进水平，主管道自动焊打破国外技术封锁，项目综合国产化率达到 80%，为带动我国核电产业链整体自主化能力提升具有重要意义。

宁德核电一期项目 4 台机组装机容量 435.6 万千瓦，相当于福建省 2015 年装机总量 4919 万千瓦的 9%；4 台机组年发电量 300 亿千瓦时，相当于 2015 年福建省全社会用电量 1852 亿千瓦时的 16%。与同等规模的燃煤电站相比，宁德核电每年等效减少标准煤消耗约 980 万吨，对环境的贡献相当于种植 6.7 万公顷森林，碳减排效益明显。

宁德核电一期工程 4 台机组投产以后保持了良好的运营业绩，全厂未发生 1 级及以上运行事件和重大人身安全、设备损坏事故。以 2015 年为例，3 台在运机组平均能力因子 87.77%，共计 11 项指标达到 WANO（世界核运营者协会）世界前四的先进水平，其中 10 项达世界前十的优秀水平，与国外同类机组相比毫不逊色。作为中广核走出大亚湾投产的首座核电基地，宁德核电以其"安全、优质"的不俗业绩再次验证了中广核在核电领域的强大建设和运营实力。

旅游业发展

太姥山镇发展旅游产业具有得天独厚的优势。一是地理资源优势。太姥山镇西靠国家重点风景名胜区、世界地质公园太姥山，东临晴川湾，拥有牛郎岗、大小蒙湾等天然滨海沙滩，是旅游、度假、观光的理想之地。二是交通区位优势。福宁高速公路和温福铁路穿域而过，分别在辖区内设立太姥山高速互通口和太姥山火车站，又拥有秦屿港，并紧邻沙埕港和龙安码头，海陆交通便利，航运直通国内各大港口。

太姥山峰峦险峻，怪石峥嵘，洞窟幽致；晴川海滨景区，由晴川湾海域、跳尾湾海域的沙滩和岛屿组成，海域面积约 40 平方千米（其中景区面积 25 平方千米），以

牛郎岗风景区（牛郎岗景区 供图）

奇特的海蚀礁石地貌景观见长的牛栏岗海滨浴场最负盛名。晴川湾内风平浪静，湾内修建有三条海堤：秦屿海堤（长 910 米）、小东门海堤（长 876 米）、萨公堤（萨镇冰将军所修）。

太姥山镇拥有丰富的历史人文景观，比如潋城古堡、灵峰古刹和红色文化等旅游景点。现存唐、宋、元、明、清时期的石刻、古墓等古迹众多；明嘉靖、天启年间，程伯简、张鸢三、陈氏姑娘等在此率众抗倭、驱荷而壮烈献身，今有"忠烈祠""义勇祠"等遗址。近年来，在太姥山镇人民政府的规划下，小筼筜村积极推进沿岸防浪堤建设，并盘活闲置土地，引进农家乐项目，壮大村集体经济，带动村民增收。2019年 8 月，渔家大院正式开业，为村里提供就业岗位 8 个，并吸引 4 名村民入股合作。

太姥山镇现有商业银行 5 家共 7 个网点，大型超市 3 家，知名连锁酒店 2 家，中小宾馆 40 多家，专业旅行社 6 家，旅游专卖店 16 家，旅游综合服务能力进一步提升。全镇整合资源优势，协调推进景区、园区、镇区融合发展，始终围绕全域旅游发展战略，以生态为基础，以文化为灵魂，以项目为支撑，大力发展生态文化旅游、乡村旅游、休闲旅游、度假旅游，着力推进农旅融合、文旅融合、城旅融合和旅游投资建设和机制创新，努力实现全面融合、全民参与、全业监管、全新发展的全域旅游布局，将太姥山镇发展成为融合山、海、川、岛、人文为一体的旅游康养休闲胜地。

太姥山镇伴随着中华人民共和国的诞生，已经走过七十载辉煌春秋。七十载峥嵘岁月，七十载砥砺奋进，勤劳智慧的太姥山镇人民在中国共产党的领导下，励精图治、

牛郎岗风景区（牛郎岗景区　供图）

奋发进取，辛勤耕耘着这片美丽的土地，细心描绘着无限憧憬的蓝图，正为把一个经济落后、交通闭塞的旧镇建设成为强镇而不懈努力。在乡村振兴的时代号角下，太姥山镇向着新目标、新梦想飞驰——一片片蔚蓝的海，一座座高起的楼，交通四通发达，人民安居乐业，地方特色文化更具魅力……

秦屿村发展概况

邱光平

　　秦屿村原名"秦屿农业大队"，以农业为主，多种经营共同发展。全村现有近5000人，土地面积约4500亩，其中洋下水川和旱地3500亩，山坡农用地约1000亩。改革开放后，随着社会经济的不断发展，秦屿村先后为太姥山镇公益事业、高速公路、高铁、城区扩展、工业用地等出让土地约2500亩，为全镇经济发展、人居环境建设做出突出贡献。

一

　　秦屿村始建于1956年，首届村主任黄潘、副主任章康，村委会成员有林泰顺、史溅、甘正枢。1958年成立党支部，黄潘为第一届书记，委员有宋发清、章康、周登、郑金勇。1960年因工作需要，由许世柳接任第二届书记。第一届、第二届村干带领农民发展集体农业生产，参加了大炼钢铁和抗击1958年超强台风，度过三年困难时期。1961年后由宋发清担任第三届村支部书记，委员有王连年、林泰顺、黄潘、章康。支部带领广大农民积极投身于"抓革命、促生产"和"以阶级斗争为纲"的政治运动，经历了"文化大革命"。为贯彻党中央"老中青三结合"干部体制，对支部成员做了大幅度调整，邱世泰担任第四届支部书记，委员有：宋发清、丁帮西、蔡为瑞、邱爱文、卢舍婆、陈玉鼎、丁振祥、黄某弟、林友满、郭兴春、宋文新、黄光、章康、吴雄、何光电。1978年十一届三中全会胜利召开后，第四届支部班子紧抓机遇，大力发展村办企业，成功创办了磨灰场、粮食加工厂、米粉加工厂和针织厂，积极聚集财力，择建沿街房产，为今日秦屿村财政的稳步创收奠定了坚实的基础。第四届支部班子任期达22年之久，期间由于工作需要，宋发清、蔡为瑞、邱爱文、陈玉鼎、郭兴春、吴雄、何光电等有调动，杨寿同志增补为民兵营长。第四届支部班子是秦屿村村建的里程碑。1994年邱世泰书记由于健康问题调到镇城建办工作，由杨寿同志接任秦屿村第五任支部书记，委员有李弟仔、卢舍婆、施承水、林友满。第五届班子成员在原有基础上紧抓资产整合，先后增建了五榴三层海滨商楼、针织厂前九榴两层店铺和代亨大酒店，使固定资产不断增值。1997年杨寿同志调到镇环保站工作，镇党委委派企业站黄绵芳站长到秦屿村担任第六届支部书记，委员有李弟仔、施承水、王爱国、丁友进。第六届村两委带领菜农大力开发菜篮子工程，创建了"秦屿村蔬菜公司"，并积极采纳老干部的建议，于1999年开始对70岁以上老年人实行月定补10元，为秦屿村完善村民福利事业奠定了基础。2000年，我国开始对农村基层组织实行"两推一选"制度，8月王爱国被推选为秦屿村第七届支部书记，委员有李弟仔、丁友进、施承水、王代忠、徐永信。第七届村两委最大特点是：年龄相对年轻，文化素质较高，能适应新农村建设发展需要。任期内，两委委员通过创建"秦川蔬菜科技场""秦川果蔬专业合作社"和"秦屿镇蔬菜协会"，为农民开创了一条致富之路，同时还为镇政府建设用地做了大量征地工作。在村建事业中将水井头孵化场改建为5层新楼，并将原老年人定补年龄从70岁放宽到60岁，月定补从10元增加到30元。2006年7月21日，推选邱光平同志为秦屿村第八届支部书记，委员有王代忠、施永忠、卢丽春、徐永信。新一届村支部致力体制改革，带领广大村民抗击了有史以来特超强风暴"桑美"台风，胜利完成了灾后各项重建任务；逐步化解了农民与政府因征地产生的矛盾，落实了被征地农民"征十留一"政策；致力体制改革，解决了历年村民一直有争议的村财支配问题，让村财资源共享，为构筑和谐平安太姥山镇做出努力。

二

当前，民生工程和福利事业已成为基层党支部工作的主要任务之一。因此，村支部班子重点做好以下几方面的工作：

一是办理新型农村医疗保险和社会保险，为60岁以上老人办理政府每月定补、办理因建设需要征地至人均土地面积不足3分的月100元养老补助，为90岁以上老人办理每月100元民政助老金，为特困村民办理低保证、残疾证和天灾人祸救助。

二是认真做好敬老养老工作，斥资建设老年人活动室和一所公厕，并将老年人原定补30元提高到100元。

三是精心谋划新农村建设方案，将政府"征十留一"留给农民的145亩地作为建设新村形象工程，第一期用地53亩，设计成13幢239榴房，于2015年建成入住，第二期92亩正在规划中。村里还投资900多万元建设村委会综合办公大楼，大楼十榴六层，总建筑面积5316平方米，于2014年7月通过验收，主楼出租年创收85万元。

四是完善所有固定资产用地使用手续，办理了土地使用证。

五是争取了海鸥公司对面12亩有价值的集体土地，并整合申请可建设的八都桥边等约 3 亩待建用地。

六是规划沿街老旧店铺改造方案，用一段时间通过资产改造达到不断创收，力争村财年收入达到 300 万元。

三

60 多年来，秦屿村党支部历经 8 届。历届党支部和村委会干部带领广大农民励精图治，艰苦奋斗，辛勤创业，在搞好农业生产和完成党、政府下达的各项工作任务的同时，积极创建村办企业，先后成功创办了磨灰场、粮食加工厂、鱼粉加工厂、水井头孵化场以及合作医疗站，使集体经济得以跨越式发展，为村整合了一大批位于黄金地段的沿街有价房产，使村固定资产总值达上亿元。村两委有效的理财，得到上级政府各个部门和各级领导的赞赏。1996 年秦屿村被中共宁德地委、地区行政公署评为"小康明星村"，并先后获得了宁德市第八届、第十届"文明村"，是农村"三个代表"重要思想学习教育活动"先进集体"，党员服务区工作"先进单位"。2001 年中共宁德市授予秦屿村"先进基层党组织"；2002 年，中共宁德市委、市人民政府授予农业增效农民增收工作"先进集体"；2003 年，中共福建省委授予"全省先进基层党组织"；2004 年，中共宁德市委、市人民政府授予"农业和农村工作先进单位"；2005 年，中共宁德市委、市人民政府授予"全市计划生育协会工作先进单位"，并连续三年荣获福鼎市"一流村计生协会"；2006 年，在福鼎村财比收入竞赛活动中被评为"先进集体"。

太姥山镇作为全省 21 个小城镇建设试点城镇，必将给秦屿村带来新的发展机遇。秦屿村将按照"生产发展、生活宽裕、乡风文明、村容整洁、管理民主"的新农村建设总体要求，开启新思路，谋划新发展，加速秦屿村新农村建设步伐，努力拼搏，与时俱进，创造秦屿村事业更加辉煌、人民生活更加美好富裕幸福的明天。

回忆长章溪水库的建设

✍ 王怀利

长章溪水库位于太姥洋水尾村，水库上游流域面积为 3.92 平方千米，总库容 153 万立方米，有效库容 124 万立方米，1971 年 3 月动工，1974 年 3 月建成，是一座集灌溉、发电、饮用水等功能为一体的综合型水库。工程总投资 74 万元，国家补助 49 万元，社队自筹 25 万元，完成土石方 19.3 万立方米，全民义务投入劳力 32.3 万工日。

水库大坝为黏土心墙坝，坝高 36.3 米，坝顶高程 418.63 米，坝顶长 90 米，宽 4.6 米，为岩石基础。渠道总长 5.28 千米，其中总干渠 2.02 千米（包括隧洞 85 米），左干渠 0.76 千米（在洋里电站至龟山方向），右干渠 2.5 千米（在洋里电站至巨口方向），建筑物有：节制闸 1 座、泄水闸 5 座、涵洞 1 座。溢洪道位于大坝左岸，为宽浅式，堰顶净宽 9 米，堰高程 416 米，最大过水深 2.18 米，最大泄洪量 90.7 秒立方米。输水隧洞设于大坝右侧，底高程 395 米，长 100 米，断面 1 米 ×1.5 米，放水孔直径 0.4 米铸铁闸门，安装斜拉式手摇 5 吨启闭机一台。

水库下游利用渠道落差，在堡名里建有小型水电站（洋里电站）一座，装 2 台各 500 千瓦发电机组，1975 年 5 月 1 日正式发电投产。发电站下游 500 米处，利用发电尾水在坑头山岗建有一座日供水 1000 吨的自来水厂，1978 年 7 月开始正式供水，解决了太姥山集镇上万人饮水困难。2007 年秦屿自来水厂扩建，从原来的仅有 15 米高程提高到 54 米，日供水 1000 吨提高到 1.5 万吨，保证了集镇居民的正常供水。

长章溪水库建成不仅解决了当年 12 个行政村用电及集镇饮用水问题，同时还可以有效灌溉农田 3250 亩。

从 1971 年建设长章溪水库到 1978 年秦屿自来水厂投产，21 个行政村（大队）组成流动施工队，每个村（大队）20 人，日夜轮流驻扎在工地上；还动员建国大队、农业大队及集镇各机关、学校、工厂、商店等企事业单位，采用不定期的方法，轮流不断为工程输送义务工。工程的石方、隧洞邀请浙江泰顺林勤斡、李若付、松高等技工队施工。长章溪水库建于"文化大革命"的时期，当时资金紧张、物资匮乏，建设过程相当不容易，充分展现了秦屿人民敢于拼搏、敢为人先的精神和智慧。除了发动民工以外，秦屿公社党委分别委派林存端副书记、赖锦包副区长为分管领导，公社生产组李德兴副组长、公社干部李孝约和建国大队技术人员郭玉龙先后担任总指挥。指挥部设在太姥洋大队茶厂、岭头供销社楼房，县水利局委派林武谟、林佩光、潘道广等同志为工程师，刘子孝、丁邦希等人为工程施工员，秦屿巨口大队长陈昌图同志任工程采购员，江为恒为工程电工员，老干部陈扬来同志为工地报道员（兼指挥部会计），丁昌海为指挥部总务，秦屿医院专派陈荣卿同志为工程医生，上山下乡女知青赵爱琼、欧建生为工地卫生员。

在 20 世纪 70 年代建造任何工程，根本没有现代化的机械设备，长章溪水库大坝近 20 万方土石，全靠肩挑手打完成。当年秦屿农业大队专业队年轻小伙子是用花岗岩石造的石夯，终日不断一下一下夯实大坝坝基的。大坝建成近一半工程量时，建国大队抽来的技术人员郭玉龙同志自行设计、制造一台半自动的手扶电夯，从而减少人力打夯，大大提高大坝质量和建设进度。

在水库建设过程中，有两支特别突出的专业队，一队为工交系统，一队为农业大队，两队男女各 10 人，计 40 人。两支队伍以民兵组织的方式，从水库动工到洋里水电站建成的几年时间里，全部都坚守在工地第一线。这些年轻体壮的男女青年在那火红的年代，发扬一不怕苦、二不怕累的精神，活跃奋战在工地上，深受上级领导和广大群众称赞。报纸时常报道他们吃苦耐劳、敢啃硬骨头的精神。当年还特别为工交系统 10 名女民兵编了快板，快板内容是："工交十名女民兵，长章溪畔献红心。脚踏岩石手把锤，学会技术为人民。"至今仍传为佳话。

时间很快到了 2000 年，洋里水电站正式发电已有 25 个年头，270 多米高压管道和 2 台发电机组早已陈旧不堪，存在相当大的安全隐患。上级水利部门多次通知停止发电，历届镇领导也十分重视，洋里电站技术改造势在必行。为此，镇政府给出新一轮创业的优惠政策，结合实际情况上报有关部门，并向社会招商引资。几经周折，2000 年初终于引来本县和浙江泰顺等地社会人士，自愿出资投入电站技改。镇党委委派党委副书记刘向东负责这项工作。技改方案双方委托我牵头直接向市水利局、宁德水利局报批，历经一年勘探、设计、测绘，技改终于开始实施。除原长章溪水库不变外，在太姥山平岗寺边上增建一座二胡溪水库，从二胡溪山原边打通一条 1.5 米 ×1.8 米 ×1401 米长的通水隧洞，将水引入金鸡山，在金鸡山再建造一座大坝，作为长章溪、二胡溪两库的蓄水库，流域面积从 3.92 平方千米扩大到 14.74 平方千米。再从金鸡山打通一条 1.5 米 ×1.8 米 ×3000 米的引水隧道至坑头山，安装一条 0.6 米口径压力管直接插入洋里水电站，新装 2 台各 800 千瓦的发电机组，年发电量可达 600 万度，比技改前增发了 2 倍。技改工程历经 3 年，我从始至终是工程负责人之一。

技改的同时，2000 年 8 月，按照谁投资谁受益的政策，将洋里水电站的经营权进

秦屿长章溪水库工交系统专业队队员留影（王怀利 供图）

行承包转让，承包期为25年，每年上缴政府200万度电作为承包金，价格按上网价结算，余下发电量归承包方所有。

　　从水库动工建设过去了40多年，当年和我一起建造长章溪水库、洋里水电站、秦屿自来水厂三位一体工程的秦屿农业大队、工交系统专业队（我在工交专业队）男女队员，现已年近花甲，曾指挥我们工程专业队的老领导已界古稀或耄耋之年。当年的取土潭口，拐弯处的简易车路，以及供我们这些小年轻业余活动的单向篮球场早被其他建筑物代替。每当来到这些老地方时，回忆往事，仿佛就发生在昨天……

海滨胜地牛郎岗

✎ 王怀利

牛郎岗海滨景区位于太姥山镇东南的海湾，距集镇 8 千米，是世界地质公园、国家级风景名胜区、国家自然遗产"海上仙都"太姥山的主要景点之一。景区将海滨浴场自然景观与文渡工业园区、宁德核电项目园区、鸟岛自然保护区、嵛山天湖草场、青屿头景点融为一体，形成独特的海上自然风光旅游观赏区。

牛郎岗海滨景区交通便捷，距太姥山景区 20 千米、离太姥山火车站仅 12 千米自驾车游客可由沈海高速太姥山（秦屿）互通口下，到环岛右转直行 7 千米至牛郎岗海滨度假区，或在柏洋高速互通口下左行 5 千米也可到达。

牛郎岗海滨景区海上无作业、无污染，四周礁石峋立，海岸景色迷人，纵观海湾沙滩，像一幅美丽迷人的山水画卷，又像一盘精心雕琢的巨大天然盆景。

这里沙滩清洁，海水湛蓝，气候温和，温度宜人。海滨浴场海床平坦，沙滩金黄，海天一色，置身其中，大有"不管风吹浪打，胜似闲庭信步"之感。其周围礁石经千年海浪冲刷，造型各异，有潮音洞、鸳鸯礁、织女洞、海上一线天等自然景观。

这里环境清幽，景色迷人，成为闽浙地区婚纱摄影基地，是闽东旅游休闲好去处。海区盛产虾、蛤、蚶等海产品，让您既可入海戏浪拾贝，又可品尝生猛海鲜。

2009 年 11 月，好莱坞电影《人鱼帝国》在牛郎岗景区开机拍摄。2016 年 3 月 25 日和 4 月 7 日，著名影星牛犇到访牛郎岗景区。2016 年 9 月 19 日，国际旅游小姐冠军总决赛迅游牛郎岗。2017 年 6 月 4 日，田亮、郑嘉颖、温兆伦等明星到牛郎岗景区录制东南卫视综艺节目《好运旅行团》。

为了把牛郎岗景区融入以太姥山景区为主的山、海、川、岛旅游大环境之中，拓展旅游现有面积，丰富旅游产品内容，提高旅游文化品位，全面提升旅游品质，于是增加了景区建设项目 10 项，新征地面积 2300 亩，将原有用地面积 220 亩的景区扩大 11 倍。在景区内新建设了很多景点和旅游配套设施，比如：在南招澳征地 51 亩，建设 400 余个生态停车场；在现有停车场南侧建设 5000 平方米游客服务中心；景区门口提升改建，装上门禁系统；建牛郎岗至牛澳沙滩 2.1 千米环海栈道，将牛郎岗、牛澳两个沙滩连接一起；从牛郎岗景区经牛郎岗自然村至牛澳 3.2 千米公路；在沙滩右

牛郎岗景区星河广场（牛郎岗旅游有限公司 供图）

侧建设"渔人"码头，拓展海上观核电、游嵛山草场、看海岛等游览项目；开展核电工业旅游项目，将牛郎岗生态游与核电科技游有机结合在一起；改造婚纱摄影基地，建设内景拍摄及婚庆综合楼；在牛郎冈村左侧山坡建设海景房；将牛郎岗海滨景区及南招澳自然村进行民宿改造，融入美丽乡村建设之中。

这里，2010 年创建了闽浙婚纱摄影基地，2011 年被国家旅游评审委员会评为 AAA 级景区，2012 年、2013 年分别被渔业厅和国家渔业部设为"水乡渔村"全国休闲渔业示范基地，2012—2014 年获得宁德市青年文明号荣誉，2015 年被网络投票评为"宁德市十佳海湾"，2017 年 9 月被福建省建设摄影协会和福建省旅游摄影协会设为"摄影创作基地"，2018 年 9 月被中共宁德市委、宁德市人民政府评为文明单位……更多荣誉，正款款走来。

（本文由牛郎岗旅游服务有限公司供稿）

太姥山

八都新桥

王慧敏

太姥山镇八都旧桥始建于20世纪六七十年代，桥长40米，宽8.3米，由于年久失修，上下部结构多处破损断裂。2011年，被桥梁管理单位鉴定为五类危桥，安全隐患较大。

2019年，太姥山镇人民政府发动社会各方力量，决定对旧八都桥进行除险改造，委托中交远洲交通科技集团有限公司对该桥进行改造设计。新桥设计建设结合太姥山旅游小城镇的总体规划，以"适用、经济、安全、美观"为原则，契合了太姥山旅游的文化底蕴，融合了周边的旅游环境和元素。新桥为单孔跨径30米的钢筋混凝土拱桥，即桥身下部承重为钢筋混凝土，上部为木构风雨廊。全长51.58米，桥面宽度6米，桥面至河底最高10.67米，最低4.59米，主拱圈半径250米。全桥建筑面积309.48平方米，共有台阶72级，两边各36级。改造后的八都新桥是集休闲、文化、旅游、观光、健身为一体的步行廊桥，是太姥山旅游的又一靓丽景观。

八都新桥（太姥山镇党建办 供图）

从 2020 年开始，经过两年的施工建造，共花费资金 396 万元，八都新桥终于在 2022 年 1 月 29 日正式落成。八都新桥为太姥山镇保留了一处历史遗迹，丰富了全镇人民的文化生活、休闲娱乐，也促进了虎头岗公园、海山大道、滨海大道等周边配套交通设施的完善。

宗族聚落

太姥山镇移民史概述

✑冯志洁　丁振强

福建东北部沿海的人类定居史十分久远。新石器晚期,福建的土著居民已在太姥山镇这片土地上繁衍生息,从事农业和渔猎等方面的生产劳动。福鼎太姥山镇彭坑后门山遗址、前歧棋盘山等遗址的发掘,为我们展现了 5000 年前新石器时期人类在闽东地区生产生活的场景。大量远古文化遗址的发现表明,闽东当地文明与我国中原及长江流域原始文明有着密切联系。同时,史前太姥文化遗存体现出也有别于其他的个性特征,将研究者的视野延伸到环太平洋早期文明圈。近年来的学界研究认为,太姥山麓曾经是南岛语族部落的聚居地,鲜明的文化特征使之成为我国东南沿海原始族群中一颗璀璨的明珠。可以说,太姥山及闽东沿海区域是中华大地早期渔猎农业文明多元化滥觞的一个重要源头。

商周时期,随着农业经济不断发展,太姥山地区定居者越来越多。春秋时期,楚国灭越以后,一部分越人迁入闽地,带来了长江流域先进的农业耕作技术。当地虽然与中原文明有着一定的联系,但是未与中原建立有效的行政关系。秦汉时期,中央政权名义上统治闽越,实际上该地方仍由闽越当地人统治。

福建地区人口大量增长始于西晋时期。永嘉之际,中原百姓大量迁移入闽,形成了福建移民史上的第一次高潮。宋梁克家《三山志》对不同时期福建人口增长过程做过统计:

> 七闽人民,自《周·职方》已有其数矣。经秦历汉,置江淮,道亡岩谷,其存有几?吴永安三年,始属建安郡。是时户仅二千四十二,口一万七千六百八。暨晋太康,分置晋安州,户始三千八百四十三,口一万九千八百三十五。永嘉之乱,衣冠南渡。时如闽者八族,其后增四千三百,至隋一万二千四百二十。

西晋永嘉之乱,自中原南渡入闽的人流中,据《福建通志》所说,主要有八大姓氏:"晋永嘉二年(309),中州板荡,衣冠始入闽者八族,林、陈、黄、郑、詹、邱、何、胡是也。以中原多事，畏难怀居，无复北向。"据仙蒲《林氏宗谱》记载，林氏祖先世居黄河西，故称"西河郡"，西晋永嘉之乱随晋元帝司马睿渡过长江，移居南方，后封"晋安王"，为入闽初祖。林氏子孙遂居闽之侯官县。唐代，后裔林嵩徙居福宁长溪赤岸，宗族在闽东北沿海不断繁衍，其中一支于南宋时期迁入秦屿斗门，渐渐成为当地大族。直至此时，移居闽地的汉人主要分布在闽江流域及沿海平原一带，许多偏僻的山区为原居民聚集区。

中原士民迁居入闽的第二次高潮，为唐代中晚期。安史之乱后，越来越多的汉人因中原战乱南迁。此次迁徙大军中，很重要的一支来自光州固始。

唐代末年黄巢起义，寿州王绪率部随黄巢义军攻陷长安。王绪被称霸中原的节度使秦宗权封为光州刺史。当时淮河流域战乱不已，王绪无法应付秦宗权的勒索。光启元年（885），王绪带领义军从河南光州固始入闽。固始人王潮、王审邦、王审知三兄弟率固始部属及吏民随王绪渡江，一同征战，进入福建。《资治通鉴》于"僖宗惠圣恭定孝皇帝下之上"条记载了王绪军部南迁之始末："秦宗权责租赋于光州刺史王绪，绪不能给；宗权怒，发兵击之。绪惧，悉举光、寿兵五千人，驱吏民渡江，以刘行全为前锋，转掠江、洪、虔州。是月，陷汀、漳二州，然皆不能守也。"元代胡三省在这段话后面作注说："王绪之兵自此入闽，为王潮兄弟割据之资。"《新五代史》称，王绪率众南奔，军队进入福建的时候已有数万人。这数万之众，除起事时数百人为寿州人外，绝大多数为光州固始随军南下的将士及其眷属。从地方史志、家乘谱牒等文献记载来看，随王潮兄弟入闽的光州固始军兵人数众多，他们大都在福建安了家。

王潮入闽后推翻猜忌多疑的王绪，率军先后攻占泉州、福州，统一了福建。景福二年（894）唐昭宗任命王潮为福建观察使。乾宁三年（896），朝廷升福建观察使为威武军节度使，由王潮担任。王潮病故后，王审知继任。后梁朱温在开平三年（909）封王审知为闽王。在战乱的五代十国时期，王审知军力雄厚，闽地社会安定，经济快速发展，更多中原人口相继迁入福建。王审知死后，其子王延均于长兴四年（933）称帝，建立大闽国。固始王氏在福建定居繁衍，王潮、王审邦、王审知三兄弟被后人奉为"开闽三王"。

开闽王王审知二十世孙陇前公文绣一脉，于明万历十年（1582）从福清锦城（今城头村）迁徙至秦屿，拓荒筑室，艰苦创业，遂成秦屿一派，称莲屿望族。今位于积石社区古城南路的王羽国家祠，即清代雍正年间福清开闽支派文林郎王羽国建立的王氏祠堂，门联"出震无双氏，开闽第一家"昭示了渊源。

中唐以后直至五代，福建以安定的生活环境、优越的自然条件，极大地吸引了北

太姥山

潋城古堡城门（太姥山镇人民政府 供图）

方移民。这一时期迁入福鼎的主要有王、杨、周等宗族。透过太姥山镇各个望族的族谱，可以了解他们迁徙的历程。潋城杨氏入闽的时间，可以追溯到唐代。据宋天禧元年（1017）《杨氏旧谱源流序》记载："唐武宗会昌中丑夷猾夏，自淮西光州固始县南阳遂举家避地入闽，住于建州浦城县。我祖司马三公卜居秦溪潋水之湄，鼎新门户所以遗我后人者，规模弘矣。" 杨氏始迁祖司马三公来到潋城的时间，大约在唐咸通年间。

陈支平在《近五百年来福建的家族社会与文化》一书中指出："从隋唐以至五代，是中原地区门阀士族制度逐渐衰落消亡的年代。而在福建，则完全相反，门阀宗族的标榜，为取得政治、社会和经济利益，正具有十分现实的意义。" 我们查阅太姥山镇一些大姓宗族的始祖追溯，大多源自隋唐五代时期来自中原的名门官宦。这类宗族叙事，一方面反映了外来移民对于中原文化的眷恋；另一方面源于这一群体在当地的生存发展需求，他们通过追溯远祖、敬宗收族，彰显宗族荣耀，以求自身能在当地稳稳扎根，获取更多资源。

太姥山镇的族谱显现，当地宗族大姓祖先大多是来自中原的光州固始。南宋时期福建莆田人方大琮（1183—1247）在《题跋叙长官迁莆事始》中分析了定居福建的南迁移民之源流："则曰固始之来有二：唐光启中，王审知兄弟自固始，诸同姓入闽，此光启之固始也；前此晋永嘉乱，林、王、陈、郑、丘、黄、胡、何八姓入闽，亦自固始，此永嘉之固始也。"就在方大琮生活的南宋初期，北方人南迁入闽的高潮再一次兴起，其中亦有源自固始的人群。

继西晋永嘉、唐末五代之后，两宋之际福建又出现了第三次北方人口迁入的高潮，同时也是光州固始人大举迁徙入闽的又一次高潮。明嘉靖《固始县志》载：

> 固始衣冠南渡，大较有三。按《闽中记》，永嘉之乱，中原士族林、黄、陈、郑四姓先入闽，今闽人皆称固始人，一也。观福清唐尚书右丞林赘、御史中丞陈崇可见，又王潮之乱，十八姓入闽，二也。观方、胡、龚、徐、顾、丘自可见，又靖康南渡，衣冠文物荡然一空，三也。观王荆公志，王深甫自固始迁侯官；朱文公志，黄端明祖朁自固始；邵武张翠屏序，本固始人，南渡徙闽，可见。

文中列举了中原固始士族迁徙入闽的三次高潮，并且列举了佐证材料。

太姥山镇的人口聚集，主要来自历史上躲避战乱的移民。特殊的地理环境让疲于奔波的各地百姓在此得以喘息，安家立业。除此之外，历代朝廷官吏任职寄借以及卫所移民也成为当地人口增长的重要途径，务琨派王氏宗族即是如此。务琨王氏，是福鼎及太姥山镇一支后裔众多、分布广泛的宗族，其祖先源流为太原王氏，后迁琅琊，继迁光州固始，入闽始迁祖为王务琨。唐代，王务琨父亲王怀铎由光州固始出任温麻令，后王务琨承袭父爵，任长溪县令，安家于福宁赤岸。元末，王氏从赤岸迁至桐山，定居繁衍成为太姥山镇一大望族。今天潋城王氏宗祠，就是务琨派王氏重要的祭祀宗祠。

明清两代，卫所移民是太姥山镇移民人口的主流。太姥山镇的秦屿、潋城、筼筜在明清时期为国家东南沿海的海防重地，大批戍边官兵驻扎于此。清代康熙年间寄居秦屿的王有华裔族就是卫所移民的代表。王有华，号协山，其先祖为福清县塘山人。父子迁徙福建侯官，以制作竹器为生，后入福建海防右营军伍。康熙二十二年（1683）"营移秦屿，随奉母张氏居焉"（尹秉绶《大清处士协山王君墓表》）。王有华一支由此定居秦屿，子孙繁衍，多有入仕，成为秦屿大族。后世子孙将祖先追溯为"三槐王氏"王祐后裔，在秦屿创设了三槐王氏祠堂，即王氏家庙。

开闽王、务琨王、三槐王，是今天太姥山镇王氏宗族的三支主要派系，后裔现已超过 3000 人。他们的历史，印证了福鼎地区历代移民的迁徙史。

　　清代，日益兴盛的沿海贸易使秦屿等地吸引众多外地商户来安家定居。光绪年间，秦屿堡地隘人稠，生活资料基本上取自外乡。在近 7000 的人口中，商人占据十分之四，风土腔音如同省会。聚集人群中，福州官话尤为风行，世称"小福州"。该地域的开放性和人群的多元性由此可知。

　　太姥山镇是一个多民族共融的社会。在漫长的迁徙历程中，大批少数民族同胞也来到此地。现今，太姥山镇主要有畲、回等少数民族，以畲族人口为多。太姥山镇的汉族人口占总人口 93%，少数民族占总人口近 7%，其中畲族占少数民族人口的79.3%，回族占少数民族人口的20.42%。太姥山畲族居民主要分布于才堡、孔坪、瓜园、潋城、竹下、仙梅、太姥洋、秦屿、洋里等村。才堡村为太姥山镇最重要的一个畲族村，辖区内 4 个自然村的畲族人口占全村总人口的 45%。2017 年，才堡村被国家民族事务委员会命名为"中国少数民族特色村寨"。洋里村也是太姥山镇少数民族村之一，少数民族人口占总人口的 26%。

　　太姥山镇畲族人口较多的姓氏有雷、蓝、钟和吴、李。根据当地说法，吴、李二姓始迁祖均为蓝姓女婿，后裔不断与雷、蓝、钟三姓通婚，演变为畲族。畲族进入福鼎始于明初，主要集中在白琳、佳洋、前岐、店下等地。畲人聚落分布在重峦山岭的半山腰，具有大分散、小聚居的特点。明代后期，畲族在当地聚集落户，不断开垦土地，从事农业生产，人口不断增加。

太姥山镇畲族移民表

行政村	自然村	姓氏	迁入时间	自何地迁入
孔坪村	虎晏	蓝	清康熙二年（1663）	前岐双华
	虎宴	钟	清康熙四年（1665）	浙江苍南昌禅经白琳派演
才堡村	北山	蓝	清康熙三十五年（1696）	浙江平阳大岭内
	沙坡	雷	清康熙三十五年（1696）	浙江平阳大岭内
		雷	清乾隆十六年（1751）	浙江泰顺吴家墩
	石朗光	雷	清顺治六年（1649）	前岐象洋经白琳派演
	洋中	钟	明崇祯二年（1629）	前岐青寮
	城后	钟	明万历十四年（1586）	浙江丽水处州经桥亭派演
		蓝	清乾隆十六年（1751）	浙江平阳大岭内
		蓝	清嘉庆二十二年（1817）	霞浦帮岭
		蓝	清咸丰三年（1853）	霞浦西坑经桐山福金山派演
秦屿村	岭角	雷	乾隆七年（1742）	浙江平阳经桐城派演
瓜园村	董家沙	雷	雍正九年（1731）	浙江平阳经牛食岚派演
	半山	蓝	清乾隆十六年（1751）	浙江泰顺吴家墩
太阳头村	长堡岭	蓝	清康熙九年（1670）	浙江平阳经鼎华阳派演
竹下村	坑头	雷	清雍正四年（1726）	浙江平阳西山下
潋城村	西外门	蓝	清咸丰三年（1853）	霞浦西坑

　　从上表可以看出，太姥山镇的畲族居民以雷、蓝、钟姓氏为多。依据族谱，畲族祖先多为广东潮州凤凰山人，唐宋时期居住在闽、粤、赣等省交界处。明清时期，经

过多次迁徙，闽东及浙江东南部多地聚集了畲族居民。也是在明代末年至清中期，太姥山进入畲民迁入的高潮期。这些畲民基本来自闽浙交界的浙江平阳、泰顺以及闽东北福鼎周边乡村。

太姥山镇回族主要是丁、郭二姓，都是阿拉伯人赛典赤·赡思丁的后裔，信奉伊斯兰教。丁氏宗族是太姥山回族移民的重要支脉。进入明代，族人取"赡思丁"末字"丁"为姓，改姓丁，迁衍于福建、浙江沿海，成为巨族。清代以后，太姥山镇丁氏后人主要聚集于打水澳、后岐、后澳、秦屿堡街尾、三门台、巨口等村。

近两千年来，无论战争移民，还是卫所移民，或是爱慕于山海之间优美安宁生态环境的八方民众，他们的后裔在太姥山域内和睦相处。汉族、畲族、回族，各个族群汇集于此，和谐共存，文化相融，共同建立美好生活，开创了独特的太姥山文化。

太姥山镇宗族组织的行为体系

冯志洁　丁振强

　　太姥山镇因为山岭和海洋的阻隔，乡民偏居一隅，村落零星分散。唐代以前，中央政府对本地区控制极其薄弱。唐武德六年（623），长溪县设立，中央政府在当地初步建立起行政管理机构。因受地域交通的限制，以及地广人稀、居住分散等因素影响，朝廷对于闽东沿海的地方基层社会管理显得鞭长莫及。即便是明清时期，长溪县被进一步析地分县，这样的窘境仍然难以改变。清乾隆四年（1739）福鼎建县，太姥山区域的日常事务基本上是由巡检司管理。巡检司管辖地域范围不断变化，既无行政裁量权，也没有常设的主管官。在基层乡村社会的日常运作中，朝廷官员的控制因地处疏远而被大大削弱，这就给地方宗族组织发挥作用创造了条件。

　　明清时期是宗族组织在中国社会普遍发展的时期。正如刘志伟《在国家与社会之间：明清广东地区里甲赋役制度与乡村社会》所指出："这种宗族组织并不简单地将只是由父系继嗣关系联结起来的血缘群体，而是通过修祠堂、编族谱、置族田、举行标准化的祭祖仪式等手段整合起来，以血缘关系维系的，具有强烈的士大夫文化象征和很广泛的社会功能的地域性组织。"地方上的士大夫，通过规范宗族组织，推动地方基层社会整合，以实现对基层社会的管理。

　　在闽东地区，宗族组织的成立更有着特殊与直接的意义。明嘉靖年间，倭寇屡次进犯福建沿海区域。当地社会遭受严重冲击，原有宗族组织被破坏。为了抵御倭寇，闽东沿海百姓更意识到团结的力量，重建强有力的宗族组织迫在眉睫。在宗族的带领与号召下，闽东百姓修筑城堡，保卫家园，抗击倭乱。宗族组织的重要性更为凸显。

　　福鼎太姥山镇的宗族组织，肇始于唐宋，兴盛于明清。"修宗庙以序昭穆，编谱牒以清本源"成为乡村宗族建构的一套完整的行为体系，而祭祖仪式、建立祠堂、修订族谱是宗族组织建立的重要条件。

祀祖先

相比建祠堂、修族谱、设族田等宗族活动，祭祖仪式发端最早。唐宋时期，福建地区佛教兴盛，地方宗族势力往往借助佛教的影响而传播。自唐至宋，太姥山域内的世家大族，祭奉祖先的地点大多依附于寺庙。这是因为中国古代很长时期内不允许民间奉祀四代以上先祖。世家大族为了祭祖护墓，选择在寺院中设立檀越祠，或是在祖坟附近创建寺院庵堂。唐代潋城杨氏供奉先祖的公共场所，就是通过兴建寺庙实现的。

潋城杨氏，唐代会昌年间由淮西光州固始迁徙入闽，辗转来到秦溪潋水之湄安家定居。唐咸通年间，杨氏"舍田建寺"，创建灵峰寺，以此作为"子孙植福之地"，建立了族人奉祀祖先的空间。宋杨楫《重建灵峰寺记》载：

> 直长溪之北，环地十余里，岩洞邃深，峰峦罗列，如天施地设，奇变万状，是为太姥山。山有三十六峰，一峰发于其麓，自南而北，得地平宽，杨氏五百余年聚族于其旁，是为潋溪。由潋溪之西，盘折迂回，别为一窟穴，有招提焉，是为灵峰寺。寺之建不知何所始，考《杨氏族谱》，盖唐代宗大历间，杨氏之祖始卜居潋溪。其寺记则咸通元年（860），杨氏舍田以为子孙植福之地也。俗传乾符间，寺遭回禄，堂庑悉为煨烬，独殿内三躯佛，岿然独存，里人以为禅灵，僧智饶于是因旧基重建。是殿年代浸久，梁栋倾挠，不庇风雨，过者惧将压焉。

潋城杨氏创建灵峰寺的原因，一方面是家族笃信佛教，受佛教因果观念影响，为后世子孙积福；另一方面是为了在该寺院西庑供奉杨氏历代祖先。在宗教场所设立奉祀祖先的空间，达到增强族人的凝聚力的目的。大族富户依附寺庙奉祀祖先的方式，成为早期太姥山地域祖先祭祀的主要活动形式。

在太姥山麓宗姓大户中，祖先坟墓的修建往往也依附于寺庙。屯头黄氏即如此。黄氏祖先黄隆，号硝山，河南光州固始县人，隋文帝时官西都留守、左班大学士。黄隆之子黄推迁徙浙江湖州。后人在唐代由湖州入闽，居于福建长溪县赤岸（今霞浦后港）。黄氏迁入太姥山地区的始迁祖为黄慕芹，南宋时由长溪赤岸迁居太姥山。黄慕芹迁居此地后，娶了当地望族林氏之女林五娘为妻，生有黄讥、黄识、黄诉（欣）、黄诙4个儿子。通过山林开垦，黄氏家族资产快速扩张。黄母去世后，坟墓安于太姥山。与黄慕芹公同时迁入太姥山的还有卓姓一族。根据黄氏后人黄云在南宋绍兴二十一年（1151）所写《太姥山墓志》记载：

> 是时，土旷人稀，二族最大。有谚云："太姥山东黄慕芹，太姥山西卓景伦，世代公侯出西门。"……诉，孝行可风，与父兄将田四十石，山林数里，

舍在太姥山国兴寺，永充母林氏五娘坟。自侍父乔迁王孙建屋置业。

可见黄氏父子将数量庞大的田地、山林舍捐给太姥山国兴寺，一个重要的目的是为了将林五娘墓地作为家族长期的祭祀空间。

宋明之间宗族组织的发展，与程朱理学的传播密切相关。程朱理学形成于两宋之际，南宋时期福建成为其重要的传播中心。理学集大成者朱熹（1130—1200）成为书院祭祀的核心，门人通过对祖师先贤的祭祀活动，表明学术渊源，在精神上增强流派的认同。更重要的是，程朱理学对宗族祭祀提出了新的观点。朱熹认为："大宗法既立不得，亦当立小宗法。" 程颐的想法更具突破性，提出士庶皆可祭祀远祖，开放小宗的祭祀权。朱熹与程颐提出的祭祀原则，与国家的礼制规定（庶民不得祭祀远祖）存在一定冲突，却顺应了当时的社会现实。虽然朝廷礼制不允许百姓祭祀四代以上的远祖，但无法消除民众慎终追远之心。乡间百姓依然寻找各种渠道祭祀祖先，祭祀行为无法彻底遏制。程朱理学正是在承认这种社会现实的基础上，对宗族祭祀原则提出突破性见解。

随着理学影响的扩大，地方宗族势力进一步声援其以增强自身影响力。溦城杨氏后裔杨楫，生活在宋嘉定年间，早年追随理学宗师朱熹游学。朱熹避难长溪之际，杨楫赶赴霞浦赤岸，迎请至家。此后，在其居之东创建了石湖书院。这座书院既是传播理学的空间，也是祭祀祖先的空间，更是杨氏家族构建礼仪秩序、扩大宗族影响的空间。杨堘《重建石湖东观志》说：

> 置田百亩，祀祖于其间。每岁季春三日，率少长设位行礼。祭有常仪，不丰不啬，孟秋之望亦然。除祭祀外，命董事延文行兼优士，教族戚子弟学习其中。明仁育义，以务孝悌忠信。

依附于佛教寺院或理学书院的祭祀场所形成，春秋两祭"少长设位行礼"，祭祀祖先的仪式成为制度。在制度化崇祀祖先意识的教化习染下，宗族少长潜移默化地形成了对祖先的认同。"祭有常仪"，完备的祭祀制度成为凝聚族人联结的纽带，也不断构建起维系基层乡村稳定的宗族体系。

建祠堂

明代地主经济快速发展，引发了封建宗法制度的巨大变化。嘉靖"大礼议"之后，国家废除了私家修建祠堂及追祭世代的限制，地方大族通过创建祠堂、编修族谱、设置族田等一系列活动，凝聚宗姓，治理族人，建立起完备的宗族组织，不断巩固宗族地位，稳定地方社会秩序。这类宗族组织，郑振满在《明清福建家族组织与社会变迁》中称其为"依附式宗族"，并指出："是由少数族人'倡首'捐资，通过修祖墓、建祠堂、编族谱、置族产等方式，对已经解体或行将解体的宗族组织重新进行整合。"依附式宗族是以地缘关系为基础的宗族组织，其基本特征是族人的权利及义务取决于相互支配或依附关系。

经历了南宋末年及元代长时期的战乱，太姥山镇原有的宗族遭到破坏，大族富户亟待重新建立起一个完整有效的宗族治理体系。明中期以后社会风气的变化，为闽东宗族组织的兴起提供了新契机。创建祠堂是明清太姥山地方宗族组织发展的典型特征。

前文提到，潋城杨氏在唐代借助寺庙建设为供奉祖先和祭祀活动开辟了空间，在宋代通过书院的创立专门设置奉祀祖先的堂庑，并形成了春秋祭祀规范，进一步延续家族影响。明代，太姥山地区兴起建设宗族祠堂的社会风气。潋城杨氏族人在以往奉祀祖先活动的基础上，在石湖书院旧址创立建造宗族祠堂。其族谱载：

> 成化庚子岁，二十二世孙铨暨诸子侄辈，不忍宗祖创立基业见其毁坏，乃与合族捐资鸠工，重建祠宇。前后两重，内重立紫阳朱子神位，以十二世祖配之；外重乃杨氏宗祠也，随将昔肇建灵峰招提西庑杨氏世代神主胥请入祠。

杨氏宗族修建石湖东观族祠之际，于明成化二十三年（1487）又续修了《杨氏族谱》。通过一整套宗族教化体系的建立，寄希望子孙百世，"知尊师重道，尊敬长者"，完善宗族组织。

屯头黄氏宗祠始建于明嘉靖二十三年（1544），位于太姥山麓东海之滨的屯头堡内。南宋绍兴年间，黄慕芹从闽南徙至闽东北，居于太姥山前。后裔先迁大筼筜，经数百年的生息繁衍，宗族财丁两旺，瓜瓞绵绵，裳冠济济，科甲蝉联，英贤辈出。明嘉靖间，五世祖黄宗仁迁屯头开基立业。黄氏宗祠的建立成为联结屯头村、斗门头村以及店下镇筼筜村、甘家岐、沙埕镇后港村等黄氏族人紧密纽带。

明中叶以前沿海依附式宗族的发展，主要表现为建祠之风的盛行。太姥山镇作为移民化的地域，人口迁徙历程时间漫长。晋至明的近千年中，经过世代繁衍，原本同宗的族人在贫富关系以及社会阶层上出现了分化。以地缘关系作为基础的祠堂创立成为敬宗收族、汇聚族人的重要途径，也为地方宗族组织发展壮大汇集了资源。

修族谱

一个宗族的兴旺壮大，并非单纯依靠雄厚的物质条件，更为重要的是需要一整套足以"强宗固族"的精神条件作为支撑。

入明以后，太姥山镇望族子孙繁衍，人口剧增，不断向四周扩张，开垦土地，辟立新的村落。加之宋元战乱，以往的宗族谱系显得十分舛乱。如南宋太姥山大户黄慕芹四个儿子中一支迁移到大箕笃后，再迁屯头。进入明代"支派蕃滋，远则寓于泰顺、玉环，近则寓于秦屿、潋城、后岚亭诸处"（《麟江黄氏族谱》）。原本同根的族人，在宗族谱牒诓缺散佚的情况下"本源莫究，统绪莫寻。不知谁为谁宗，谁为谁裔；谁为谁亲，谁为谁疏；谁当为昭，谁当为穆。至于名为同姓者，则冒为族属。本为同宗者，则视为胡越"，"家之无谱，其弊有如此者，可得为巨族乎"（《麟江黄氏族谱》）。

明清时期地方士人普遍认为，族谱有无直接影响到社会风气与家族礼仪秩序。雍正年间福宁州学正郑徵在《杨氏族谱序》中说："人之有祖何以异？是其初为一人之身分而为兄弟，又分而为兄弟之子若孙。于是有嫡派、支派之殊，群昭、群穆之别。苟不有谱以记之，将亲疏远近，势必混淆莫稽。无怪乎仁爱之风日微，无以睦其族，即无以尊其祖。故家之不可无谱，由来尚矣。"不断聚集繁衍的巨族大户亟待通过编修宗族谱系，叙本源、清派衍，以达到序昭穆、知亲疏的目的。由此，乡间社会亟待恢复和建立起一个井然有序宗族体系。

明代伊始，太姥山镇各姓大户开始兴起编撰族谱的风气。延至清代，修撰族谱的行为达到高潮。潋城杨氏宗族，有延续不断的编修族谱传统。在现今编纂的《潋城杨氏族谱》中，汇辑了从北宋天禧元年（1017）至今，绵延不断的宗族文献，其中包括《杨氏旧谱源流序》（1017）、《潋溪杨氏谱序》（1195）、《瑞安新谱序》（1398）、《杨氏族谱序》（1408）、《重修族谱序》（1487）、《重修族谱跋》（1706）、《新编杨氏族谱序》（1885）、《新修族谱序》（1963）、《重修族谱》（1984）。从时间上看，明代杨氏家族修谱尤为频繁。屯头黄氏宗族也是如此，《麟江黄氏宗谱》最初修纂于明嘉靖三十五年（1556），以后于明崇祯五年（1632）、清康熙二十四年（1685年）、清雍正二年（1724）、清乾隆三十八年（1773）、清道光三年（1823）相继重修。每一次重修，相隔时间基本在40—50年。也就是说，这些世家大族两三代人就重修一次族谱。

族谱修订间隔时间的长短，反映出一个宗族势力的兴盛与式微状态。郑振满认为，闽东南沿海地区的冲击平原地带，人口稠密，宗族聚居的规模较大，易于形成强宗大族。这些地区于明代中叶及清代初期先后经历了倭寇之乱和迁界之变，宗族组织的正常发展进程受到了全面冲击，出现了较多的变异形态。漱城杨氏在清初康熙四十五年（1706）续修族谱后，直到清末的光绪十二年（1886）才再次重修，中间相隔180年。究其原因，清初迁界导致杨氏宗族一度处于整体式微状态。根据史料记载，清道光年间秦屿缙绅王吉泉曾经出资整理刊印南宋进士杨楫《悦堂遗事》一书。王黎安在《王吉泉事略》中说："通老居漱水，子孙式微，所著《悦堂类议》《悦堂集》人不经见。一线道统，千秋经济，如灰烬何？"王吉泉感伤于此，致书补祀，复刺群籍，辑《悦堂遗事》一篇。王吉泉还建议重新修葺杨氏墓地，兴复石湖书院，使得乡先贤嘉言懿行，重新灿然于世，百年流传。不可否认，王吉泉作为清康熙间卫所移民王有华的第四代裔孙，光耀地方先贤的行为对于新移民的军伍出身家族具有更加深层意义。此举不但可以增强与根深蒂固的望族杨氏家族的情谊，也给自身家族进一步增添了底蕴。

明清各地宗族修撰族谱，除了汇集同宗共祖血缘集团中的世系人物和事迹等方面的内容，许多宗族将族规、祖训列入族谱之中。在太姥山镇众多族谱中，"祖训"作为族人的道德准则和行为规范被载入。这对于国家治理手段相对薄弱的太姥山地域而言，具有非同寻常的积极意义。以日澳《陈留郡谢氏宗谱》"祖训"为例：

一曰：孝父母

人子之身，本乎父母。十月怀胎，三年劳苦。恩斯勤斯，顾我腹我。孝道有亏，百行难补。羊羔跪乳，乳乌反哺。勉尔后生，勿忘恃怙。

二曰：和兄弟

同气为兄弟，原共二亲生。克恭还克友，相恤莫相争。毋以干粮故，而伤手足情。姬公崇豆饮，田氏植庭荆。为此一家政，邀伊百福臻。埙篪堪合奏，和乐胜吹箫。

三曰：序长幼

尊长与卑幼，先后自有行。十年父以事，三让理相当。怀少情须切，敬兄性存良。敦伦家道正，饬纪里名芳。果儿知高下，定然致庆昌。仪容遵古训，曲礼可推详。

四曰：别夫妇

男女居室，人之大伦。夫理外事，妇处闺门。理义严守，礼仪严守，贞正恪遵。纵情败度，反目无恩。弗效狮吼，须为鹊敦。大纲不坠，休吉常存。

五曰：训子孙

先人有至教，不虑子孙愚。朴者勤耕凿，秀者嘱史书。一经遗世业，半亩足田庐。弓冶垂于后，箕裘省厥初。人才堪比屋，薄俗勿同居。刻苦成家业，贤能奋五车。

六曰：亲宗族

同为族姓，实共源流。枝叶无害，荣发有由。亲亲获吉，长长迎休。体恤穷困，恩爱侣俦。仁还及远，谊岂忘周。昭穆成列，幸无怨尤。

七曰：严内外

为分内外地，古礼岂冗繁。男女无共席，叔嫂不通言。毋使混而来，当为间以存。防微先谨始，立教早求原。仪财修惟薄，亲疏隔粉垣。闺房常严肃，淑行勉相敦。

八曰：慎官守

躬登仕宦籍，矢志在君民。报国须匪懈，流膏切莫屯。型方兼化俗，摩义与渐仁。倘若刑干墨，曷令颂作新。远防羞厥祖，近戒损自身。莅政无私意，真堪谓尽臣。

九曰：安生理

人处环宇，生路孔多。男耕畎亩，女事机杼。百艺可试，一长得过。安分营生，勿作风波。交道接理，往来相和。业求正当，人如我和。

十曰：明义利

世人趋利，各有当然。只在宜否，无关变迁。驷千勿顾，钟万奚怜。所受皆是，虽辞不偏。见利思义，当无愧焉。

祖训、族训基本上是以十条呈现，如《潋城杨氏宗谱》"家训"十条标目与其大致相同，只是顺序略有不同。标目中内容则不尽相同，表现出各个家族在教化族人时各有要旨。

围绕宗亲睦族制定的一系列规范条文，作用在于从意识形态方面维系家族的统一和团结。流传于各个宗族的祖训在凝聚宗亲的同时，祖训、家训成为族谱、家谱的重要内容。近乎严厉的族规、祖训对于规范族人行为意识、教育族人、约束族人、稳定乡村秩序等方面发挥了政治手段难以替代的作用。族谱、祠堂借助祖训成为潜移默化教育族人的载体，臻至完备的规训对于促进宗姓和睦团结、推动家族与地方社会兴旺昌盛产生了积极影响。

太姥山镇宗族组织的社会影响

📎冯志洁　丁振强

晋室南渡以后近千年的时间，北方移民大规模进入福建。随着人口快速增长，八闽大地耕地面积不断扩展，水利设施陆续修建，海岸养殖业有所扩大，出现了经济开发的新局面。明清两代，太姥山地区开发速度进一步加快，农业与海洋构成的山海经济同步发展，以市、堡、城组成了商品贸易的网络，扩大了乡村多种经营和商品生产。在经济文化发展历程中，人与人，户与户，村与村，域内与界外，各个利益群体之间的矛盾也应运而生。为了协调消化各种矛盾，分布广泛的宗族组织发挥了卓有成效作用。

利益共享

太姥山地区是一个移民社会，自古民风淳朴，人与人之间相互包容，宽和以待。特殊的山海环境，形成了农耕生产与海洋捕捞生产多元发展的经济格局。

复杂的山海地理环境，需要集合众人之力，才能更好地开发土地资源。宗族组织，是当时凝聚民众力量的最佳方式。在宗族组织的带领下，太姥山土地开发迅速，农业生产蓬勃发展，出现了许多望族富户。望族富户积累了大量田地资产后，吸引了大量农业劳动人口依附于他们，宗族势力愈发壮大。

杨氏于唐会昌年间迁入潋城后，依托潋溪两岸平原沃土和丰富水资源，种植粮食，家族迅速繁衍，田地开发与资产积累速度非常之快。到了唐咸通元年（860），杨氏舍田捐资在潋溪之西修建规模宏阔的灵峰寺，足见其田产丰厚。南宋庆元二年（1196），朝禁伪学，朱熹避党禁到闽北。杨氏家族的杨楫迎请朱熹来潋城家中讲学。此后置田百亩，建立石湖书院并祀祖于其间。杨氏家族拥有土地数量可见一斑。

黄氏是宋代太姥山农业与山林经济开发的重要家族之一。黄氏于两宋之际来到太姥山麓居住，始迁祖黄慕芹与卓姓一同开发太姥山农林资源。"是时土旷人稀，二族最大。"黄慕芹后人开垦范围急剧扩张，分别在海边的屯头笸笪、王孙等村建屋置业，寻求海岸平原发展农业。经过数代人的经营，黄氏富甲太姥。当时民谚有云："太姥山东黄慕芹，太姥山西卓景伦。族旺富豪官位显，世代公侯出西门。"黄慕芹妻子乃太姥山望族林家之女。林氏去世后，黄家父兄将田四十石，山林数里，舍在太姥山国兴寺，永充林氏五娘坟。在土地资源相对匮乏的太姥，出手如此阔绰，表明黄家之农田与山林开发的规模之大。

"族田""祀田""族山""义田"等的设立，是中国乡村社会维系宗族、赡济贫弱的普遍行为，也是依附式宗族凝聚族人重要的途径。清乾隆、嘉庆年间，秦屿王羽国后人王孙恭（1733—1801），"广先志，立义田，以赡族人之贫窭"（《王孙恭墓志》）。其长子王锡龄（1757—1818）"建三房宗祠，捐合族墓祀田……遇贫苦无力，复资之以药饵。闾里称为长者"（《王锡龄墓志铭》）。

祀田所得田租是宗祠日常运行的重要经济来源。《激溪杨氏宗谱·族规》载："宗族所置祭祀田园，并山利产业，每年租资清楚，无容延迟，日久定期收租。他日建祠，春秋享祭，渊源永传不朽，余日望之何可量之。"源源不断的田租，也避免或减少了世家大族缴纳高额的国家赋役。

太姥山镇山地占据土地总量的绝大部分，大量的"公山"在家族析产时并没有分割到户。《汝南郡周氏宗谱·条训规则》载："凡公山，准各房栽植杉松，留篓竹木及开垦山园，物准归己，山仍属公，不得借物占山，亦不得借物出售，同异姓及私自批拨收租等情，违者鸠族重惩之，将山内所有物产尽充公业。"对于公山，族人虽然没有产权，但是可以从事种植生产，收益归己所有。

太姥山镇宗族势力对地方社会的影响，尤其是宗族领袖权威的势力，仰赖于他们在一系列社会公益事业中做出的贡献。清代乾隆年间福宁郡守李拔说：

> 鼎邑风俗，士尚慷慨，民各气矜。富者好施，贫者好义。遇有公事，争趋乐赴。故学校、城池、书院、堤埝、桥梁、道路等项，独为完整，皆民力也。则是鼎人义行出乎性生，有明征矣。

望族富户长期以来通过出资捐助的方式，建设学校、城池、书院、堤埝、桥梁、道路等公共设施，以乐善好施的社会形象获得族人及地方民众、官吏的赞誉和尊重，借此树立威望。

设立书院、兴教助学，是世家大族对族人乃至当地社会的重要贡献。在科举制时代，宗族领袖深深体会到，家族的兴旺和族群的稳定必须建立在"明仁育义"的儒家思想熏陶之下。宋代激城杨楫借助迎请朱熹来家中讲学的契机，创立了传播理学思想的石湖书院。书院的门联来自朱熹手笔："溪流石作柱，湖影月为潭。"足以彰显其正统的门脉源流。书院开设后"命董事延文行兼优士，教族戚子弟学习其中。明仁育义，以务孝悌忠信"，并以"置田百亩"作为长期维系的经济来源。书院配套的杨氏宗主祀奉，更是将书院祭祀圣贤的传统与宗族祖先祭祀有机地融合一体。族戚子弟在接受理学教育的同时，宗族意识也得到不断地强化。

宗族势力发展的同时，拥有财富的乡贤缙绅不断地投入资助公共设施建设和社会救济。在清嘉庆《福鼎县志》中，乡绅族长乐善好施、周济族人的事例比比皆是：

> 杨儒范，嘉靖间海寇至激城，掠男妇无数，范出重资赎归之。
> 施起凤，秦屿人。好施于族，有孀居者，割腴田四十亩予之，人称其义。
> 王道恒，秦屿人。慷慨好施予，赒贫赈急，族邻赖之。尝捐资造挈壶桥……其余桥亭道路出资修理者不少容。

宋明以来，通过建立"漏泽园"安葬一些因贫困无钱殡殓的遗骸，成为各郡县地方行政组织一项义务。古时太姥山镇因群山耸立阻隔城关，交通往来多有不便，且人员居住分散，本为管家办理的事务，多由乡里缙绅出资设置。清代丁文赏在才堡半岭，孙彩在才堡牌塘下，江有御在十都望霞冈分别建置漏泽园。

世家大族对于地方文化事业也积极贡献力量。清嘉庆、道光年间，是秦屿王氏宗族的鼎盛阶段，作为宗族嫡长，王遐春、王学贞父子在乡里，一方面在公共设施上投入巨大资金，另一方面在文化上耗费心血，编撰刊印地方先哲的遗书文集。

王遐春，是康熙间迁入秦屿的王有华曾孙，字文周，号东岚，贡生。清光绪《福鼎县乡土志》记载：

> 嘉庆间，海上寇扰，遐春设计堵御，民赖以安。十六年，大饥，招来米艇赈粜，活人无算。又尝校刊唐以来闽中乡贤遗书十种传世。又修路开岭，独立捐资，始终不懈。

嘉庆十四年（1809），皇帝五十寿辰，旨准天下各省督抚勿献珍奇古玩，惟许进书以贡。时任岩州宁洋县学训导的王学贞（字吉泉，王遐春长子），被福建巡抚张师诚选调参与编校贡书。王遐春与嘉庆皇帝同庚，王学贞有意恭请巡抚撰文制锦为其父祝寿。王遐春得知后立即致函，表明与其制锦，不如挑选古名人著作将灭仅存者整理刊印。先为古人寿，然后厕名校梓，得附古人之寿而为寿。王学贞乃敬承父命，与师学友一同，收集唐代福建先贤遗书《欧阳詹集》《黄滔集》《王棨集》《徐寅集》《韩偓集》五种，以及《林蕴集》《三礼图说》《林鸿集》《周元集》《王俪集》等十种，细加校勘，刊行于世。书端均印有"福鼎王遐春刊"或"大清贡生王遐春刊"。

在王遐春看来，"夫书者，仁术之端也，吾必广之，以成吾志。吾思：天下有至宝可以饰躬，台榭可以庇体，田亩可以为子孙，奴仆可以供使令，然玩物丧志，饰其躬者，适以坏其躬也；怀安败名，庇其体者，适以愚其体也；田亩即为子孙，弗肯播者，其短肯获"。受此影响，王学贞晚年在秦屿，潜心经学，笔耕不辍，纂辑《尔雅补注》《尔雅合璧》《训导筹备编》《家教编》，著《麟后山房诗文集》等。两代人花费巨大的精力和财力用于整理地方先贤文献，以诗书传家，惠及子孙，通过传播文化，兴办教育作为家族持续兴旺昌盛的基础。

王学贞和他父亲一样，在兴修水利、筑桥修路和地方治理等方面做出重要贡献。据王黎安《王吉泉事略》载：

> 秦屿距省垣四百余里，崇山负阻，行者震慑，城堡南有虎头岗尤陡绝，公既归，教然铲险就平，甃石为磴，步数千级，复建亭岭表，以憩行人。安徽庐州府无为州知州蒋公熔有歌颂句云："千秋事业开山手，载到于今有口碑。"间数年，又重修八都章岐反径、后岐渡雁齿，行人赖之。距西才堡，山联太姥，水接蓝溪，杠梁不修，褰裳病涉，公架桥以济，甫就旋圮，盖因流之源远而大，秋潭遄飞，波涛漫溢，极力再造，体势穹隆，顿易旧观，乡民领德，颜曰"太平桥"。
>
> 秦屿地洼注水且奉流，狂澜左道莫之挽。里人谋求固地脉，艰于费，弗克举。公感激奋励，疏浚沟池，引永西南行，以挽狂澜。增增城堡，垒土隆起建洄澜阁。不避寒暑，不顾身家，为利里闾而任劳。
>
> 清季长乐奸商谋占嵛山，直欲通夷，公忧之，条陈十议，深为制府程公祖洛赞许，乃痛斥驱逐，严加保卫，嵛民金拟"保障嵛山"四大字，制匾感想。

王学贞所做的一切，地方乡民是直接受益者，也离不开众多乡民共同参与。惠及乡里的同时，王氏亦扩大了宗族势力，两者之间结成了更加紧密的纽带。

危机共担

太姥山镇地处海滨，明中后期频繁遭受海上倭寇侵扰。福鼎地区的沙埕湾至晴川湾一带是受倭寇扰累的重灾区，秦屿、潋城、筼筜、屯头等地深受其害。据清嘉庆《福鼎县志》记载：

> 福鼎地处闽北，与浙洋交界，最要口岸有三，曰南镇，曰潋城，曰秦屿，
> 逼近外洋，其余各澳口及诸港汉，在在均可通海，前代屡遭倭警。

其中濒临海岸的潋城和秦屿等地，人口集中，粮食和财物储备丰富，一直是外来入侵者窥觎掳掠的目标。

地方宗族在抗御外敌侵略、维护地方稳定方面发挥重要作用。郑振满在《明清福建家族组织与社会变迁》中认为："嘉靖倭寇之乱的另一社会后果，是促进族人筑堡自卫，从而强化了聚居宗族的军事防卫功能。"

明代自洪武初年起，东南沿海就已建立了包括沿海卫所、巡检司及水寨在内庞大的海防体系。政府采取严格海禁政策，禁止海上贸易，希望从源头上阻断沿海不稳定因素，但到嘉靖时期却遭遇了倭寇泛滥的局面。当时倭寇侵扰十分频繁，入侵者聚集人数众多，横行肆虐。相对而言，朝廷及地方守护的武装力量捉襟见肘。面对漫长的海岸线，有限的布防难以抗御敌人的频繁入侵。面对倭寇的凌人阵势，地方望族缙绅在抵抗倭寇侵略中展现出极为重要的领导作用。他们自发组织乡民，组编防守队伍，修筑城堡，提升地方防御功能。无论壮男弱妇，凝聚一心，共同抗敌。

这一时期，为了防范倭寇，秦屿、潋城、屯头等沿海乡村居民纷纷修筑坚实的防卫土堡。明嘉靖十七年（1538），海贼肆虐福鼎沿海乡村。秦屿土官陈登倡议修筑秦屿堡，乡民积极响应。清嘉庆《福鼎县志》载，明嘉靖三十五年（1556）冬，倭寇万余人，进攻秦屿：

> （程）伯简编甲伍，选丁壮守前垛，弱者次之，妇裹首运石传餐。倭攻
> 七日不下，以二云车薄城，伯简以木权格之。初以竹箭射，倭贼笑而不备，
> 既而铳矢并发，尽殪，倭乃宵遁。伯简中矢石，死城上……共难四十余人。

程伯简组织的防御队伍，来自地方居民，且无论体质强弱，性别男女，一同参战。为缅怀程伯简等40余位英烈，乡绅李春荣在秦屿出资建立"忠烈庙"。明嘉靖三十七年（1558），倭寇再次攻打秦屿堡，仍遭到秦屿民众同心抗御，终究不克。

在潋城，明嘉靖十一年（1532），为抵御倭寇，朝廷委派官员监建城堡，由王、叶、杨、刘等几个大姓分段构筑城堡。城堡叠石构造，周长1127米，城墙高5—6米，宽4—5米，垣墙高1.5米，厚1.2米。环城设4座炮台，配备4门炮；有东、西、南3个城门，

城内有环城路、古街等，水道四通八达，城外有护环城河。形成已久的地方宗族集团，在守卫家乡中发挥了坚强有力的作用。

地方宗族精英，在抵御外来侵略者的过程中发挥了强大的基层社会组织能力与自身的韬略与才智。这一力量，一直延续到近代。鸦片战争时期，英国军队及外国列强在沿海地带的侵扰活动更是肆无忌惮。清光绪《福鼎县乡土志》载，王学贞"博通群籍，胸有韬略。道光庚子（1840），英艇倡乱。立栅门，设海桩，修器械，募水勇，费数千余金"。在秦屿海防守卫体系建构过程中，王学贞面对轻敌的地方官吏，声明大要，直陈秦屿特殊的战略地位。王黎安《王吉泉事略》载：

> 道光庚子秋，英夷陷镇海，金曰无患，患在浙江。公愀然作色曰："鼎非浙之门户？烽火一山孤悬海面，如人吐舌，古今论防海，指为闽浙咽喉，岂非秦屿深存不露，水浅泥高，三里山城，人烟稠密，防守巩固，寇弗登岸，则鼎安；温、宁、连、罗、省会，俱赖以安。"
>
> 公鉴及此，乃设立各同里栅门，练乡勇千数百人，分屯要害，约法十章，训练有法，翼辅有方。据西洋巨舶，不畏风浪，畏山礁浅沙，公复以松木为海桩，桩圆三尺，长二丈七尺，入泥出泥各居中半。竹口凿孔，横施小木。贯串篾缆，上系于桩，使风浪不得摇动，潮来桩隐，潮去桩现，南北分列，前后相间，森然栗然，挺立于雄镇磨岩之下数百。太守见而奇之，深叹公经划其至且尽，绘图上诸大府。受大府命，会稽太守史公采缯以朱榜文"媲美文长"邮旌公。

合作共荣

太姥山地区由于历史上迁徙人口众多、迁徙时间漫长、迁徙频次繁多，以地域为基础的宗族组织不断生成，也在不断分化。太姥山相邻各村之间，在宗族、大户望族的引领下，基于社区相互利益、情感牵扯，围绕水资源利用、水利设施修筑，各方表现出融洽合作关系。

太姥山镇三面环山，农业生产灌溉水源依赖于山涧河流溪川。潋村、茶塘水源来自吉溪，秦屿水源来自跃鲤、廉溪。镇北部的斗门、日澳、屯头、箕笪，农业耕地集中在山岭与海岸之间，水源主要依赖清溪、洋头、礼澳、箕笪四地溪流。水源地皆为山势陡峭之地，水流落差大，上游与下游、高田与低田区别明显。截流蓄水的水利设施修建后，所处不同位置的田地获取水资源的状况迥异。各个家庭、各个宗族的强弱差别，在水资源的使用与支配能力上也常常表现出不平等关系。为了缓解地域冲突，融洽社会关系，各个宗族组织通过"族训""族规"引导族人，自我约束，和睦相处。

《潋溪杨氏宗谱·家训》"睦宗族"条有言：

> 譬诸水木，宗族宜敦。千枝万派，同本一源。何远何近，谁卑谁尊。相亲相睦，推德推恩。

为了共享资源，宗族组织以敦族、睦邻为约束，在户与户、村与村之间构建起一个超越宗族与村落范围的合作圈。

随着现代社会转型，传统的宗族概念正在发生巨大变化，古代宗族、祠堂、族长制逐渐向现代社团方向变革。特别是改革开放以来，新兴的联宗会、同宗会、宗亲会及姓氏联盟等形式的宗姓组织，广泛联系同宗、同姓，结成超越地域、血缘局限的宗姓联盟。

受到聚居村落耕地资源局限、新生围塘开垦等一系列原因，太姥山域内的望族大姓人口频增，各房分派，不断择地向外迁居。在新的入迁聚居地，子孙常常设立分祠、祖厅。随着时间的推移，原有的同宗、血缘的纽带逐渐松懈。新兴的同宗会，将散居各村的族人重新联结起来。太姥山镇吉坑村阮氏宗族，始迁祖于南宋景定元年（1260）由江西贵溪县八都迁入长溪，后辗转迁至福鼎翁江、佳洋、郭洋、下尾等村。吉坑"阮氏宗祠"创建于清光绪二十六年（1900），祀江、淮、河、汉四房宗牌。历经变迁，2008年阮氏宗祠得以在吉坑平冈山麓重建。以地缘看，吉坑聚居的是"江房"一支裔孙；"河房"裔孙主要聚居在太阳头村；"汉房"聚居在白琳镇郭洋村。以宗祠为基础，阮氏建立了宗族理事会，组成人员包括吉坑、太阳头、下尾、郭洋、流美、秦屿等阮氏宗亲。上述地域覆盖的各村阮氏宗族后裔也是宗祠修建的捐助者。组建的理事会除负责宗祠日常管理和宗族大小事务以外，还负责春秋两季祭祖活动和增修族谱。阮氏裔族分布在各村的人口多者不过800人，少的只有数十人，通过联结同宗，排除了地缘的局限，结成最为广泛的宗族联盟。樟岐村"陈氏宗祠"兴建于2008年，祖先源自河南颍川。从宗祠捐助人的地域来源看，包括了樟岐、巨口、八都桥、秦屿、屯头、东埕、点头、蒙湾、店下、长边及福鼎城区等地陈氏裔族人员，凝聚族人的地缘分布极其广泛。

近十年来，在同宗会、宗亲会的基础之上，一些大姓渐渐发展成为以共同姓氏联盟的社团组织，传统的宗族血缘原则被淡化。自古以来，谈论"睦族"时，并非局限于共同的祖先和单一的男性脉络下的血缘亲属。明万历时期寇慎（1577—1669）曾在

《山居日记》中说："古人睦族，非止同宗。以族服考之，父族、母族、妻族皆是。"宗族的概念，取决于一个利益族群的认同。福建沿海宗族的发展历史，需要以家族组织做基础，同时不可回避超家族、泛家族等因素。

2010年，太姥山镇开闽王氏、秦屿三槐王氏、潋城务琨王氏、樟岐王氏、才溪王氏、台山岛长乐籍开闽王氏支派，与磻溪镇桑园王氏移民支派等王姓宗族，联合成立了"太姥山王氏分会"，形成更加广泛的宗族融合群体。王氏分会理事会在王姓各支族人的积极捐助下，建设了海峡两岸王氏历史名人纪念馆和太姥山王氏大宗祠。王氏大宗祠中供奉着开闽、务琨、三槐三派的列祖列宗，神位上方是江左王氏始祖王览公、开闽与三槐始祖王导公、务琨王氏始祖王羲之公的画像。开闽王氏于康熙年间创建"王羽国家祠"，坐落在积石社区古城南路。祠堂内祭堂对联"源溯琅琊脉联固始，两晋家声远祖开闽"将王氏各支脉凝聚在一起。三槐王氏宗祠"王氏家庙"，坐落在积石社区古城南路魁星楼侧，清道光年间由王遐春、王学贞父子创建。务琨王氏，琅琊王羲之后裔福建长溪县令王务琨支派，潋城"王氏宗祠"于2007年落成。太姥山王氏分会以爱国守法、团结互助、弘扬祖德、共谋发展为宗旨，带领王氏6个宗祠、6000余王氏宗亲成员，大力弘扬家国情怀，在经济文化领域为地方小城镇与美丽乡村建设、海峡两岸民间交流、历史文物保护、家风家训传承、开展传统文化活动、扶贫助学、敬老慰丧、族人维权、抗疫救灾、维护稳定等方面做了大量的工作，发挥了卓有成效的作用，受到有关部门和宗亲的好评。

伴随社会发展，太姥山人的宗族文化在倡导家族文明、弘扬传统美德、缓和社会矛盾、促进社会稳定、汇聚社会力量、繁荣地方经济等方面将发挥更积极的作用。

太姥山镇人口与宗族分布

才堡村

自然村村名	户数	户籍人口数	主要姓氏
梨湾	14	47	夏
内才	140	547	雷、蓝、钟、陈、谢、吴、李、林
外才	159	661	吴、李、王、郭、庄、林、许
城后	56	232	兰、雷、钟
北山	175	780	刘、雷、李、杨、林、陈、沈

东埕村

自然村村名	户数	户籍人口数	主要姓氏
川头鼻	37	126	张
福山	31	131	王
墓下	68	248	叶
桥头	43	134	叶
东埕里	89	373	叶
塘头尾	48	230	叶
大墩顶	117	417	叶
塘边	110	400	郑、权、王
石牌岭	24	69	郑

东星村

自然村村名	户数	户籍人口数	主要姓氏
东星村	84	316	林、黄

斗门村

自然村村名	户数	户籍人口数	主要姓氏
水村	97	376	纪、洪、程、许、胡
斗门	145	572	林、黄
佳湾	65	256	陈、黄
官村	158	617	张、冯、倪、林、陈

方家山村

自然村村名	户数	户籍人口数	主要姓氏
方家山	24	112	林
后园	14	55	李
后门垅	8	34	蓝
外洋	163	568	林、钟
弯坵	22	75	邱

瓜园村

自然村村名	户数	户籍人口数	主要姓氏
岭尾	38	196	杨、蔡
船河	29	135	黎
排堂岭	14	81	沈
田仔尾	50	316	陈
内烟垱	47	256	张、林
外烟垱	33	208	许

吉坑村

自然村村名	户数	户籍人口数	主要姓氏
吉坑	200	702	阮、杨、曾

巨口村

自然村村名	户数	户籍人口数	主要姓氏
巨口	287	1185	董、陈、卓、严、黄、李
秋溪	232	1055	林、方、陈、王、梁
田垱	37	120	张、陈、翁、余、刘

孔坪村

自然村村名	户数	户籍人口数	主要姓氏
孔坪	66	274	陈、唐、林、池、苏、刘、余
赤溪	61	295	陈、邱
烟墩脚	12	47	邱、林
山头	61	277	池
溪边	25	101	陈
西坑	16	83	林
罗垱	42	182	陈、龚、缪
坑里	33	139	林、周
水竹湖	30	138	林
甘山里	17	76	周
大坪里	23	103	姚、周
岩头顶	4	21	许
内甲坪	28	106	林
外甲坪	41	162	朱
虎暗	42	169	兰（蓝）、钟、雷
岗坪	26	96	陈、邱、潘

蒙湾村

自然村村名	户数	户籍人口数	主要姓氏
蒙湾村	187	668	王、周
鸡角召	32	121	周、池
牛后	18	72	陈、吴

牛郎冈村

自然村村名	户数	户籍人口数	主要姓氏
牛郎冈	104	396	陈
南招澳	36	144	郑、叶、雷
岭脚	42	147	陈
比湾小区	75	273	周、李、王

彭坑村

自然村村名	户数	户籍人口数	主要姓氏
洋源	16	72	洪
上彭坑	29	144	梁
沙建	29	137	庄
青园	14	90	庄
财岗	18	85	沈
石壁脚	15	71	庄
建设	24	122	章、陈、沈
山兜	38	180	林、吴、王
新厝	14	55	庄
牛鼻头	22	97	郭
罗伍	20	81	宋、章
田楼	12	60	梁

日澳村

自然村村名	户数	户籍人口数	主要姓氏
岭脚	25	79	林
白浪	15	46	李
谢厝下	17	42	谢
南山	40	123	王、陈
海尾	254	1038	谢、李、林、王、陈
番岐头	36	124	林、何、陈、曾

太姥洋村

自然村村名	户数	户籍人口数	主要姓氏
太姥洋村	138	541	何、张
半岭	36	152	苏、柯
岭头	53	208	陈、黄、柯、余
水尾	14	56	陈
外洋店	25	91	刘
长岗头	64	246	陈
上长岗	9	46	余
二坝头	18	77	雷、潘、邓、陈
西山	26	104	何、张

太阳头村

自然村村名	户数	户籍人口数	主要姓氏
佳洋	44	184	曾
兰里	51	216	王
旧厝	47	174	阮
太阳头	62	213	阮
村边	108	385	张、陈
牛洋	30	96	钟、雷
大池	21	87	郑、缪
三斗	29	121	沈
缪兰尾	29	119	吴
招湾头	20	91	林
长保岭	32	113	雷

下尾村

自然村村名	户数	户籍人口数	主要姓氏
下尾	57	281	阮、陈
董家沙	83	447	曾、魏、陈
车坪头	83	342	韦、周
九斗脚	43	182	谢
墓停里	45	203	赖
内磨	17	89	陈

仙梅村

自然村村名	户数	户籍人口数	主要姓氏
柏兰	18	73	林
茶岭	13	49	林
玳瑁岗	11	44	王
彩堂	53	242	王
仙宫	17	86	陈
南峰山	32	211	王
尾头	45	170	王
半岭	44	172	蔡
西瓜园	33	128	曾
下西洋	36	146	张
岩上	13	52	张
岩下	4	19	林
岩下仓	10	42	钟
白墓	4	12	翁

小笕笃村

自然村村名	户数	户籍人口数	主要姓氏
小笕笃村	159	563	毛、郑、陈
曲鼻	24	100	王
八斗坪	13	49	郑
下楼	12	53	温
烟台下	14	50	毛

洋里村

自然村村名	户数	户籍人口数	主要姓氏
宝名	19	78	陈、兰
溪心	118	426	曾、刘
林厝里	30	112	林
里洋	17	72	何、陈
何厝里	88	320	何
半山	51	190	兰、雷、钟

樟岐村

自然村村名	户数	户籍人口数	主要姓氏
樟岐行政村	210	790	王、陈
樟南	139	525	夏、吕、丁、潘、吴
打水澳	130	490	林、沈、唐

潋城村

自然村村名	户数	户籍人口数	主要姓氏
潋城	418	1469	王、叶、杨、陈、缪、谢、郑、卢、易
南山	28	95	陈
西门外	42	215	李、钟、雷、兰、白
横塘	10	35	谭、何
缸窑	73	303	吴、刘、侯、李、曾、陈、华

屯头村

自然村村名	户数	户籍人口数	主要姓氏
埠头	141	554	黄、陈
城理	108	424	黄、陈、何
当厝	61	233	黄
南山	67	274	毛、缪、冯、全
北山	54	180	林、阮、程

竹下村

自然村村名	户数	户籍人口数	主要姓氏
北峰山	25	92	陈
大坵园	23	97	苏
定加尾	28	99	方
夫仁顶	37	135	林
过坑	29	108	曾
后洋	21	81	张
后章	24	112	杨
井下	33	94	刘
坑门里	27	54	邱
坑头	60	89	雷
彭家澳	22	62	林
山门后	15	61	陈
亭脚	28	89	王
同章	36	101	吴
朱厝	48	118	朱
竹下	47	168	刘

秦屿村

自然村村名	户数	户籍人口数	主要姓氏
秦屿全村	1491	4509	丁
水井头	80	428	庄、苏

秦海村

自然村村名	户数	户籍人口数	主要姓氏
秦海新村	168	746	王、郑、翁、兰、林

建国村（人口散居各社区）

自然村村名	户数	户籍人口数	主要姓氏
玉池片区	166	599	陈、王、林、张
积石片区	271	896	陈、王、林、张
金麟片区	353	1233	陈、王、林、张
康湖片区	298	1017	陈、王、林、张
寒碧片区	172	671	陈、王、林、张

注：本表由冯志洁调查整理，统计时间截至 2020 年 8 月。

斗南述略

✎冯文喜

斗南即今斗门村，位于太姥山镇（原秦屿镇）东北部，村民以林姓为主，始迁于宋末元初。明清之后，斗南得到长足发展，保留有明清时期民居、宗庙、桥梁、石道等古建筑，其氏族文化、生产生活习俗和人文自然景观，成为东南沿海山地古村落发展的典范。

斗南林姓奉唐赤岸人、金州刺史林嵩为先祖，其宗谱《历世贤能》载："林嵩，五九世，为东林始祖，生男四，官授礼部侍郎。公于唐宝历丙午岁（826），迁居福宁州赤岸。"唐咸通年间，林嵩在斗南之东南的灵山筑草堂读书，后人称为草堂书院，现今只存遗址。清光绪二十一年（1895）《重修斗南林氏族谱序》载，南宋德祐间，林姓从赤岸分出一支迁居廉山，随后，林继亭于元皇庆二年（1313）迁居于斗南，成为此地的开基始祖。又载，林友于元天历三年（1331），转徙到斗南，林姓也把他奉为肇基祖。

至清末民初，斗南历史沿革属长溪、福宁。清乾隆四年（1739）福鼎置县，清嘉庆《福鼎县志·卷一·疆域》载："治东南五十里起为六都，原州望海里十一都，一图。村十七：清溪、黄崎、屯头、佳湾、官仓、斗南、东溪、后坪、箩溪、旸谷、杨家坪、传岩、后埕、大筼筜、小筼筜、日澳、番崎头。"清光绪《福鼎县乡土志·六都分编》载："治东南五十里起为六都……清溪、东溪、后坪、箩溪、旸谷、杨家坪、傅岩、后埕，傍海如黄崎、日澳、屯头、佳湾、官仓、斗南、番崎头、大筼筜、小筼筜，计一十有七。"以上资料表明，斗南原为福宁州望海里十一都地，属长溪县、福宁府劝儒乡。福鼎置县后，为六都地。1946年，秦屿镇（十六保）设有屯头保，村落有岭头岗、斗门、佳湾、礼澳、官村、当厝、屯头。1995年，斗门设立行政村。

斗门为傍海负山之地，村东上游有港道，曲折潆洄，周边山峰平远，资源丰富，自古以来被称作粮仓。村以传统农耕为主，田亩、山林的面积达到一定数量，种植稻、麦、豆、蔬，兼以出产林木。民国时期，斗门林姓拥有大量田亩，据《林氏宗谱·设置祀产志》载，有"六世祖龟山公，开拓鸿业，广置田亩"，又载"所有田亩、山场只黄、农、唐、虞、夏、商、周七房轮值之"。据《西河郡林氏宗谱·斗南地图志》

载："西北拥山原之胜，东南沿海之滨，枕仙山而直照金星之案，被佛塔而横收玉带之流。"意思是斗南村背依月江山，取名月江境，有半月沉江之说。"金星"即斗门洋前有七个土墩，取名七星墩，所以又有众星拱月之说，或谓列星朝凤。"佛塔"一指斗南邻村三佛塔，一指三佛塔清溪寺双石塔，为明景泰四年（1453）斗南林姓为结佛缘而建。斗南面对海田山，其形如卧牛，地图志中描述"眠牛伏地，一望长江"。

斗南水陆交通比较发达。陆路最早有林克龄修建的斗南桥，作为出入村庄的便捷通道。水路与清溪一脉相连，清溪流经斗门，形成港道。据《林氏宗谱·清疏港道志》载，1919年，对斗门港道进行了疏通。1967年，原秦屿海围垦造田，修筑秦屿至屯头海堤，总长800余米，使这一地带的周边环境状况发生一定变化，至此，原东南至岚亭、斗南，西北至潋城、茶堂，西南至才堡、下尾的秦屿湾，沧海变桑田，同时也结束了秦屿海湾屯头古渡的水路历史。斗门交通与之息息相关，往西南，古时水路主要是经屯头渡到秦屿后转换，往东北，则过岚亭后至店下由牛矢墩渡、鸭姆渡转换。陆路以山间土路为主，东北线有斗门—水村—湖章—清溪，支线有水村—草堂山下—礼澳—日澳—番岐头；西南线有斗门—佳湾—官仓—屯头，支线有官仓—茶塘—店山下—缸窑—马山。

斗南村落相对集中，傍月江山而建。村原有铺碇石子道自东贯西，在村道南侧砌护墙，或筑矮墙，每间隔十余米开设一座门楼，并以"之"字形造砌通道到各个庭院，形成典型的沿海平原村落建筑风格。村西南口、东南口、东北隘口植有百年古榕树，现保留7棵，冠盖如云，成为风景树。《西河郡林氏宗谱·祭田》载："留篆树木，以卫风水。"明清时，村落形成较大规模，至民国时，曾一度受到自然与人为的损坏，随着城镇化进程加快，原有古建筑房进一步遭受破坏，但从当下村落留下明清古建格局，依稀可见当年的风貌。

其中以马墩门楼保存较有特色，为总厅建筑。该门楼坐东南向西北，为明清时期单体木构建筑，抬梁穿斗混合式构造，保留有比较完好的木质雕刻。大厅面阔5间，进深7.8米。大厅木梁上雕刻有狮子、兰花等花卉，右边厅改做粮仓。其外台阶长1.5米，宽0.3米。天井面长15.8米，进深4.7米。另外，原林氏宗祠建筑也颇具人文内涵，保存有清光绪七年（1881）举人牌匾"名魁乡榜"，及祠堂石刻"林氏宗祠"，是一个氏族人文历史发展的缩影。

附：

斗南地图志

劝儒故里，望海微区，氏系西河，地属南斗。西北拥山原之胜，东南沿海国之滨，枕仙山而直照金星之案，披佛塔而横收玉带之流。星墩盈畴（斗南洋有七星墩），比列星而朝凤阙；月江志境（斗南取名月江境），仿步月而入蟾宫。鹅顶（朝案山名）临于案侧，谚云天马朝堂；海田（对面村地名）列厥座前，或谓眠牛伏地。一望长江（本地取象半月沉江），恍若茫茫浸月；遥瞻远岫，宛然渺渺凌云。穿池西土（本地西方有一池），能消回禄之灾；凿井南宫（斗南宫前有一井），可吸长生之水。九曲川流（上流港路），潆洄抱中和之气；几行峰耸，平远呈蕴藉之形。蟹蝌（洋中地名）当横纵之宙，鳌洋（前垟地名）展仓库之源。众彩腾辉，仰悟红云之捧日；丛林挺秀，行看玉树之临风。苔矶傍在澜潭，书轩本兹桂阁。草堂萃人才，经纶可羡；姥峰护我屋，堂构堪承。九龙腾厥，当年世值风云之会；双桂香兹，来许时承雨露之滋。食旧德者，犹勤艺圃书林；服先畴者，不辍耕云锄雨。先哲云遥，鸿图尚在；故墟未弛，马墩犹存。数典无忘，自觉庐山真面目；读书渐感，诚知活水有源头。继亭公之为仁不忘外祖，原存水源木本之思；龟山公之尚义佑启后人，实有积厚流光之誉。显祖之扬名于世，诚为本地风光；功祖之为烈于今，实属吾家砥柱。美哉！水远山长；允矣！地灵人杰。第以英才，谱不绝书，而胜景文多失笔。某也未绳祖武，孤负川岳之灵；徒读父书，困居梓乡之地。欲疏短引，愧无倚马之才；敢竭鄙诚，聊效涂鸦之作。是以询诸故老，考于前闻，罗记问于胸中，本厥生成之象，写形情于笔下，识其诞降之奇，岂等凭虚结撰，浪邀文士之名，原为着实敷陈，幸质贤人之鉴。云尔。光绪三年（1875），岁在丁丑孟夏月谷旦，十八世孙眷西盥志。

（选自清林眷西撰《西河郡林氏宗谱》，编者点校）

秦屿邱氏源流

邱姓本丘姓。丘姓以太始祖姜太公助周灭商有功封齐国都营丘，其五世孙以营丘之丘为姓。今丘、邱通用。

邱氏迁入秦屿大约在明末清初，始迁之祖有六房，现有人口650多人。

角公房系　　由上杭白沙里徙居秦屿邱厝。其七世孙长玉，字云攀、号醇齐，以子贵，赠武翼大夫；其八世孙贤，字建鼎、号象山，清康熙四十年（1701）任游击署黄岩总镇；其九世孙腾蛟，字兆泮，号采言，清雍正十年（1732）官至黄岩左营备署游击；其十世孙椿，字行岁，号古园，著有《太姥山指掌》一书，现存福建省图书馆；其十六世孙光福，字步绥，约于1945年去日本，后移居中国台北。

元六公房系　　由霞浦徙居秦屿横街里。其祖可上溯到北宋初的丘振源（元）支系。丘振源于北宋初（960）从福唐（今福清）坐船到长溪县南山（今霞浦县赤岸溪田村）开基。其五世孙丘允，字执中，宋元符三年（1100）进士，任岳州府临湘县（今长沙）、襄州府邓城县、洪州府新建县（今鹰潭）县令，广西柳州、广东惠州知府，以朝议大夫之职告老还乡；其子丘饬荫补鄞县令。丘允七世孙应方，字伯瞻，南宋淳祐七年（1247）特奏名进士，任南康星子县尉而居之；十三世孙宁甫，号仲山，聪明正直，任叙州司狱，升四川道御史；十七世孙一阳，字太初，号练岩，任莆阳县令；廿世孙元六徙居秦屿。

烈公房系　　由上杭南徙居秦屿后岐。

发如公房系　　由上杭太拔乡湖子里徙居秦屿方家上湾坵。

文富公房系　　由上杭太拔乡湖子里徙居秦屿金鸡山。

士敬公房系（1796—1820）　　于清嘉庆年间由闽南迁入秦屿岭后。

秦屿邱氏祖厅始建于清道光年间，清同治十一年（1872）毁于大火。角公房的楚成公邀族人元六公房的作华、士敬公房的云风筹集公款，把祖厅基址拓为祠堂，于清光绪三年（1877）动工兴建，占地面积227平方米，1983年重修，至今保存完好。本宗祠于2002年入编福建省文化厅主编的《八闽宗祠大全》。

2002年9月9日，在香港企业家邱家儒宗贤倡议下，成立了中华邱氏宗亲联谊总会、中华邱氏族谱研究总会，大会选举邱家儒为总会长，各县（市）成立分会，贯彻执行总会"编写涵盖全世界丘（邱）氏宗亲的《中华丘氏大宗谱》；修缮具有历史意义和文化保护价值的祖祠祖墓；兴教育贤，培养邱氏人才"的"三大任务"。

《中华邱氏大宗谱》是继孔、孟、颜、曾四姓之后，第五个全国统一字辈的姓氏大宗谱，在欧苏谱例的基础上整合创新出了一套既体现实事求是精神，又独具时代特色的邱氏修谱体例。这套体例将"文化认祖"与"血缘认祖"两种修谱方法完美地结合在一起，已被专家、学者称为"邱氏谱法"。

多年来，太姥山镇的邱氏宗亲自筹资金先后完成了秦屿邱氏宗祠、坛头门邱氏宗祠、邱厝里邱氏宗祠、下寨邱氏宗祠、太雾屯邱氏宗祠、状元里邱氏宗祠、山门里邱氏宗祠等多座大小规模宗祠的建设和修缮。完成了世营公、士记公、心三公、元六公、烈公等50多座有历史文化意义的老祖墓的抢修，同时始终尊崇春秋两祭。秦屿邱氏宗亲在每年清明节都发动族人将域内二三十座祖墓祭祀，当晚集中宗祠祭拜祖先，祭毕后由族长对宗亲进行礼、义、孝、仁和法纪法规教育，宗亲边吃边听，宗情浓浓。

福鼎邱氏教育基金会从1999年建会以来，已为近百位考取大学的邱氏学子提供资助及勉励。分会每年正月初六都组织一场学子会，为在全国各大学府的邱氏学子提供一次很好的交流平台，勉励学子勤奋攻读、成名立业、光宗耀祖的图强斗志。分会还为因灾害病患致贫的宗亲筹募亲情捐助，为正当权益被侵的族人提供法律援助，为其他姓氏修谱、溯源等提供咨询，为完成总会提出的"三大任务"作出实实在在的工作，为增进了解市域姓氏源流起到推动作用，弘扬了姓氏文化。

（本文由秦屿邱氏宗亲会供稿）

秦屿丁氏源流

✑丁　晶　丁振强

700多年前，丁氏先民踏着丝绸之路自阿拉伯国家而来，在中国与博大精深的汉文化握手与对话，形成一个崭新而独特的族群——丁氏回族。

北上迁徙，聚居秦屿

自明永乐至清光绪年间，丁氏相继从泉州陈埭北上迁徙。明永乐二年（1404），六世祖丁龙由陈埭辗转迁至佳阳丁家坪东章。明嘉靖期间，十世祖象江首迁秦屿打水澳，其后十三世祖丁慎迁居丁家山，十四世克正三兄弟定居后澳山，后迁的各世祖皆聚居在街尾三角埕，俗称秦屿"街尾丁"。

福鼎城关的丁氏于嘉庆、咸丰年间从陈埭北上迁来。桐山水北溪、三满、浮柳、洋岭边、白琳东洋、牛埕仔、大白鹭、白露坑等处丁氏则来自浙江苍南县桥墩后隆。沙埕丁氏有的直接来自泉州陈埭，有的则来自秦屿。

1982年福鼎县统战部组织"福鼎县回族历史调查组"，最终确认了福鼎丁氏均来自泉州陈埭，而太姥山镇则是丁氏最大的聚居点。同年，县政府批准福鼎县丁氏恢复其回族身份。至今，福鼎市域内丁氏回族有8000多人。

厦门大学历史人类学教授庄景辉曾两次率队，在太姥山镇考查丁氏的家谱、祠堂、坟墓及其居住地，确认秦屿丁氏为阿拉伯人赛典赤·瞻思丁之后裔。

艰苦创业，经商致富

古时，泉州陈埭的丁氏先祖因生计所需，经常往返于闽浙之间贩卖蛏干，因遭遇台风，不时避风于晴川湾的打水澳，见之秦屿海湾滩涂面积大、风浪小（当时秦屿海滩伸延至樟岐、瓜园、虎头岗岭下），依照祖籍地陈埭海涂养殖、围海造田营生之道，认定美丽富饶的晴川湾乃是围海塘、种早稻、养蛏苗、讨小海之良地。

始迁秦屿各房先祖历尽沧桑，艰苦创业，以不畏艰难险阻的坚强性格，善于经营的能力，在秦川这块肥沃的土地上创基立业，发家致富。当年丁氏先祖给人们留下的印象是："长辫子，头顶盘；打赤脚，穿结裆；闽南话，嘴边挂；夜当日，拼命干。"他们早出晚归，吃苦耐劳，勤俭持家，人人是种稻能手，个个是养蛏行家，光蛏干一项每年就有万余斤销往浙江一带，每户每年的"天秋早"（一种抗碱耐旱的早熟良种，红米粒，吃起来满口余香）能收千余斤。

经过几代人的不懈努力，秦屿丁氏族人以精明的经商理念，用养殖、种稻的原始积累做起小本生意，逐渐发展。在20世纪二三十年代，丁氏的事业达到了鼎盛。当时秦屿街有丁信美、丁乐记、丁泉记、丁济春、丁传庆、丁广顺、丁通盛等有名气的商号，更出现了秦屿当地首富丁銮声。丁氏为秦屿的经济发展做出巨大贡献，名噪一时，在当时太姥山镇，"街尾丁"与"城里王""半街王"齐名。

修谱建祠，展示文化

丁氏迁徙秦屿近500年，之前从没统一修过家谱，直至1984年才与苍南后隆族亲联合修谱，广泛发动族众觅祖坟，找史料，进行整理。2005年，在新一届丁氏宗亲会常务理事的带领下，多渠道收集各房珍藏的有关历史资料，进行认真分析和确认，尔后三赴泉州再行考证与核实，时历一年半之久。在族人的共同努力下，新编族谱充实了"源流""谱序""凡例""族规训言""行第小引"和"族贤录"等6项新内容，日臻完善。

秦屿丁氏宗祠坐落在福鼎市太姥山镇丁家山，东临大海，西靠太姥山，占地面积近十亩，建筑面积3000平方米，总造价480万元，于2008年竣工。宗祠模仿国家重点文物保护单位泉州陈埭丁氏回族宗祠建筑格式，三进两廊环抱"回"字形的独特造型，有阿拉伯文字及图案纹饰，展示了独特风格，体现了民族文化的融合。

宗祠自东向西有门埕、前厅、前庭院、中堂（主殿）、后庭院、后殿。中堂供奉丁氏列祖列宗的大神主牌，两侧陈列从明末以来迁至秦屿、沙埕、白琳、牙城等地27房祖宗的神主牌位。后殿安放一世祖节斋公塑像。门楣上方用阿拉伯文字及吉祥鸟组成图案木雕。整座宗祠的门埕、前厅、中堂、后殿分三阶层次增高，蕴涵着宗族"蒸蒸日上，步步升高"之意。

宗祠北侧为人工挖掘的椭圆形泮池，左有流水谓之青龙，右有长道谓之白虎，后有丘陵谓之玄武。丁氏宗祠乃踞风水宝地也。清真寺建在宗祠左后侧，上层为望月台，中层是礼拜堂，下层还有办公休息等场所。

秦屿丁氏宗祠被福建省文化厅编入《八闽祠堂大全》，2013年荣获福建省新农村文化促进会第一届文明宗祠。

佳湾陈氏

✎陈启西

入迁佳湾

佳湾是地处闽东北的沿海小村，距秦屿镇中心仅一二里，背倚烟墩山（旧称月江山），面朝太姥山岳"笔架峰"。清光绪《福鼎县乡土志·六都分编》载："礼澳溪，源出草堂山，经佳湾墓亭下，转西入屯头海；清溪，源出四都孤岭头，经马仙宫，转三佛塔，汇于观澜潭，由斗南港，经佳湾前，入屯头海。"佳湾地处清溪、礼澳溪两溪夹汇处，这里山清水秀，古木参天，森林掩映，临山靠海，是鱼米之乡。元末明初为避寇，佳湾陈氏始祖陈伯泰自柘洋（今柘荣县）上城后门巷，移迁太姥山下才溪北庄，12年后又迁官村港底，最后定居佳湾半山坡。

佳湾元代属福建道所辖的福宁县，明代属福宁州劝儒乡望海里十一都，清初沿明辖制。据清光绪《福鼎县乡土志·六都分编》载，乾隆四年福鼎设县后，佳湾与治南五十里的屯头、斗南、官仓、清溪、后坪、蕡笪等17村划为六都，佳湾为六都康宁境。民国时期佳湾属秦屿区岚亭乡辖。1949年后，属第一区秦屿辖，归屯头人民公社辖，后并入秦屿公社，设屯头行政村。1991年屯头行政村一分为二，设屯头、斗门两行政村，佳湾就此归入斗门行政村管辖至今。

陈姓是个大姓，源远流长，在闽台等地陈氏更是地方巨族，素有"天下陈、林占一半"之说。《史记·周本纪》载，武王追念先圣王的功德，以褒扬并封神农后人于焦，封黄帝的后人于筑，封尧帝的后人于蓟，封舜的后人于陈，封大禹的后人于杞。这是有关于"陈"的最早说法，该封地即为陈国。又《史记·陈杞世家》载，陈国的胡公满是舜的后代，还是平民时，尧将女儿嫁给他，他们住在妫水旁，子孙将地名作为姓氏，姓妫。到周武王时，寻找舜的后代，找到了妫满，封在陈地，这就是陈胡公。至西汉文帝二年（前178）《陈氏始根源》记载："吾祖出自胡公之后，胡公系虞舜亲派。"历传至太公和奉周天子命为齐侯，孙为齐威王，四传至襄王，法章长子建为秦所并，其四子轮游说秦楚居颍川，复为陈氏。历下以降，陈氏后裔星分散处，凡居各郡，俱称颍川陈氏，俱以颍川郡为郡望。

据福鼎佳湾陈氏现存的清代宣统年间《颖川郡佳湾陈氏地理迁徙图》载，经"颖川—太邱—闽（长溪，属福宁府，颖川郡始此）—平江—凤凰山—陈降—柘园（今浙江苍南）"再入闽，"柘园—长溪—湄洋—佳湾"。

佳湾陈氏其源从陈福（字伯泰）开始。陈福为侍者（行唐七）派下，系柘荣湄洋四世祖宋探花、侍郎陈楠（原名纬，字季任，号无相居士）胞弟陈统八世谪孙。陈伯泰为躲避柘洋袁天禄征社兵筑柳城，从柘洋上城后门巷移迁太姥山下才溪北庄（一说礼澳北山），十二年后营居沧江（今官村），后伯泰五世孙陈宾于明隆庆五年（1571）寻而奠居佳湾半山坡。确切地说佳湾陈氏入迁应从陈宾开始，有诗赞曰："皇皇懿祖，德业峥嵘；耕锄劳顿，夜半鸡鸣；上承先志，下启来情；分余点汗，寸积千辛……"但因此前迁移太姥山下才溪北庄、沧江等地均在六都地，且近在咫尺，固佳湾陈氏传统上还是以陈伯泰（福公）为本族入迁始祖。

明初，陈伯泰从柘洋上城后门巷向东出发，一路逃生避难，没有想长久奠居之意，固草迁之初，稍顿即东迁西移。营居沧江港底境况，有一份陈氏谱序曾加以说明，七世孙庠生陈淑孔撰于清顺治六年（1649）的《重修族谱序》载："维时草创方艰，不追择处，爰有三墩仓园之徙，居无何，又以不便赴屿为苦于焉！勠力经营，见夫仓江港底地旷里仁，不山不海，鱼盐之所，业樵牧之所便也！遂家于斯。"佳湾半山坡，距沧江港底咫尺之遥，于是建屋定居佳湾。

陈氏奠居佳湾后，继起生齿浩繁。据佳湾陈氏旧谱《朋役一则》载："秦屿一房丁粮布少，以道洪兄长房长为一股，公与德孟公长房二为一股，余考尾房丁粮仅当其一为一股。"另外，佳湾陈氏旧谱中多次见到"迁居秦屿""徙居秦屿"等字眼，均能说明秦屿有佳湾陈氏分支，但不知为何历次重修族谱均没有将秦屿一支载入族谱，现散布秦屿镇区各处陈姓，恐多有佳湾陈氏后裔。另传有一支迁霞浦驴甲。

时至今日，佳湾陈氏已传 21 世，分布佳湾、秦屿、福鼎城关、宁德市区及浙江苍南等地。

联姻情况

宗族势力，是把双刃剑，对内有亲和性，对外有排斥性。在过去地方氏族林立的福鼎，先有翁江黄氏显名于唐，次有潋溪杨氏、西园高氏、点头赵氏显名于宋，再有屯头黄氏、王渡江氏、翁潭萧氏、瓜园蔡氏、秦屿王氏、甘家岐王氏、桐山施氏等雄族在明清并起，各领风骚数百年。作为入迁较迟的佳湾陈氏能占得一席之地，实属不易。

古时的佳湾村所在地福宁十一都（福鼎建县后划为福鼎六都）地周边，较有声望的氏族有秦屿王氏、西园高氏、硖门郑氏、石兰邓氏、屯头黄氏、潋城叶氏、斗南林氏、三墩周氏、王渡江氏、甘家岐王氏、店下喻氏、弹江李氏、朱峰朱氏等。入迁600年来，陈氏族人克勤克俭，敦族自守，与周边氏族和睦相处，繁昌至今。

始迁之初，陈氏作为地方微族，备受欺凌。据传，村外的官仓某氏曾有一些人仗着比较早入迁，在佳湾陈氏出村必经之路拦路，不让陈姓人通过。有一段时间，佳湾陈氏不与争，就转而从礼墺村通过。佳湾陈氏凭着能忍，与地方氏族结交友好。但若其他氏族无理强欺，陈氏也不是全都不管，与才堡外族人处理共担役务之事就是一例。佳湾陈氏族谱陈子根的《朋役一则》可见其详：

> 余族原未与才堡换后朋役也，若非余考与公（陈淑孔）勠力经营，丕振家声，不几令人视予族无人乎。二人之功，当永与星霜滋赫矣。承役之日，公与余考及德孟、德端公，及道洪、道亨诸兄，请福宁彭凤凡、屯头黄子明、换后陈国易诸位面议。秦屿一房丁粮布少，以道洪兄长房长为一股；公与德孟公长房二为一股；余考尾房丁粮仅当其一为一股。当差后之子孙，不敢畔焉。此皆公首事之力也。

《朋役一则》写到原佳湾陈氏未与外族共同承担徭役，一体由本族独立承担，徭役繁重，无奈族间无人。直至清初，陈淑孔邀集各房主事与福宁彭凰凡、屯头黄子明、才堡北庄换后陈国易诸位面议。经协商议定，自此各房共同承担政府摊派之差役，子孙当差时不敢违背这个规矩。这都是陈淑孔首事的功劳。

清康乾间，佳湾陈氏随着族群的发展壮大。族间子弟在科场上接连有建树，逐渐确立望族地位，人称"佳湾陈"。如今就佳湾本村而言，陈姓占有绝对的人丁优势，陈氏能发展壮大，与历代陈姓人与客姓人相互通婚，因许多人家形成了亲戚关系，和谐氛围愈加浓厚。

据调查统计，谱牒中有明确记载佳湾陈氏与地方氏族联姻的主要有台峰王氏、弹江李氏、三墩周氏、王渡江氏、店下喻氏、屯头黄氏、斗南林氏、秦屿王氏、黄岐郭氏、朱峰朱氏、西园高氏、湖头杨氏、瓜园蔡氏、玉塘夏氏、石兰邓氏等。

其中陈氏子弟娶的媳妇或女儿嫁出，出入20人次以上的地方氏族有台峰（甘家岐）王氏（78次）、弹江李氏（62次）、屯头黄氏（87次）、斗南林氏（55次）、三墩周氏（46次）、黄岐郭氏（36次）、秦屿王氏（29次）、清安张氏（25次）、王渡江氏（26次）、店下喻氏（25次）、朱峰朱氏（23次）。

佳湾陈氏联姻关系表

序号	朝代	姓名	字、号	生卒年月	品职、功名	联姻对象
			佳湾陈氏重要人物与地方氏族显达人物联姻情况			
1	明天启	陈悌	字德敬，号高廷	1589—1639	贡生	娶秦屿贡生金向水之姑
2	明崇祯	陈淑孔	字孟希	1618—1690	宏词选贡	娶屯头黄子现女
3	清康熙	陈大煌	字元章，号文溪	1652—1734	耆英	娶三墩周氏
4	清康熙	陈大煜	字元昭，号潜溪	1665—1742	州庠生、介宾	娶秦屿林氏
5	清康熙	陈至谟	字圣典，号文峰	1714—1795	太学生	娶甘家岐王吉生女
6	清康熙	陈中晟	字右晓，号慧齐	1691—1742	州庠生	娶濑城李氏
7	清康熙	陈中春	字右仁，号业山	1706—1768	州庠生	娶三敦周氏
8	清雍正	陈球	字振鸣，号东岐	1714—1779	岁贡生	娶王渡江氏
9	清乾隆	陈光辉	字圣泽，号德川	1725—？	州武庠生	娶台家洋王氏
10	清乾隆	陈光策	对圣捷，号德圆	1739—1801	州武庠生	娶王渡江氏
11	清乾隆	陈至荣	字圣璧	1742—1767	岁贡生	娶岁贡生喻喟卜之妹
12	清乾隆	陈正淳	字士耀，号电岸	1764—1804	耆英	娶坑里王国芳女
13	清乾隆	陈正溥	字士溥，号配坤	1762—1824	乡饮耆宾	娶店下啁君佩女
14	清乾隆	陈正辅	字士美		太学生	娶巽城太学生林俊三女
15	清道光	陈珮瑜	字成潘，号玉亭	1795—1843	太学生	娶傅岩林氏
16	清道光	陈吉善	字君集		岁贡生	娶斗南岁贡生黄俊之妹
17	清咸丰	陈日兹	字必茂，号城西	1828—1879	从九品	娶屯头黄氏
18	清咸丰	陈日蕭	字定轩	1856—1906	从九品	娶濑城王阿杰女
19	清咸丰	陈日馥	字定郁		监生	娶屯头监生黄缵士女
			地方显族与佳湾陈氏联姻情况			
序号	朝代	姓名	字、号	生卒年月	品职、功名	联姻对象
1	清康熙	林鹤武			庠生	娶陈大煌女
2	清乾隆	王为臣			庠生	娶陈中春长女
3	清乾隆	王其烈		1725—1795	少尹	娶陈中春次女
4	清乾隆	王际鳞		1731—1783	庠生	娶陈中旨女
5	清乾隆	周日炳			庠生	娶陈中晟女
6	清乾隆	黄百茂			太学生	娶陈球女
7	清嘉庆	周彭年			贡生	娶陈光辉长女
8	清嘉庆	施步云			庠生	娶陈光辉次女
9	清嘉庆	黄存准			庠生	娶陈正溥女
10	清同治	黄与浮			庠生	娶陈日傅女

注：佳湾陈氏重要人物共与地方9个氏族联姻，其中与屯头黄氏、台家洋王姓联姻最盛，均为7人次，继之为三墩周氏、斗南林氏，各4人次，而江氏、喻氏各为2人次，弹江李氏、南江施氏、秦屿金氏则各1人次。

082

族产管理

  族产是宗族的公有财产，是维护家族制度的经济支柱。民间族产包括土地、耕牛、山场、桥渡、沿海滩涂及水利工程、水碓、碾坊等生产和生活设施。明朝中叶后，随着工商业活动的增多，族产中又增添了诸如店屋、生息银两和墟集等项目。许多家族通过出租商店屋和管理墟集来筹集家族经费，增殖家族财产。

族田，有祭田、蒸尝田、社田、祠田、义田、香油田、书灯田、公役田、轮班田、桥田、渡田、会田、福田等，名目极其繁多。佳湾陈氏族产主要是历朝各房名人的祭田，如始祖福公、瑛公，像公、宾公父子，悌公，道望公，启恐公，文溪、潜溪公，子蒸公，钦公祭田等。祖产，如上佳湾宗祠旧址一片；油杭山祖山松林一片，计十五为纲。此外，还有为激励族间子弟勤力读书的书灯田。另外还有福首园，位于暮亭下，只三分旱地，主要用于村中地主宫开支。

唐、宋时期，各类族田开始出现。从明中叶到清末，家族的公有财产经过几百年经营和积累，犹如滚雪球般急剧增长。如资料载，佳湾陈氏族产经几代积累，祖业该管虚田贰拾捌箩玖斗正，除去洪水漂流、山石崩压肆箩贰斗伍升正已成废业，并出售玖斗外，现管实额苗田贰拾叁箩柒斗伍升正，其粮除出售玖升外，仍存苗米贰箩玖斗叁升肆合伍勺正，又条银叁分八厘正，以示将来子孙照序收租，轮流完纳勿视，国课为寻常之事也。

陈氏族产主要用于建祠修墓、纂谱联宗、办学考试、迎神赛会、门户应役、公益事业（如修水利、修路桥、设渡、设茶亭等）以及与外族的民事纠纷、诉讼甚至械斗，其中以祭祀开支为最大。除上述开支外，族田收入还用于赈济贫困。此外，动用族产开设义仓、社仓济族人，也不绝于记载。

佳湾陈氏族产作为族内日常事务的开销归家族所有，不属任何一房，由族众公推族长总管或再由族长指派专人管理。一般情况下，通族共有的田产，都是采取董事管理方法，并受家族的共同监督。族产董事一般是各房推举出来的诚实公道的年长长辈。光绪年间推举出来的董事陈国协、陈国泰等人，通过合理运用族产，兴建宗祠，并重修朱峰里祖墓等。民国时期推举的董事陈彰卿、陈贤进等人，通过合理运用族产重修家谱等。

佳湾陈氏族产，延续了近 300 年。

学田

宗族教育在中国古代教育史上占有十分重要地位，各地氏族为使族人能够接受教育科举登第以光宗耀祖或者扩大势力，纷纷投入专款开办本族的学塾。

学塾作为族人受教育的场所，需要修建学舍与维持塾师讲学等的费用，这就需要族产支持。过去最稳定的族产就是田地，于是一些颇有远见的氏族就置田产支持族学，即学田。

学田又称灯油田、资读田、书灯田、厅头田，是由祖先拨留或各房共同抽一部分田地出来，用于支付宗族子弟接受教育之所需。佳埠陈氏私塾以昌堂始建于明隆庆年间，主要以培养宗族子弟进学、应举业为目的。学塾经费主要通过祖上各房抽一部分田地，作为聘请塾师及大厅学生夜读的灯油钱。佳埠陈氏私塾的学田主要通过仁、智、信、刚、直、勇六房轮耕，轮到哪房耕作，除去正常缴纳国课外，其余用作支付当年族学塾师聘金及学子夜里读书点灯的油钱等。

清雍正七年（1729），佳湾陈氏后起之秀陈大煜举介宾，为约正乡里，让更多的人受教化，以昌堂遂始接收部分外族贫寒子弟入学，当时本地官仓、斗门等地方氏族，也尽遣族间子弟就学以昌堂，一时以昌堂内墨香弥漫，书声琅琅。

清代名儒陈丰陛、简而文、金向水等人曾入以昌堂掌教，成绩斐然，明清以来，代有文人、显达涌现。使私塾在福鼎地方私塾中享有一定的声誉。以昌堂先后涌现科举人才 15 名，职官 2 名（外族中试人物未计在内）。

由此观之，学田普及教育于族人，使人人均有平等发展的机会，对那些成绩优异者、科举有名者还给予额外的奖励，从而激起族人好学向上的精神，对族人立志求学起到了激励的作用。可以说学田的设立，无论是在经济上，还是在精神层面上，对族人特别是贫苦族人的受教育权都起到了一定的保障作用。

文物古迹

太姥山镇古代遗存概览

🌿 冯志洁　丁振强

　　太姥山镇历史文化源远流长，文化底蕴丰厚。从5000年前的新石器时期到商周，经唐宋至近代，先民们在山海交汇的大地上繁衍生息，辛勤劳作，在地方社会、经济、文化走向繁荣昌盛的漫长历程中，留下了珍贵文物遗存。迄今存世的大量历史遗迹、遗址，犹如一幅幅精美的画图，呈现出太姥山镇昔日的辉煌，成为如今推进地方经济与文化建设的精神滋养和物质基础。

　　本文所列主要包括自史前新石器至清代期间的乡村聚落、城堡、墓葬、桥梁等古代遗迹。

　　彭坑村后门山遗址　　位于彭坑村后门山，相对高度5—20米，2008年第三次全国文物普查时发现。该遗址面积50000平方米，文化堆积层距地表1.2—1.5米，厚0.2—0.4米。遗址内采集到大量石制品和彩陶器残片。陶器残片包括泥质陶、夹砂陶和硬陶，其中以橙黄陶占绝大多数，颜色橙黄鲜亮，纹路厚实粗重。采集石制品包括石器制作工具、石器坯件、石片和石料等。该遗址规模宏大，文明堆积层保存较好，文化遗物丰富。据考证，该遗址是福建地区迄今为止首次发现的有确切文化堆积层的新石器时代晚期石器加工场所。2009年，后门山遗址被福建省人民政府公布为第

后门山遗址碑记（冯志洁 摄）

后门山遗址（冯志洁 摄）

七批省级文物保护单位。保护范围为：西至彭坑小学东墙、杨府圣宫东墙与北侧高山山脚的连接线，南至彭坑至潋城水泥路，东至彭坑小学东墙以东约250米与北侧高山山脚的连接线，北至高山山脚。

九帅爷宫山遗址及周边商周遗址　太姥山麓先后发掘了多处青铜时期的文化遗址，出土了一定数量的石锛、石器以及彩陶器物残片。经断代研究，这些遗存属于商周时代铜石并用的过渡阶段。从出土文物的材质看，少有青铜器物。太姥山镇目前发现的这一时期的文化遗址有：才堡村的九帅爷宫山遗址、长顶山遗址，彭坑村的彭坑山兜山遗址，潋城村的大段山遗址。

屯头村明城堡遗址　屯头村古堡始建于明嘉靖二十三年（1544），次年四月告竣工。所建城墙全长550米，面积为15000平方米。城厚一丈，高一丈八尺余。设有两座城门，上城门居于"壬"方，叫"迎旭"，下城门居于"庚"方，叫"庆成"。由花岗岩石块构筑，平面略呈椭圆形。明正德年间，黄氏族人迁入屯头村。当时福鼎一带倭乱严重，屡次洗劫附近村庄。为抵抗倭寇入侵，黄宗仁率族人依托山海之势，破土动工修建城堡。《懒云公迁屯记》载："二公乃谋诸弟侄曰：屯头外海内山，盗贼不时窃发，平地难以折冲。吾欲于居屋之外，筑以垣墙。倘有外侮，则以御之，坚壁而守焉。寇未必得肆也，此未雨辙桑计。弟侄大悦，乃申呈本州州主黄良材，批曰：室有垣墙，村有堡，所以从来甚远。今既不支官钱，又不役民夫，何嫌何疑而不为此准？即择日自行起造可也。"嘉靖二十三年（1544）八月，工程开始，黄氏族人出资出力，齐力修建。不计族人投入的劳力，单请工匠就耗资白银约200两。屯头古堡现在保留两座城门，南面城墙有近一半在20世纪70年代被拆除，北面保存完好。2013年6月被福鼎市政府公布为第四批文物保护单位。

潋城古堡　位于潋城主村，始建于明嘉靖十一年（1532），为抗御倭寇，由当时村中叶世孚、林一松、郑合溪、杨南川4人负责工程，叶、杨、王、刘等几大姓分段兴筑。城堡成不规则圆形，砌石结构，周长1127米，高5.67米，厚4.67米。设有东、西、南3座城门，北面依山势修筑，环绕城墙曾经设有4座炮台，1座更楼。现今仅存炮台1座，始建于嘉靖七年（1528），高6.3米，宽9米，深7米。古堡分为4境，每境均设供神明。东门东麓境，有建于宋代的泗洲文佛石屋；西门金鳌境，有庙曰杨八宫；南门庆云境，有顺懿庙，供奉顺天圣母；北面，不设城门，俗称"衙门里"，供齐天大圣。城内有环城路，一条清水渠，自西向东流，中间分渠向南沿街而过。城堡内建上街、下街、下横街3条古街，街面以鹅卵石铺就，路心铺条石。城外有护城河，东门外有护城石桥1座，由4条厚达五六十厘米的石条拼构而成，桥长4米有余，宽2.2米，桥高超过3米，牧童骑在牛背上可自由在桥下穿行。此桥于清康熙四十二年（1701）由杨家溪巡检司主罗彬捐俸重修。旧时有潋城市，设潋城巡检司。潋城城堡为抗击倭寇而建，其营建具有较高的历史文化、科学研究价值。1989年被公布为首批县级文物保护单位，2008年被公布为第七批省级文物保护单位。

潋城巡检司旧址 位于潋城古堡北面，属东麓境衙门里。原地为蓝溪宫遗址，始建明弘治十八年（1505），坐西向东，一进合院式结构。清乾隆八年（1743）改作潋城巡检司署。清嘉庆《福鼎县志》载："大箕笃司旧蒋洋司，洪武二年徙驻大箕笃，后移秦屿堡，国朝康熙元年徙杨家溪，乾隆八年改为潋城司。"配巡检1名，辅司兵2名，负责就近巡查、防堵、缉捕任务。县志又载："潋城巡检司署在九都潋城堡，乾隆八年建。前为大门，右为仓廒，左为弓兵上宿房，中为堂。堂后为厅，为廨，左右为书房。""查二巡检均系此土专司，其公署遗址，尚斑斑可考。"旧巡检司署衙已废，里人在其旧址兴建齐天大圣宫。其面阔15米，进深32.4米，面积486平方米。由大门、前厅、天井、正厅、后门组成。宫内雀替刻有鲤鱼、松鼠、麒麟等题材。做工精细、雕刻完美。每岁农历七月廿五，村人组织在宫中演戏三天三夜，四乡八里村民聚堂而欢，形成庙会。今戏台屏风如画，堂中有天井，戏廊接连二十余米，古风犹存。

1934年3月19日，中共福鼎县委从上南区、沿海区的10多个村调集赤卫队和革命群众600多人，在潋城齐天大圣宫前集合，闽东苏维埃政府副主席叶秀藩宣布

潋城暴动红色遗址——齐天大圣宫（冯志洁 摄）

举行武装暴动，攻打店下，后因叛徒告密失败。潋城暴动是闽东党史上三大暴动之一。今齐天大圣宫，设为福鼎潋城暴动红色遗址，2015年4月以"蓝溪宫遗址"名目列入福鼎市第五批重点文物保护单位。

戍守台湾将士墓群　　墓群共有墓冢8处，其中5处在虎头岗，3处在圣寿岭西侧，两处墓群相距约500米，占地面积2800平方米。墓群横跨明、清、民国。其中虎头岗义冢群，位于太姥山镇秦屿村，为明、清时期秦屿人民抗倭、烽火营戍守台湾将士义冢，总占地面积2500平方米，冢有八面棱柱、圆柱、风字等形状。八面棱柱状义冢高5.7米，周长12.4米；圆柱状义冢高3米，周长12.5米，镌刻"义冢"两字。另有清嘉庆二十四年（1819）戍台故兵丘冢及清道光十三年（1833）义冢墓碑二方。秦屿戍守台湾将士墓群2009年3月被公布为福建省第七批文物保护单位，与福州市马尾、漳州市东山3处戍守台湾将士墓群以"福建戍守台湾将士墓群"名称被公布为第七批全国重点文物保护单位。

屯头村抗倭义民冢　　位于屯头村当腊自然村东北，建于明代。明嘉靖年间，倭寇来犯，乡民奋起抗击。抗倭义士林卿等十余人在对战中牺牲，乡民为他们建义冢，合葬于此。义冢占地面积15平方米，坐东向西。墓丘长方形，长5米，宽3米，高0.8米。前立墓碑，镌刻铭文"义民林卿与十余人之坛，嘉庆壬申重修"。该冢为福鼎市第一批文物保护单位。

张朝发墓　　位于太姥山镇瓜园村。张朝发，字骏亭，清代浙江定海镇总兵，封武显将军。墓为夫妻合葬，清道光二十三年（1843）建。占地约150平方米，坐东北向西南，平面呈"风"字形，面阔7米，进深12米，三合土构筑。龟背形墓穴中央有牌坊式青石碑龛，镌刻"诰授武显将军镇守浙江定海总兵骏亭张公一府君，诰封正二品夫人晋封一品夫人德配景惠陈太夫人"。神道两旁立石狮和石望柱各一对。墓楹为秦屿王学贞楹联："已归大海心何负，未斩长鲸死不休。"该墓为福建省第七批文物保护单位，保护区南至公路，东至墓外20米，北至山坡顶，西至墓外20米。

王虚谷（锡龄）墓　　位于太姥山镇东埕村。王锡龄，原名永龄，字乔松，号虚谷，别号空同。清乾隆五十一年（1786）丙午科举人。应选知县，坚辞不就。居家授徒讲学。参与修撰《福鼎县志》。博极群书，兼精医术。清咸丰元年（1851）奉旨崇祀乡贤，例授文林郎。著有《周易十家集解》十六卷、《滥觞集》一卷、《敝裘集》二卷、《蚕间斋集》三卷、《见山楼稿》二卷。有《虚谷诗文集》三卷，附拾遗一卷刊行。墓建于清道光三年（1823），坐南向北，平面呈"风"字形，三合土、青石混合构。通面阔9.7米，通进深13.5米，面积130.95平方米。由墓坪、墓碑、墓亭、封土堆及两旁护手组成。墓碑宽0.6米，高0.8米。2013年7月被公布为福鼎市第四批重点文物保护单位。

王协山墓表　位于太姥山镇樟岐村。王有华，字时光，号协山。闽安右营军伍，清康熙二十三年（1684），随烽火营军屯秦屿。卒于康熙五十四年（1715）。墓始建于清康熙五十四年（1715），清嘉庆十七年（1812）、2002 年等数次重修。坐西向东，平面呈"风"字形，三合土青石构。通面阔 11.9 米，通进深 38 米，面积 452.2 平方米。墓由花岗石质墓碑、龟背型墓丘、墓亭、三个墓坪、福德正神、祥兴宝库及两旁护坡、墓表组成。墓表立于墓坪中，圆角方体青石质地。墓表碑文隶书，由清代著名书法家尹秉绶于嘉庆十七年撰文并书。墓碑阴面为记事，书体集唐代颜真卿书法。2013 年 7 月被公布为福鼎市第四批重点文物保护单位。

王璜溪墓　位于太姥山镇巨口村。王代望，字维述，号璜溪。清道光十七年（1837）举人，曾任沙县教论兼训导事掌教桐山书院、永春州训导兼署学正掌教梅山书院。诰赠奉政大夫，敕授文林郎。墓建于清光绪四年（1878）。坐西向东，平面呈"风"字形，三合土结构。通面阔 7.8 米，通进深 15.1 米，面积 117.11 平方米。由两个墓坪、墓碑、墓丘组成。墓碑宽 0.7 米，高 0.9 米。2013 年 7 月被公布为福鼎市第四批重点文物保护单位。

王雨岩、王集亭合葬墓　位于太姥山镇潋城村。王家宾，字悦相，原名霖，号雨岩，秦屿人。乾隆四十二年（1777）拔贡，授国子监诚心堂学正。慷慨好施赒赈族人，其事迹载入清嘉庆《福鼎县志》，敕封征仕郎敕授承德郎。王寿朋，王雨岩弟，字雅相，号集亭，例授修职郎候选儒学郡廪生。墓建于清嘉庆五年（1800），坐东向西。墓为三合土构，平面呈"风"字形，面阔 21 米，进深 12 米，面积 252 平方米，由望柱、围栏、墓坪、墓亭、墓碑、龟背形墓丘组成。墓碑刻有二龙戏珠，造型生动。2013 年 7 月被公布为福鼎市第四批重点文物保护单位。

下尾村宋代石桥　坐落在下尾村，横跨于才溪之上。因其形如虾蛄，当地又称作"虾蛄桥"。宋代熙宁八年（1075）由杨氏族人出资建造。后历经硖门石兰村邓国妻子叶氏捐银八百两及明代嘉靖三十四年（1545）募资重新修建。桥为南北走向，三节两孔石梁柱式，花岗岩石质构筑。桥长 15.25 米，宽 2.15 米，高 4.1 米，桥面面积 32.79 平方米。为福鼎市第四批文物保护单位。

茶塘社区修福桥　修福桥坐落在茶塘社区。桥梁所处蓝溪与吉溪回流入海的交汇之地。相传唐代林嵩曾在此建桥。现桥于 1913 年由地方缙绅为董事募集资金建造。石桥梁柱式，采用三角形条石支撑，桥面为 5 节石板拼接平铺，总长 16.5 米，宽 3 米。桥头立有《修福桥》石碑 3 块，款识"民国三年岁次甲寅良月吉旦"，为 1914 年修福桥竣工时的说明：

溪之有桥，犹海之有舟楫也。海无舟楫则不通，溪无桥梁则难济。况其鱼濡首在在堪虞……岂茂鲜……兹福鼎九都茶堂亭，亭之左有一□长溪，骤遇霆霖，忽成巨浸，跋涉惟艰，行者病之，岁□悯褰裳，欲鸠工建造……癸丑春兴作，不日成之。往来之安行耳。斯举也，虽云吾侪竭诚苦志，亦全仗诸君之仁心利济矣。今工甫竣，芳名记之，永垂不朽云。

茶塘社区修福桥（冯志洁 摄）

碑上有捐资芳名录，题名者近千人，足见乡民对于地方公共设施建设的热忱之心。

茶塘社区蓝溪桥　　蓝溪桥位于茶塘社区，在蓝溪之上。梁柱式石桥，桥面铺设石板。建于清代咸丰二年（1852），桥头岸边立有"咸丰壬子年阳月谷旦"的碑记：

盖闻修数百年崎岖之路，造千万人来往之桥，是桥与路之修造，其有关于阴骘也大矣。福鼎九都溦城之治三舍许有名曰蓝溪，洪流甚恶，每于两潦之后，人有病涉之忧，稍一不慎即遭漂溺，行人甚苦之。岁在庚戌之秋，

修福桥桥碑（冯志洁 摄）

茶塘社区蓝溪桥（冯志洁 摄）

议建石桥一座，与桥之前后路并葺。下洋桥、下尾上下两桥、官仓桥则桥梁已成，庶使安行无阻，长乐康衢也。痛荒郊白骨之纵横，幽魂夜泣，情寔堪怜，又筑茶堂下马鞭罢义冢一穴，尽受而掩埋之，岁时祭祀，俾窀穸而永固，延僧拔度，使滞魂以超升。虽云吾侪之竭诚苦志，亦望诸君同心之利济耳。今既告成，将各处乐助芳名勒石于左，异图不朽，而善缘既结，福报自来，身其康疆，子孙逢吉，断然不爽也已。爰立碑以志之。

蓝溪桥桥碑（冯志洁 摄）

太姥洋村半岭亭　　坐落于太姥洋村半岭，处于太姥山步行登山要道之上。建于清同治元年（1862）。由太姥山僧人守纯倡建，民国初期周边村民捐资重修。亭长 7 米，宽 3.5 米，为双向式廊亭，砖木结构。

太姥山镇宗祠与古宅概览

🌿 冯志洁　丁振强

　　太姥山镇各自然村的村民大多是聚族而居，户与户之间源自同一祖先，有着血缘联系。因此，祠堂在村落空间中占据重要的位置，分布在村落的宗族祠堂，是太姥山镇社会、家族、日常生活及人口迁徙源流的历史文化浓缩。

宗祠

　　玉池社区王羽国家祠　　位于玉池社区古城南路 118 号，清雍正四年（1726）由王羽国亲手创建。王羽国（1686—1739），名鸣鸾，别名鸾使，字淑仪，号羽国，敕封文林郎。宗祠坐东向西，二进合院式砖木结构。面宽 17.4 米，进深 74.25 米，总面积 1291.95 平方米，建筑面积 520 平方米。中轴建筑由门厅、一进天井、一进厅、二进天井、二进厅、后天井组成。门额书作"王羽国家祠"。两侧石刻门联："出震无双氏，开闽第一家。"每进天井两侧为回廊，构成廊院。二进为祭拜厅堂，面阔五间，抬梁式硬山屋顶。宽 16.5 米，进深四柱，深 8.65 米，前为敞廊，梁架、斗

王羽国家祠（冯志洁　摄）

拱处雕刻有狮子、花卉等，雕工精美，栩栩如生。2013年被公布为福鼎市第四批文物保护单位。

玉池社区三槐王氏祠堂　　又称"王氏家庙"，坐落于玉池社区古城南路魁星楼侧。始建于清道光十七年（1837），倡建人王学贞（1789—1864），字吉泉，官任岩州宁洋县学训导。三槐王氏祠堂坐西向东，为三进廊庑式砖木结构，宽15.5米，深30米，总面积465平方米。整座庙宇雕梁画栋，屋顶双龙戏珠，庙后槐树浓荫，两边亭台并称。祠堂祭厅供奉始祖灵位，两侧神橱排列按智、仁、圣、义、忠和六房支祖牌位。

屯头村黄氏宗祠　　位于屯头村村堡内。始建于清道光二十三年（1843），1997年重修。坐北向南，一进合院式砖木结构。通面阔16.3米，通进深30.9米，面积503平方米。中轴建筑由大门、戏台、天井、正厅组成，门额书"黄氏宗祠、麟江历史纪念堂"，两旁对联"千顷汪波绵世泽，一家元气肇宗祊"。正厅面阔三间，进深五柱带前廊，抬梁穿斗混合式悬山顶。正厅上铺三个并列藻井。1933年畲族黄丹岩在宗祠创办"麟江学校"，以学校为阵地宣传马列主义，开展革命活动。现今祠堂左右两厢为地方历史、革命文物陈列，是麟江历史纪念堂。

斗门村林氏宗祠　　位于屯头村斗门158号。宋末元初，林氏迁入斗门，逐渐成为斗门村大姓。林氏宗祠面阔五间，采用门堂合一结构，庑殿式屋面。前有垫台，台阶5级。前门中部3间为敞槛式，大门为拱券门。宗祠内有祭堂，龛位放置西河郡林氏长黄房、次农房、三唐房、四虞房、五夏房、六商房、七周房历代宗先牌位。

斗门村林氏宗祠（冯志洁 摄）

吉坑村阮氏宗祠　　位于吉坑村，始建于清道光二十六年（1846），1962年因吉坑水库建设依据原样搬迁重建。2008年重修。宗祠坐东北朝西南，混凝土结构。建筑面积450平方米，占地面积480平方米。石柱大门为凹肚式，面阔三间，硬山式屋面。上门额书"竹林春永"，下门匾为"阮氏宗祠"。祭堂为石柱木梁。祭台牌位依次为宋代始迁祖定四公夫妇及陈留郡江、淮、河、房历代宗亲。正中悬挂"七贤家风"匾额。祠堂中镌刻《阮氏历史渊源沿革志》石碑，其中《吉坑阮氏宗祠历史》碑文为：

　　　　始祖定四公派下分江、淮、河、汉四房，经七百余年以来枝荣叶茂，凡我吉坑、塔洋头、郭阳、下尾各村林族人同属定四公一派后裔，实源同而支分。读谱序有赞曰"派衍四枝开万叶，源宗大海纳百川"，诚无虚言。惟始祖之墓究何处寻，憾甚。蒙始祖之灵，裔孙矢志，先祖祖禄、祖畴、绍积、绍锦、允治诸公倡议鼎建宗祠，族人赞同，时于清光绪廿六年庚子阳月在吉坑建立宗祠，坐甲向庚兼卯酉分金，谨奉始祖，立龙头宗牌暨四房宗牌，俾世代瞻仰蒸尝缅怀，可谓万水归宗千川知其源矣。然而

吉坑村阮氏宗祠（冯志洁　摄）

沧海桑田，迨公元一九六零年吉坑建设水库，全村迁徙，独宗祠迟迟未移，岂可任其淹没！族人异口同声谓：吾祠乃兼学校五十余载，实为一祠两用，爰许拨万元人民币为迁移经费，于一九六二年照原来式样，就近平岗山麓即今之址，坐向同旧。可是乖事踵接，一九六七年"文化大革命"后，我族宗牌烧为灰烬。一九七九年政府须扩建学校，通知移建校舍，宗祠危厄不已。两庑下厅被拆，但留正厅，无墙无户又无宗牌，偶观似一破庙。幸祖人秋九、德有、宜扣、宜星、宜如、宜礼、宜成、家泽、家上、家蒙、家亩、家暖、世官等基于缅怀祖先承前启后毋使灭没，倡议兴修，全族赞同。一九八零年重造宗牌，一九八五年再造围墙，全族同心协力财力并助，新龙头宗牌浮雕九龙啣珠，比昔日双龙尤觉壮观。谨择一九八六年农历二月初七日进祖安位，牲礼祀奉，族人相聚一堂，共庆盛典。为此爰撰联云：祠堂学堂合半个世纪今分两处，前代后代记千年谱书上溯同源。

孔坪陈氏宗祠　　位于孔坪村赤溪，建于清代晚期。砖木结构，前堂开敞，硬山式屋面，面阔三间。后进二层供设祖先牌位，顶部为八角形藻井。横梁及斗拱上浮雕人物故事、龙凤、走兽、花卉雕工细腻流畅，形态生动，精美绝伦。所供祖先郡望为颍川陈氏。

孔坪陈氏宗祠（冯志洁 摄）

巨口村方氏宗祠　位于巨口村秋溪。祠堂为合院式建筑，砖混结构。垫台台阶九级，由大门、天井、两廊、祭堂组成。大门为三拱门，顶部为歇山式琉璃瓦。门楼与主厅之间为天井，两侧庑廊联厝。主厅为祭堂，均为歇山式琉璃瓦顶。秋溪方氏为河南郡后裔。祭台供有方氏仪、容、华三房祖先牌位，正上方悬挂先祖方雷、叔、弦三公的容像。

巨口村方氏宗祠（冯志洁 摄）

古宅

积石社区张朝发故居

张朝发故居大门（冯志洁 摄）

位于积石社区，始建于19世纪初。坐南向北，中轴建筑由大门、天井、一进厅、二进天井、正厅及两侧厢房组成。门额为石质，镌刻"金鉴传徽"四个大字。一进厅合院式砖木结构，通面阔21.1米，通进深32.8米，面积715.04平方米。正厅面阔三间4.45米，进深八柱10.8米，抬梁式悬山顶。占地3亩多，东西对称布局，为三进台阶式建筑。故居后门为后花园，院里有正门、偏门。

潋城叶氏门楼（四、五、六房）　位于潋城村。始建于明代，坐北向南，通面阔4.1米，通进深6.5米，面积26.65平方米。门楼砖构、硬山顶，正厅部分残存，门楼上为翘檐，内有瓦屋一间相连。大部分已损毁，布局基本完整。

潋城叶氏门楼（大、二、三房）　位于潋城村。始建于明代，坐南向北，通面阔 4.3 米、通进深 4 米，面积 17.2 平方米。大门宽 1.8 米。门楼上为翘檐，内有瓦屋一间相连。

潋城易氏百年老宅　位于潋城村。建于清代，坐北向南，一进合院式结构。通面阔 29.9 米，通进深 28.55 米，面积 853.64 平方米，由大门、天井、正厅组成。正厅面阔 3 间、进深 7 柱，硬山顶。明楼两层木构，两重檐。宅内雀替刻有龙、花卉等题材，细密精致，工艺精湛。

潋城陈氏百年老宅　位于潋城村。建于清代，坐西向东，通面阔 20.7 米，通进深 18.79 米，面积 388.95 平方米，由大门、天井、正厅、后门组成。门楼上书"紫气东临"。

潋城杨氏宗祠（石湖书院遗址）　位于太姥山镇潋城村东南入口。始建南宋庆元年间，坐西南向东北，面阔进深均为一间。通面阔 8.9 米，通进深 5.6 米，面积 49.84 平方米。门楼上书"石湖书院"和"杨氏宗祠"。两侧镌刻楹联："溪流石作柱，湖影月为潭。"石湖书院是南宋朱熹在福鼎讲学的重要遗址，潋城杨楫是朱熹在福鼎的主要学生之一。石湖书院自创建至今一千余年，历经兴废，多次修建。清代为"杨楫祠"。其创建情况在杨墣《重建石湖东观志》有载：

福宁之治三舍许，有名曰蓝溪。枫树千丛，佳气盘结，风土富饶。唐大历间，吾祖杨氏始卜居焉。至宋嘉定，十二世祖右侍郎杨楫公者，少登科第，居朝不阿，言行政绩，灿著辉煌。尝从朱文公游，称为高弟。当文公寄迹长溪，公履赤岸迎请至家。乃度其居之东，得地平宽，厥位面阳，爰立书院。文公预赠一联云："溪流石作柱，湖影月为潭。"勒于门石。公复置田百亩，祀祖于其间。每岁季春三日，率少长设位行礼。祭有常仪，不丰不啬，孟秋之望亦然。除祭祀外，命董事延文行兼优士，教族戚子弟学习其中。明仁育义，以务孝悌忠信，猗欤盛哉！

迄乎年代浸久，栋宇倾颓，未有谋及更葺者。成化庚子岁，二十二世孙饪暨诸子侄辈，不忍宗祖创立基业见其毁坏，乃与合族捐资鸠工，重建祠宇。前后两重，内重立紫阳朱子神位，以十二世祖配之；外重乃杨氏宗祠也。遂将昔肇建灵峰招提西庑杨氏世代神主胥请入祠。考灵峰寺碑记，则唐咸通九年，杨氏舍田以为子孙植福之地。至嘉定四年，亦是楫公与僧大全而重建之。

况楫公创建基业，其可任其倾颓乎？宜乎兴命一新。

　　余宦游归里，际此胜事，触目悦心。守祠道士乃严州人士，云号公平。善楷书，精墨竹，能诗。余甚敬之。出而请曰："衣食有资，愿抒笔墨之精，建一小楼以为静室。"余商众诺，不三月而功成焉，是为石湖东观。饪与子侄辈请立碑以记其事。余冀子孙百世，履斯地，登斯楼，知尊师重道者在是，尊亲敬长者在是。有关乎治道大，有关于风俗大也。遂书以为记。

　　明成化十六年庚子月腊月谷旦，赐进士出身福建右布政使派分浙江瑞安州村，二十二世孙杨埭谨撰。杨饪勒石。

此碑在清代嘉庆年间尚存于石湖书院。潋城石湖书院遗址 2015 年 4 月被公布为福鼎市第五批文物保护单位。

孔坪村陈氏古宅　　位于孔坪村赤溪。建于清代晚期。主屋面阔五开间，二层，重檐屋面，砖木结构。石质垫台，台阶五级，中间三开间为敞槛式。屋前两侧对称为一层厢房，硬山式砖木结构。

秦屿文昌阁　　位于太姥山镇玉塘南路秦屿中心一小学内，是秦屿的龙门书院，也是当时闽东地区人文荟萃的地方。始建于清嘉庆十五年（1810）。2011 年重修。坐南向北，面阔五间，进深四间，分上下两层。建筑面积 227.5 平方米。穿斗式木构架，硬山顶。阁前为天井，宽 17.5 米，深 8.8 米。2002 年 7 月被公布为福鼎市第三批文物保护单位。

孔坪村陈氏古宅（冯志洁 摄）

太姥山镇庙宇概览

冯志洁　丁振强

太姥山镇宗教文化遗产十分丰富，各村宗教建筑特点鲜明。现对部分民间信仰神祇宫祠做些记录。

屯头村芭蕉寺遗址　芭蕉寺建于唐代，位于屯头村礼澳草堂山。草堂山是座高大独立的山脉，山势陡峭。相对高度 200 米。据民国《福鼎县志》载：芭蕉寺始建于唐代，于宋代时期被烧毁。遗址平面呈方形，总面积达 500 平方米。遗址现存东南面残墙，长 15 米，地上可见大量明、清时期砖瓦。据说唐代林嵩草堂书院也在此山附近，有待进一步考证。

泗洲文佛庙　位于屯头村。始建于明代，2011 年重修。一进式建筑，歇山飞檐，四条垂脊各排列着五只蹲兽，屋顶装饰有大量斗拱。泗洲文佛庙已有四五百年历

屯头村泗洲文佛庙（冯志洁　摄）

史，庙内供奉五尊神像：泗洲文佛、李将军、李元帅、罗大王、福德正神。泗洲文佛，又称泗洲菩萨、泗洲大士、泗洲大圣、泗洲佛祖。原是唐代高僧，法号僧伽，西域碎叶城人。唐高宗时进入大唐传授佛法，唐龙朔元年（661）到泗洲城（今江苏省盱眙县境内）传法。唐景云二年（708），唐中宗迎请僧伽大师到长安荐福寺（今西安市小雁塔）当住持，并封其为国师。泗洲文佛是我国东南沿海早期的"海神男像观音"，是福建一带的重要民间信仰。据当地百姓口述，庙中供奉的李元帅和李将军，是跟随黄氏祖先一起迁入屯头的神灵。

金麟社区九使庙　　　九使庙，又称广利侯王庙，位于太姥山镇金麟社区。始建于明万历二十二年（1594），重修于乾隆四十年（1775）及咸丰十年（1860）。2013年7月被公布为福鼎市第四批文物保护单位，2005年被列入福建省涉台文物保护单位。

　　九使庙坐东南向西北，由大门、天井、两廊、正殿组成。大门匾额题有"广利侯王"四字。正殿分前后两部分，前部面阔五间12.85米，进深4.5米；后部面阔三间12.85米，进深14.7米。正殿上有3个并列八角藻井，由8根龙状角梁组成，构成4层八角宝塔向上隆起，周围饰以云纹、花瓶、蝙蝠等图案，中间画有一条绿龙，正吐水戏珠，形象生动。整体建筑为明代风格，拱斗式歇山顶，砖混墙体，内部为木质结构。

金麟社区九使庙（冯志洁 摄）

九使庙的历史，从庙中《重建九使庙功德碑记》可以寻到线索：

重建九使庙功德碑记

九使庙(广利侯王庙)位于秦屿城北，金麟山麓。始建于明万历甲午(1594)年，历经四个朝代，曾于清乾隆乙未(1775)年及咸丰庚申(1860)年两次大修建，至今已有四百多年历史。由于时代演变，风雨冲刷，庙宇有所破损，尤其是近数十年来，较为严重。为了保护地方历史文物，承蒙当地热心乡贤及海内外信众大力支持，并踊跃捐资，于共和庚辰(2000)年动工修复。当今庙宇，已是旧貌换新颜，功德暂告圆满。愿祈风雨常调顺，人民悉康宁。特立此碑，永留芳名。

九使庙管委会

二〇〇五年季春吉旦立

根据碑记叙述，九使庙始建于明万历年间，清代曾经历两次重修。20世纪50年代，该庙曾成为秦屿水产站的鱼卤加工厂。2000年后再一次动工修复。

九使庙正殿供奉九天大使、九天正使、九天副使三兄弟，李关主，汤少爷，金、梅、马、李四夫人等神。

九使庙两侧，另有义勇祠与栖魂坛。义勇祠，供奉的是明末时期本地的抗海盗的英雄。据清嘉庆《福鼎县志》记载：

义勇祠，在秦屿北门城边。明末海寇攻秦屿，前后三战，张鸢山等悉力捍御，计死难者四十三人。后人为立祠以祀。

这43人抗海盗的事迹，清乾隆《福宁府志》有详细记载：

张鸢三，福鼎人。性果敢，有勇力，为众所推服。明末，海贼郑芝龙入寇，所在蹂躏。一日忽海贼千人来攻城，鸢三等率众悉力捍御却之。贼复由八都樟岐袭秦屿，城破，被执者四十三人皆死之。后人立义勇祠于秦屿北郭，春秋享祀，过者流涕。余人姓名附载：

江右、能寿三、李求利、陈柱、邱永涓、陈细下、李栋、李俊一、陈乞七、李呆五、李比、李顷、李外定、李秀、陈添、张养、陈党九、陈安二、李浩、

九使庙义勇祠（冯志洁 摄）　　　　　　　重建九使庙碑记（冯志洁 摄）

陈机六、李涧、陈七郎、陈祖云、李松、陈晏郎、陈孙四、张国、叶祐、张孝七、李监、陈彦奇、张郎、陈赐一、叶魁、陈敬回、李舜、林德化、李鸣四、陈细五、陈子云、秦子希、陈氏姑娘。

栖魂坛，又称乏祀坛，建于明万历年间。此坛是为逝世后无人祭祀者专门设立的供奉场所。

巨口村华光大帝宫　　华光大帝宫，坐落于太姥山镇巨口村，始建于清道光癸未年（1823），由樟岐境陈姓捐献地基、当地善信集资筹建。最近一次重修于2013年竣工。

巨口村华光大帝宫的修建历史及现状，详细记录在《渠口大帝宫碑序》中。

华光大帝，又称华光天王、马天君、灵官马元帅、三眼灵光、五显灵官大帝等。他与赵公明、温琼、关羽被奉为道教护法四圣之一，在民间被视为"火神"。相传他姓马名灵耀，因生有三只眼，故民间又称"马王爷三只眼"。相传华光大帝的神诞是农历九月二十八日，届时各地信众都会举行祭奉活动。目前在福建、广东、江西、台湾、澳门等地都还保留着供奉华光大帝的传统，该传统同时也是客家人的一项重要民俗。

贾二强的《说五显灵官和华光天王》认为，"华光"一词最早出现在南北朝时期的佛教经典中，是一位受众人崇奉的菩萨。到了南宋时期，有文献将其与"五显灵官（五显神，在民间被视为财神）"联系在一起。这一过程与道教融合地方民间

巨口村华光大帝宫（冯志洁 摄）　　　　华光大帝宫碑序（冯志洁 摄）

信仰的发展历程以及民间文学的影响有关。到明代，福建人余象斗以华光大帝的各种传说为基础作《南游记》（一名《五显灵官大帝华光天王传》）一书，将华光与五显灵官合为一体，出现了"五显灵官大帝华光天王"的说法，且具有了道教"火神"的特征。根据首都师范大学侯会教授考证，华光大帝在传说中的火神形象，深受明前期王灵官崇拜的影响，而灵官信仰的源头则来源于二郎神。华光大帝的这一演变过程，体现了民间信仰的灵活多变与丰富多彩。

　　东埕村地主宫　　位于太姥山镇东埕村桥头村，占地面积 300 多平方米，宫殿建筑面积约 100 平方米。宫内奉供神明有地主明王丁六师公、荆山侯王、虎马将军、福德正神、郑二相公、笔书爷、符使爷等。东埕地主宫始建于明代天启年间，由叶氏宗族筹资创建，目的是为纪念东埕村的开基祖丁六师公。此后经过多次重修，最近一次重建在 2010 年。

东埕村地主宫大门（冯志洁 摄）　　　　　东埕村地主宫殿（冯志洁 摄）

彭坑村临水宫　　位于太姥山彭坑村，旧称九都洋源洋门临水宫。据传始建于宋代，清代、民国时期历经多次重修、重建，最近一次重建于 2013 年竣工，共有建筑面积 420 平方米，宫占地总面积有 620 平方米。殿内供奉顺天圣母、林夫人、李夫人、看牛大王、福德正神和王、杨二将军等神像。顺天圣母，名为陈靖姑，又称陈夫人、临水陈太后、临水夫人，中国道教女神之一，是保佑妇女顺利分娩的女神，是福建地区重要的民间信仰。

彭坑村临水宫（冯志洁 摄）

康湖社区临水宫　　位于康湖社区，占地面积 2300 多平方米，建筑面积 1400 多平方米。据史料记载，康湖临水宫初建于明代。明代洪武年间，陈家高祖迁居秦屿洋里，带奶娘宝炉安放家中奉祀，明洪武二十一年（1388）建洋里溪心宫。次年取洋里流水坑大岩上（后称奶娘坪）的一棵樟木刻成神像供奉宫中。明建文三年（1401）元月十五日，陈靖姑神像出宫游境，神像抬到后岐莲花山海边，受杨、袁二大将神示，滞留于后岐。于是，永乐六年（1408），村民在康湖山修建临水宫，自此陈靖姑神像由洋里迁居于此。故有后岐康湖山临水宫"奶娘"的"娘家"在洋里之说。临水宫原为五进三间的四合院，包括前天井、中天井、后天井、前殿、中殿、大殿、上殿、后殿和左右廊房。20 世纪 50 年代，福鼎四中征用此地办学，1973 年重修 1800 平方米新宫殿。此后，韦驮殿、观音殿、太后殿先后重建。临水宫中供奉着众多神佛，大殿正中为三尊临水夫人（奶娘）像，两侧还有福德正神、释迦牟尼佛、观音菩萨、

太姥山

康湖社区临水宫（冯志洁 摄）

普贤菩萨、文殊菩萨、韦驮、地藏王菩萨、三十六宫奶、杨太保、袁太保、江夫人、林夫人、李夫人、太姥娘娘等神像。因供奉神佛众多，临水宫的祭祀活动十分频繁。其中重要的节日有五个，正月十五陈夫人圣诞，正月初三，三尊奶娘神像出宫巡境，至正月十三日奶娘回宫，正月十五日信众到宫中求子；四月初八释迦牟尼佛诞，各村信众持元宝、香烛、鞭炮到宫中祭拜；另有二月十九日、六月十九日、九月十九日观音诞，共五个大节日。《康湖山临水宫陈太后历史碑》记载了临水宫创立及两次修缮的历史。

彭坑村华严硐宫　　位于彭坑村，始建于清代同治年间。宫中奉祀杨府圣王、袁氏尚书、奏事侍郎、福德正神、看牛大王等神像。

彭坑村华光大帝宫　　位于彭坑村才岗。始建于明末，当时其地属九都洋源境

彭坑村华严硐宫宫殿（冯志洁 摄）

青楼下。先后于清代道光十八年（1838）、同治十年（1871）、1981年、2008年多次重建。现存建筑为2008年梁世宝、沈希业、庄家多、郭心斌等召集本年福头十几人筹集建成。占地面积500平方米，建筑面积150平方米。宫内供奉有华光大帝、福德正神、看牛大王、千里眼、顺风耳等神像。

彭坑村华光大帝宫（冯志洁 摄）

樟岐村积善寺　位于樟歧村，始建于清代光绪六年（1880）。寺内大雄宝殿为近年重建，砖混结构，重檐歇山式。寺中保存有清代光绪年间的《集善堂碑记》：

> 卧莲城南五里昕，有村曰樟岐，在昔鸡犬云连，有上下街之目。上街斋堂曰集善哉。率光绪庚辰，东顺吕陈君创也。陈君道名演吕，丁龄好佛，莫

樟岐村积善寺（冯志洁 摄）

太姥山

觅津梁，皈依秀嵩禅师，勘构是堂像□日喃喃顶礼焉。不什稔吕君羽化，堂复飓霖，周家轩道者鸠顺陶诸董募葺，都人士以为钟鼓声迫，靡惠人居。爰相阴阳，度隈原，卜吉虎牙塝焉。斯塝也，凌磴而上千百级，顽石荦确，榛莽发肌，泉从竹鞿喷，潺潺不淑，山坳芜圃可构屋十楹。堂从鼎于兹首乙趾辛。光绪甲申秋奠基，越夏告落。金曰董檀柳梛甚伟，宜镌贞珉，以类于是盥毫而详告于后。

光绪庚辰岁次庚子腊月谷旦

川跃鲤郡廪生林生恭拜撰

日澳村牛皇祖师宫　　位于日澳村白浪自然村白蕉山麓。始建于清代康熙年间。2016年在原址重新建设牛皇宝殿。殿内供奉华光大帝、池主明王、白马明王、牛皇祖师、福德正神。宫内嵌有石碑刻《日澳白浪白蕉山牛皇祖宫历史记载简介》。

日澳村杨府宫　　位于日澳村谢厝下。原为木质结构，坐西向东，建筑面积200

日澳村牛皇祖师宫（冯志洁 摄）

余平方米。现有建筑为2019年重建，砖混结构。面阔三间，进深三柱，前厅开敞，中间为拜堂，后进为神台。屋顶歇山飞檐，正脊上雕有双龙，四条垂脊各饰有5只小兽。

日澳村杨府宫（冯志洁 摄）

神台供奉杨府圣君、地主明王、白马明王、杨虎、王龙、牧牛将军、福德正神7尊神像。宫外立有"泰山石敢当"。

吉坑村阮九公祖宫　　位于吉坑村，建于2018年。面阔三间，进深三柱，前面开敞，中间为拜堂，后进为神台。神台供奉阮九法公、王将军、杨将军、八都将军、北方土地5尊神像。殿前嵌有碑文《九都吉溪境阮九公祖宫碑记》。

潋城村泗洲文佛神龛　　位于潋城村城堡东门，石屋建于宋代。石质须弥座上雕

阮九公祖宫宫殿（冯志洁 摄）

漱城泗洲文佛神龛与庙（冯志洁 摄）

刻有双狮戏珠、人物、花卉等图案，造型古朴、生动。

  漱城村灵峰寺 位于漱城古堡外 1 千米处。始建于唐咸通九年（868），南宋淳熙十六年（1189）遭火焚后重建，明天启七年（1627）再次重修。现有建筑为清代光绪十年（1884）重建及以后扩建，占地面积 1409.94 平方米。前临漱溪，坐北向南。现有山门、大雄宝殿、钟楼、鼓楼、佛堂、斋堂、放生池等建筑。大雄宝殿面阔三间，进深三柱，穿斗式木构架，重檐歇山顶。大殿台基存有唐宋年间石刻 60 多块，原为佛像的须弥座。石材采用浮雕工艺，图案有人物、兽狮、花草 3 类，造型质朴。人物为力士，头顶仰莲佛座，个个面相浑圆，目光炯炯，神态不一。狮子形态各异，造型质朴浑厚，气魄宏大。大殿须弥座雕以其独特的艺术价值被列入福鼎市第一批文物保护单位。寺内现存唐代香炉座 1 只，唐宋石柱 18 根，宋代石斛 1 只、塔铭 2 方、石炉 1 只、弥座台基 1 座及清代《重建灵峰寺碑记》石碑。

漱城村灵峰寺（冯志洁 摄）   灵峰寺石刻（冯志洁 摄）

茶塘社区观音寺　位于太姥山镇茶塘社区。明代末年所建观音亭，原址在潋城堡东门外蓝溪的茶塘桥头，乾隆年间于亭旁建佛堂。20世纪70年代因公路建设需要被拆除。现有寺庙建筑为2016年倡建，立有《茶塘观音寺碑记》。

下尾村五显大帝宫　坐落于太姥山镇下尾村。始建于明代，清代光绪年间重修，2011年重建。大殿面阔三开，进深三柱，前为敞式廊厅。三进供奉神明中座设五显灵官大帝（华光大帝），左为通天圣母、叶大元帅、福德正神，右为铁扇公主、舍人菩萨、牛皇祖师八部将军。中厅两侧，左为把簿童子、千里眼，右为守簿童郎、顺风耳。

下尾村五显大帝宫（冯志洁 摄）　　　　　　洋里村华光大帝宫（冯志洁摄）

洋里村华光大帝宫　位于太姥山镇洋里村溪心1号。始建于光绪十四年（1888），名曰"小莲社"。1960年、1978年先后重修加固。分为门、院、宫三部分。门楼上额"华光大帝"，下额"小莲社"。正殿的梁柱均完整保持了初建时的石材结构。供奉华光大帝、白马明王、八都将军、地主明王、雷神、千里眼、顺风耳、泗州文佛、福德正神等神像。内有光绪年间的《小莲社碑记》。

太阳头村华光大帝宫　坐落于太阳头村佳洋78号。始建于清代乾隆三十四年（1769），1994年重建。合院式建筑，由正宫，两侧回楼、戏台组成。正宫面阔五开间，歇山式琉璃顶，砖混结构。神台供奉华光大帝、五显灵官、铁扇公主、通天圣母、顺天圣母、舍人菩萨、太姥娘娘、八都元帅、福德正神、看天大王等神像。

太阳头村华光大帝宫内景、外景（冯志洁 摄）

御倭忠魂萃一祠

陈宗生

　　忠烈祠，俗称"尚书庙"，是秦屿人民同仇敌忾、英勇抗争、抵御外侮的历史丰碑。清嘉庆《福鼎县志》载："忠烈庙，在秦屿小东门。明嘉靖三十五年，御倭忠烈程伯简等四十余人死此。里人李春荣即地建祀。后人增祀水部尚书。《府志》即作水部尚书庙，误。"由此可见，忠烈祠原址，就是御倭忠烈程伯简等人殉难之地，在古秦屿城小东门城门右边，即今秦屿建国修配厂左边的加工场所在地。

　　忠烈祠坐北朝南，面对秦屿打水澳，即当年倭寇集结偷袭秦屿城的地方；左紧临小东门"望海门"，可远眺东海；右距东门"岐口门"不足百米；背靠后澳山，距程伯简等人的义冢250米左右。忠烈祠占地面积2500多平方米，正面为3榴，宽13米，前后分正堂、东西廊楼、天井、前堂、城楼共四进，直深20米。主体建筑为砖木构架，灰砖青瓦，泥塑装饰。堂宇古朴典雅，集绘画、砖雕与木刻为一体。建筑构件精雕细刻，山水、花鸟、人物栩栩如生。城楼，又称"尚书亭"，正面依城墙，搭建在城墙顶上。横跨城墙下的通道，与忠烈祠前堂相接。所以，从正面看尚书亭形如建在城墙之上的单体建筑，故而称"城楼"；从侧面看衔接忠烈祠形如廊亭，故而称作"尚书亭"。亭下通道是东门与小东门之间唯一的通道，民众可以经通道由小东门往城门外海滩、码头。"小东门"左边，有一株古榕树，粗壮高大，形如华盖，盘虬延伸，使依山伴海的忠烈祠更加庄严。忠烈祠的整体高度同城楼。前堂上部与城楼相接，下部临城楼底下通道为正面，中设正门，左右各有边门。正门进入前堂中厅，为单层结构，前设一屏风。屏风后是小型戏台一座。戏台隔天井，面朝正堂。戏台顶部为八角藻井，画有花鸟、山水等精美图案。绕过屏风是前堂两边的侧厅，为双层结构，过一层侧厅与东西廊楼的一层相通；而侧厅二楼则前通城楼，后接东西廊楼的二楼。过前堂，中间是天井。天井两侧是东西廊楼。廊楼一层前接前堂两侧厅，后通正堂，两边各设有楼梯两架，上廊楼二楼和城楼；廊楼二楼左右皆挂钟鼓。天井中央为青石浮雕之虬龙图案，左右两边有登上正堂的台阶。上天井台阶为正堂。正堂神龛中立后人增祀的"水部尚书"抗倭名将陈云龙塑像；左边安着一尊程伯简塑像，塑像左手于腰间仗剑，右手执令旗；右边安放着诸抗倭英雄义士灵位。正堂两侧的墙面，左右各画有八大神将，高大威武、神灵活现。正堂神龛前正中央上方悬挂着"威震闽海"四个大字的木制大匾额；左右圆柱的楹联为"忠肝义胆光千载，烈士名臣萃一祠"和"水部尚书显赫威灵传万古，抗倭烈士禁高气节颂千秋"。

忠烈祠内祀奉的是中华民族的优秀儿女，他们抛头颅、洒热血，取义成仁，为秦屿城抗倭御侮的历史谱写了光辉灿烂的一页，因此倍受敬仰而被神化，成为秦屿人民心中值得永远纪念的"神"。遗憾的是，在 20 世纪 50 年代兴建建国修配厂时，原建筑被拆除，遗址也建作厂房。如今的忠烈祠是 20 世纪 90 年代末秦屿群众集资重建的，位于原址后方的山坡上，它寄托了秦屿人民对先贤义士的无限缅怀与追思，昭示着先贤义士的义勇壮举和忠烈精神，永远感召、教育后人。

屯头古堡

✍冯文喜

屯头古堡位于秦屿港畔、麒麟山下，始建于明嘉靖二十三年（1544）。唐代的林嵩草堂书院遗址所在的草堂山耸立其后，巍峨的太姥山耸峙其前。

屯头古堡没有形成热闹繁荣的街市，它没有宽阔的街道，只有狭窄的路巷，把许多挤挤挨挨的民房串在一起，构成了一方平和宁静的港湾。生活在屯头古堡里的黄姓族人，世世代代，繁衍生息。

黄姓族人主要以耕种为主。优越的地理环境和肥沃的土地，一度是农事的理想天堂。据明嘉靖三十五年（1556）《麟江黄氏族谱序》载："（南宋）绍兴间有慕芹公者，居太姥之东，与溢溪卓氏同时……慕芹四子许，徙居大筼筜。地逼海滨，数有海寇登岸，人民弗奠（堪）厥居，每至担荷立，其之家财两被劫掠，仅存其余……协谋迁于屯头。"这是比较详尽记载屯头黄姓族人生活际遇的一篇乡土文献，并把源流追溯到宋绍兴年间。黄氏辉煌兴旺时期，有俗语说："太姥山东黄慕芹，太姥山西卓景伦。"但当海寇频繁侵犯，生存受到威胁，生命没有保障之际，黄姓族人便谋求新的生活空间，毅然决定集体迁移。

明正德十二年（1517），黄姓族人从筼筜举族搬家，起先没有找到更理想安生之所，临时居住在日澳的坑边。后来发现屯头地平、墩高，更适合居住，所以再一次举行大搬迁。可是没居住多久，又遭倭寇侵犯，村庄被洗劫一空。其时为明嘉靖二十三年（1544）前后。据《懒云公迁屯记》载："二公乃谋诸弟至曰：屯头外海内山，盗贼不时窃发，平地难以折冲。吾欲于居屋之外，筑以垣墙。倘有外侮，则以御之，坚壁而守焉。寇未必得肆也，此未雨辙桑计。北侄大悦，乃申呈本州州主黄良材，批曰：室有垣墙，村有堡，所从来甚远。今既不支官钱，又不役民夫，何嫌何疑而不为此准？即择日自行起造可也。"倡筑土堡是关系到族人生死存亡的一件大事，时不我待，势在必行，黄宗仁弟侄慨然立命，依托山海之势，修建城堡。1544 年 8 月的一天，全村男女老少齐上阵，破土动工，挑泥采石，挖沟砌垣。到第二年 4 月，工程告竣。不计族人投工投劳，单请工匠，就耗资白银 200 余两。所建城厚一丈，高一丈八尺多，周围全长一百四十余丈。设东西两个城门，方便守望和出行。

这座古堡内到清初就谷物满仓，族人由此乐善好施。如道光年间，黄观澜捐粮数千石前往宁波府赈灾。十余艘装载粮食的船只，从秦屿湾出发，浩浩荡荡开往宁波府，郡守亲自迎接。这当是屯头黄氏族史上最光彩的一笔，这个美誉至今为黄氏后代引以为荣。黄氏在宗祠大门两侧还镌刻"积德儿孙福，行善祖宗荣"的联句，以开悟后人，并把"宗仁公倡筑土堡"和"观澜公宁波赈灾"的这两件大事情，镌塑浮雕，永久铭记。

屯头古堡历经百年沧桑，养育一方热血男儿。当百姓处于危难之中，就奋起反击，甚至流血牺牲。明嘉靖年间，倭寇来犯，乡民林卿率众抗击，终究力不能支，伤亡数十人。后来乡亲把众义士合葬于屯头堡外一里处的官仓，设立义民坛。直至现在，每年七月初七，人们都轮流承祭。

屯头古堡还是福鼎早期革命发祥地。黄丹岩曾在屯头创办麟江学校传播革命思想，还和黄淑琼、黄辛耕等人在屯头、斗门、箬篓等地开展革命活动，抗鸦片，反土豪，打劣绅，为民主革命写下光辉的一页，这也是屯头在福鼎革命史上的光辉篇章。

屯头古堡现在保留两座城门，依然巍然屹立。南面靠山有近一半的城墙在 20 世纪 70 年代被拆除，北面靠大路那段城体基本保存完好。阳光洒满了古城堡，在雄伟壮观的黄氏宗祠门楣楼顶，悬一巨匾书"麟江历史纪念堂"。

千年漈城

◈冯文喜

漈城就在太姥山东麓纱帽峰下，沙吕线旁。古堡城门洞开，人来人往，许多孩童哼着歌儿，一路嬉戏。偶尔遇见头戴斗笠、挽起裤腿的农人，挑着或提着什么，悠闲地从堡下走过。

漈城，古称漈村，早在唐大历年间，就有杨氏先民聚居，繁衍至今。几部泛黄的族谱，断断续续地记载着族人的起落兴衰。唐乾符三年（876）归乡隐居的金州刺史林嵩在城东门外修建蓝溪桥。明蒋文嘉有诗描写蓝溪："短蓑牛犊溪头路，欸乃声中绿树低。"穿蓑衣的牧童，初生的牛犊，欸乃声声的渔舟，一阵雨过，岸柳依依，溪水潺潺。今桥旁遗有清咸丰壬子年（1852）的重修蓝溪桥碑。物换星移，当年碧水如染的蓝溪一去不复返，唯有蓝溪桥岿然不动，横架两岸，向行经的路人诉说不尽的沧桑。

南宋时，漈城更是个人文荟萃的地方，许多先哲寓居或讲学于此。南宋庆元年间，朱熹避地长溪，寓居杨楫家，讲学石湖观，吸引了不少学子到此求学，一时宗风大阐，名儒辈出。前有杨惇礼，北宋崇宁五年（1106）进士，授兴国军司法，转太学博士，与乡人黄荐可、林乔卿时谓"北乡三博"。后有杨兴宗、杨楫，都是杨门之后。杨楫是朱熹高足，理学重要传播者，北宋淳熙五年（1178）戊戌进士，一生刚介有守，出任过安庆知府、湖南提刑、江西运判。宋史学家郑樵也曾讲学漈城。杨兴宗就是郑樵的得意门生。郑樵在城外蒙井题诗："静涵寒碧色，泻自翠微巅。品题当第一，不让惠山泉。"读来清气满盈，如醍醐灌顶。

漈城古堡墙体保存完好，墙上墙下长满杂草荒藤。整个城墙依山势而筑，由糙石平砌或叠砌而成，周长1127米，高5.6米，厚4.6米，开东、南、西三个城门，今天仍然是人们进出的通道。经年累月，人们的足履把城砖棱角磨得光滑圆润。

在明代，漈城屡遭倭患，嘉靖年间，族人兴建古堡以抵御。明永乐四年（1406），建有漈城仓，计19间，储存谷物280石，有一定的物资能力用于修缮城堡。清乾隆八年（1743），清政府把杨家溪巡检司转到漈城，设立漈城巡检署，设巡检1名，捕司兵2名，负责就近巡防、缉捕任务。不知何时，设有兵弓宿房、仓廒厅廨的司署，

瀲城古堡城门（冯志洁 摄）　　　　　　瀲城古堡城墙与护城河（冯志洁 摄）

完成了自己的使命，悄然退出历史，痕迹荡然无存。

　　瀲城是保存较完好的古村落。一条石板街，自东贯西，将堡一分为二，小巷甬路纵横错落，置身其中，不知所归。鹅卵石镶嵌的庭径，条石左右相夹，匀称、平整，呈"Z"字形，延伸到各个庭院。门坊前通道有鹅卵石砌成的八卦图，浓缩着一个小小乾坤，引人驻足。宅门"紫气遥临"横匾，漫漶着沉稳而爽健的书法。屋宇竞相迭出，美轮美奂。城中原保存明清古民居大宅厝20余座，可惜在1933年遭受兵毁，几乎夷为平地。如今遗留下的门楼飞檐斗拱，依稀可见当时的规模与精巧。

　　瀲城没有中原城池那样气势恢宏，也不具备江南水乡那样雨雾朦胧，传统的民宅布局和民间风俗相融合，造就了瀲城独有的建筑文化气质。堡中按地形划分为四境，每境都供奉神明。城东门属东麓境，建有七圣庙和泗洲文佛。七圣庙已不存，而建于宋代的泗州文佛石屋尚且完好，其须弥座上雕刻双狮戏珠、人物、花卉，造型古朴、生动，神龛被香烛熏得发黑。南门为庆去境，有建于清道光九年的顺懿庙，供奉顺天圣母。西门称金鳌境，有杨八宫庙。北门属东牙境，不设城门，俗称"衙门里"，有齐天大圣宫。每岁农历七月十五，在宫中演戏三天三夜，四乡八里村民欢聚此处，形成庙会。今戏台仍在，屏风如画，中有天井四四方方，戏廊接连20余米，犹存古风。"齐天大圣宫"还是福鼎党史上著名的"瀲城暴动"旧址，为福鼎民主革命书写过光辉的一页。

　　细步城中街市小巷，村人都会向你投以亲切的目光，随便找一位村民攀谈，都会向你讲述一个个动人的故事。

草堂书院

△冯文喜

草堂书院处于一个小山坳中，阶梯式分上中下三个埕落，上埕最大，当是主院，中、下埕院有石子砌的小径通到上埕院。据清嘉庆《福鼎县志》载："草堂书院，在灵山。唐咸通初，林嵩读书处，基犹存。"唐乾符二年（875），林嵩登进士，此后他陆续任命团练巡检官、度支使、毛诗博士等职，最后官至金州刺史。

而今，草堂书院只剩一块废墟，尘埃湮灭了曲径，石墙坍塌掩埋于草坡之间，埕院及周边生长着无数的芦苇。一口水井，以青石为底，水仍清冽。草堂山原名灵山，因林嵩筑草堂读书，后又名草堂山。

草堂山并不高耸，也没有奇峰怪石，和周围其他山麓并无差异，隶属太姥山山脉，山势延缓，山冈四合，草堂山与左右两翼山头形成的地域，叫礼澳。站在草堂山上远眺，对峙的是巍峨的太姥山。假如晴朗的天气，俯视四周山宇层层迭出、起伏绵亘，眼底下的村庄、公路、旷野一览无余。东南岸是晴川湾，近处有礼澳港、屯头港、日澳港、秦屿港，远处是蒙湾、打水澳、番岐头。林嵩的故里是长溪县赤岸。他前往灵山筑草堂书院读书，自撰了一副对联："大丈夫不食唾余，时把海涛清肺腑；士君子岂依篱下，敢将台阁占山巅。"山下波涛澎湃，正荡涤着这位读书人开阔的襟怀。

草堂山背后是安福山，山上的安福禅寺始建于唐贞元元年（785），古寺与书院之间抄一条小道便可到达。林嵩应当经常顺山后的小路去古寺的，并交了不少投缘的僧人。

草堂山下不远处的蓝溪，源出太姥山，相传是太姥娘娘染衣的地方。传说反映了男耕女织、自给自足的一种社会形态，是人们对早期美好生活的一种追忆。唐乾符三年（876）登进士后，林嵩于次年回归故里，在太姥山下修建蓝溪桥，以便利乡民往来。

林嵩在草堂山读书的时候，太姥山香火正旺，佛道两宗钟鱼鼓板之声不绝山林。太姥山以它无与伦比的山石之气，赢得一批批文儒慕名而来。林嵩几番进山之后，回来写了《太姥山记》：

山旧无寺，乾符间，僧师待始筑居于此，乃图其秀拔二十二峰。游太姥者，东南入自全峰庵；东入自石龙庵，即叠石庵；又山外小径自北折而东，亦入自石龙庵；西入自国兴寺，寺西有塔；北入自玉湖庵，庵之东为圆潭庵。国兴寺东有岩洞，奇石万状，曰玉笋牙签，曰九鲤朝天，曰石楼，楼下有隐泉，曰观音洞，曰仙童玉女，曰半云洞，曰一线天。石壁夹一小径如委巷，石罅中天光漏而入，仅容一人行，长可半里。蹑登而上，路中曰牛背石，石下曰万丈崖，崖上为望仙桥。桥西西曰白龙潭，有龙伏焉。雷轰电掣之时，洞中辪辪如鼓声，天旱祷雨辄应。潭之曰曝龙石，峰上曰白云寺，又上曰摩尼宫。室后有顶天石，石有巨人迹二，长可二尺，此摩宵顶，太姥山巅也。山高风寒，夏月犹挟纩。山木无过四尺者，石皆鞿瘵。秋霁望远，可尽四五百里，虽浙水亦在目中。

这是目前所能见到的最早的一篇太姥山游记，言意简约，显示独特的史料价值。它先说太姥山建有寺观最早可追溯到唐乾符年间，记中已提到国兴寺和白云寺，就目前来说，仍是太姥山重寺。接着介绍了入山的几条路线，从东西南北几个方位介绍。地理状貌、自然风物简明扼要。描写洞中石相状况和夏夜秋霁览胜，数语如金。

林嵩晚年回乡隐居于杨家溪畔的梨花草堂。《全唐诗》辑录他的《赠天台王处士》："深隐天台不记秋，琴台长别一何愁。茶烟岩外云初起，新月潭心钓未收。映宇异花丛发好，穿松孤鹤一声幽。赤城不掩高宗梦，宁久悬冠枕瀑流。"和众多士大夫一样，林嵩向往如诗的田园山林，放迹幽山，坐看岩外云涌，一任逝水东流。草堂书院就此落下帷幕。

屯头林嵩草堂书院遗址（冯志洁 摄）

灵峰石刻

✍ 马树霞

灵峰寺建筑宏伟，号称"小雪峰"，环境幽静，距潋城古堡1千米，为太姥六大景区之一的潋城游览区范围，历史名人郑樵、朱熹等都到过这里。寺中尚存唐、宋石刻60多方，原为佛的须弥座，内容上大体可分为人物、狮子、花卉。这些雕刻造型生动、古朴，反映了古代劳动人民的聪明才智，技巧的纯熟，有高度的概括力和丰富的想象力。人物为力士，个个面相浑敦，双目圆突，大腹，富有个性，栩栩如生，头顶莲佛座，给人以力大无比之感。造型上虽不讲正确的比例，而重传神，十分强调力的表现，呈现出令人惊叹的艺术魅力。狮，古代被人们视为"瑞兽"，佛教中又往往以佛说法比附于狮子，其形象被我国历代雕刻家作为主要题材之一。唐代狮刻造型以质朴浑厚、气魄宏大见长，而后代则重玲珑喜庆，更富于装饰性。此处狮刻正是唐宋时期的特色，四腿肌肉结实，跨度大而有力，造型动态线条流畅，身躯矫健，给人以充沛的生命力之感。尤其双狮搏斗，两狮扭成团，首尾相向，成太极状，身上肌肉隆起，表现出两狮勇猛、矫健、雄奇，极为罕见。花卉只有两方，在狮与人物之间，属宋代雕刻，造型优美，线条流畅，富于装饰美。

据灵峰寺碑记载，灵峰寺于唐乾符间失火，宋重建，而这些石雕一部分明显被火烧过，石表面呈褐色，有的力士面部被火烧得爆裂脱落。唐代雕刻较厚，近于圆雕，狮和人物肌肉表现得更入微，形象更古朴，更传神。而宋代雕刻，石料呈青色，没有火烧过，雕刻较薄，造型较重装饰，更多用线刻。

灵峰石刻（郑家盛 摄）

下尾宋代石桥

方钰祖　王兆赠　王怀利　陈光俊

　　下尾村有座宋代石桥，坐落于下尾洋，为福鼎仅存的古石桥之一。桥长 15 米，宽 2.2 米，南北走向。才溪从桥下缓缓流过，石桥倒映在清澈的溪水中，显得古朴壮观。

　　古桥为三孔石梁立柱式，河中矗立着两个桥墩，每个桥墩由 4 根 4.5 米高的方形石柱撑起一条 2.2 米长的花岗石横梁，其中一个桥墩只剩 3 根柱，石柱的横截面约为 0.25 平方米。两岸桥头石墩较低，桥面的石板平坦宽阔，平均跨度为 5 米。有四五条厚度约 0.5 米的石板铺架在柱式桥墩的横梁上，整座桥就形成了中间高平，两端低斜的形状，像一条屈曲爬行的虾蛄，所以当地人称之为"虾蛄桥"。

　　古桥这种构造，外形美观，并且可以最大限度地增加过水量。桥墩立柱式在当时可以说是最省料的设计，中间一孔略高、两边略低的结构，使桥面石梁与地面形成准三脚架，桥墩与桥面、桥面与桥面之间的石板石柱相互支撑，增强了石桥的稳固性，这也是它从修建以来至今仍然完好的主要原因之一。

下尾村石桥（冯志洁　摄）

这座桥不见石碑，桥面的字迹经历千年仍依稀可辨。北侧桥面为"杨宅三房奉为四恩三宝造石桥之一，熙宁八年乙卯孟冬题"。南侧桥面刻"八都石兰邓讳国妻叶氏捐银八百两造此桥奉祈嗣孙昌盛者"和"嘉靖四十三年募缘重造"的字样。

从以上文字可知，古桥是宋代杨姓人家出资建造的，后经硖门石兰村邓家一位姓叶的妇人出资八百两银子重建此桥。这位叶氏妇人可能命运多舛，青年孀居（从"邓讳国妻"可知），中年丧子（从"奉祈嗣孙"可知），于是不惜重金修造此桥，把自己的愿望刻在桥面石板上，以祈祷上天庇佑她后代子孙昌盛。重修之后，这桥又经历了近 500 年，保存至今。

在古代，潋城、才堡、石兰是当地重要的村落，三地至今仍有古城堡。从"下尾"二字可知当时当地为海边，也是交通必经之路。石兰的叶氏妇人也许娘家就在才堡或潋城一带，所以到下尾修桥来了。

下尾宋代古桥，积淀着一份厚重的乡土历史文化，是不可多得的历史文物。

佳埼陈氏民居

 陈启西

　　佳湾地处沧江与礼澳村之间，古有童谣曰："六都佳湾陈，有贡无举人。沧江大路莫敢过，转向礼澳逛田埂。"

　　陈氏先世陈宾于明隆庆五年（1571）由草堂山下礼澳油杭山厝基里移迁佳湾。佳湾过去有古厝5座，村上的黄家独占北边第一座，其余为陈家的，5座古厝自东向西，鳞次栉比。"横厝"大院与黄家比邻，"新厝"居中，再过来是"选贡宅"，"以昌堂"居末。居中的"新厝"历来是村民的活动中心。按建造时间顺序，佳湾陈氏建造的第一座民居为以昌堂（两进式，明隆庆五年陈宾所建），占地面积1000平方米。第二座民居为横厝，存在时间约1683年至1823年间，两进式明楼，占地面积约2000平方米，为陈大煌所建。陈大煌胆略过人，年弱冠，即能宗理家政，代父任劳，不久奉文举族内迁白琳湖头。他东奔西驰，不辞劳累，竭力经营，建造横厝，以贻子孙。第三座为贡宅，为文苑名士陈淑孔居所，选贡宅建造时间较横厝迟几年，为陈淑孔族间子侄集体捐资所建，为两进式明楼，建筑整体较朴素，占地面积2000平方米，前埕两副旗杆碣尚存。

　　第四座为新厝，又称"大厝"。新厝为佳湾陈氏第十二世陈正溥所建。陈正溥，字士博，号配墅，四岁丧父，母亲喻氏（岁贡喻唱卜之妹）抚孤成立。陈正溥承慈母遗风，为人刚毅果决，慷慨好施，独自务农为本，勤俭持家，不事奢华，宗族兄弟子侄都以他为学习的榜样。陈正溥成家后，即择地安葬祖父，又另于店下坑门里觅吉地，修坟茔安父母。时陈正溥年仅29岁，他的孝行为当地百姓广为流传，清嘉庆十九年（1814）被推为乡饮耆宾。6年后，陈正溥开始建造新大厝，历时2年建成。

　　陈正溥兴建的大厝为三进式，进深92米，宽76米，占地面积近7000平方米，建筑面积2000平方米，共有房间百余间。大厝东西走向，由门厅、天井、二进门厅、二进天井、正厅及前后两侧厢房组成三个错开的四合院，二层建筑，悬山顶，穿斗式木构架，标准的江南民居风格。大门宽2.4米，门外另建有排坊式引门，引门左右两座垒石花台，与正大门之间还有几平方米的院井。从引门入折向右拐入正门，正门楣的灰墙上题有四字，漫漶已不可辨。从正门入，为一横向长厅栏，与一进天井同宽，长 18 米，进深 4.6 米，一进天井面阔 18 米，进深 12 米，天井两侧为厢房，右向厢房配有独立小天井，并有独立侧室，仿若大厝内的独立院落。二进门厅面阔 11.3 米，进深 2.8 米，二进大门门板奇厚，几达十厘米。穿堂而过，二进天井面阔 16 米，进深 12 米，正厅面阔三间 4.6 米，进深七柱带前廊后檐 13.9 米；屋顶为两层椽子结构，第二层椽子铺设相当紧密。正厅廊沿俱为三合土打造。正厅两侧厅均由雕刻成众多交错相连的"囍"字墙隔开。前后天井无夹心路脊，天井平坦广阔。连接前后厅堂，每进厅前石阶两耳沿俱"三合"打造，曲线自然。三进建筑内共有木构件及窗花，刻有花卉、方胜、蝙蝠等，寄托了主人祈福子孙富贵昌盛之愿。正厅后配一个近千平方米后花园，花园有花台、鱼池、古井等。后花园东侧是酒库，陈氏历代经营酒业，所酿"龟山红"享誉乡都，远近闻名。大厝四周为高墙合围，进出唯正门一个口，院墙高达 3.3 米，周长 340 米。左侧院墙下半截为石块堆砌，上半截为方砖镂空而砌；右侧院墙下半截为石块堆砌，上半截为土夯外包三合土，俗称"金包银"式。四围墙角下均分布深沟排水系统，确保大院雨天不涝。

清道光二年（1822）新厝刚落成，就发生了"四抬巷"之争，虽然陈氏胜讼，但也付出惨重代价，将刚落成未入住一天的新厝抵债。此后，新厝就一直由黄氏族人世代居住，直至 1922 年前后，因牵连地方匪犯被国民政府赴之一炬。独存新厝右侧一厢房，21 世纪初的一场强台风过后，仅存的院落终损毁殆尽。佳湾陈氏民居历几代人的艰辛，先后建成 4 座大宅，在农耕时代的小山村，举一微族之力，显然相当不易。随着新时代的到来，这些陈氏后人不断有人走出山乡融入城市，于是这些独处乡野的古豪宅也慢慢地淡出人们的视野。

清代戍台兵冢

说周瑞光

秦屿镇虎头岗共有 7 座清朝戍台故兵丘冢。其中八面棱柱为军官冢，高 5.7 米，周长 12.4 米，其余"凤"字形 5 座，圆柱状 1 座为故兵冢，墓碑上刻"戍台故兵丘冢　嘉庆二十四年岁次己卯薄月吉旦敬立"。

据清嘉庆《福鼎县志》载，清朝曾于福宁府设烽火营，秦屿为福鼎二营。康熙二十二年（1683）八月，秦屿烽火营一批营兵被抽调，随施琅将军赴台作战收复台湾。翌年四月，据福建料理钱粮侍郎苏邦会同福建督抚疏言，为加强对台湾之防务，乃议设总兵一员，副将一员，兵三千，分水陆二营，每营各设游击、守备、千总、把总。康熙三十三年（1694）增至水陆十营。当时以台湾作为九边之重镇。陆营皆以漳、汀、建、福宁、海坛、金门等六镇标，水师由福建之海坛、金门、

福鼎市虎头岗先贤义冢群（冯志洁 摄）

丘冢（冯志洁 摄）

太姥山

126

闽安三协标抽调而来，秦屿烽火营亦属抽调之列。道光年间分巡台湾兵备道姚莹记述："台湾一锁水师十六营，班兵一万四千六百五十名，自内地五十三营遣戍，三年更替，至台分入各营。"

据清道光八年统计，由福宁镇抽调配拨营数额为：

艋舺营参将辖艋舺营兵 707 名，福鼎营兵 70 名，内外委 1 员，福宁镇中营兵 18 名，内外委 1 员。

艋舺营参将辖护洋水师营兵 707 名中，烽火门营兵 244 名，内外委 1 员；福宁镇左营兵 19 名，内外委 1 员。

右噶玛兰营旧额上府兵 397 名中，福宁镇右营兵 33 名，福宁镇中营兵 30 名。

北路协辖竹堑右营新拨上府兵 726 名中，福宁镇中营内外委 1 员，福宁镇右营兵 133 名，内外委 1 员；福宁镇左营兵 164 名，内外委 1 员。

福鼎营兵 105 名。

其中，武职官员名单为：

方朝辉，福鼎人，行伍出身，道光三年（1823）六月由中营守备委护，道光四年（1824）八月卸事。

张朝发，台湾水师协标左营游击，福鼎秦屿人，行伍出身，道光元年（1821）十月任。

蔡法辉，台湾城守营左军守备，福鼎人，行伍出身，乾隆三十七年（1772）三月任。

水师协标右营守备：

洪福，福鼎人，行伍出身，乾隆四十七年（1782）六月任。

江继芝，福鼎人，行伍出身，嘉庆十九年（1814）八月任，嘉庆二十二年（1817）十二月卸事。

江继泉，福鼎人，行伍出身，道光三年（1823）十二月署，道光六年（1826）四月升左营守备。

游绍芳，福鼎人，咸丰八年（1858）署，澎湖水师右营守备。

秦屿烽火营即福鼎（桐山）二营（水师），后移往霞浦三沙县，归属福宁镇管辖。福鼎文化馆藏有光绪元年（1875）榴月谷旦由马百台和薛奇英等人勒石之纪念碑，内列戍台班台 24 人，名单如下：

蔡连奎	朱绍隆	李立朝	陈梓金	周连升	李进标
罗得辉	张正发	黄进标	朱连标	欧成全	全作霖
林进标	李扬春	陈连标	陈进标	戴日升	蔡必忠
胡岩山	杜应升	李　鸿	王正波	刘得升	邱得标

文贤祠与苍莨亭

✍丁金满

苍莨亭是秦屿地方文贤祠，清乾隆二十五年（1760），举人王孙恭创建，其子王锡龄、孙王守锐都有重修。内奉清代隶籍于秦屿的学士金慕园、余双髯、郑云波、陶远舟、王觞亭、陈心耕、叶金波、林介石等，人称"八君子"。苍莨亭旧址即原秦屿文化站站址，后卖给锁厂招待所，现又卖给私人。

民国《福宁府志》记载："康熙岁贡金向水，秦屿人，家贫嗜学，为文多奇气，善接引后学，一时知名士咸出其门，学者称慕园先生。"由于受"八君子"的影响，在科举年代，秦屿涌现不少出类拔萃的人才，如清乾隆二十一年（1756）丙子科福鼎县开科举人吴仕镜，乾隆二十五年（1760）举人王孙恭，乾隆四十五年（1780）举人王家宾，乾隆五十一年（1786）举人王锡龄，乾隆五十四年（1789）举人王平洲，道光十七年（1837）举人王璜溪，同治元年（1862）举人王石甫，咸丰十一年（1861）同榜拔贡林品楠、林品桂兄弟等人。

科举年代每个大乡镇都保存一定数量的祭圣田收入，称"兴学租"，由专人负责保管，供每年主祭人开支取用，主祭由历届登第的人轮流负责。民国初年，秦屿这份"兴学租"由地处秦屿的福鼎官立第二高等小学堂第一届毕业生郑理斋保管，以后"兴学租"一起归县库统一收支。每年祭圣时，除圣庙外，主祭人还另备一份"苍莨亭"祭品，可见当时人士对"八君子"的钦敬！

1954年，秦屿遭受大风灾，损失惨重，苍莨亭建筑破败不存，从此淡出人们的记忆，现在知道它的人就更少了。

清咸丰七年（1857），知县张多第因公至秦屿参观苍莨亭，写了一篇文章，现将其文谨录于下：

> 海滨山麓之间，有隐君子焉，隐其名，并隐其氏，虽在当日有畸异之行，而代远年湮，淹没弗时，即间有一二者为人称颂不表，而终不能表扬前哲，以垂永久，此古来所以有绰楔之修，祠宇之建也。咸丰七年，余因公至秦江，见神社祠旁有数椽屋，涵碧流金，涂饰黝垩焕然一新。乡人告余曰此"苍莨

太姥山

亭"也。《诗》曰："蒹葭苍苍，白露为霜，所谓伊人，在水一方。"余知此间固大有人在，爰具衣冠，登其亭，进谒主位前，知我朝故明经学博隶籍于秦屿者如金慕园、余双髯、郑云波、陶远舟、王觥亭、陈心耕、叶金波、林介石诸君子为一乡之人士所钦敬悦服，而不忍不祀忽诸也。夫人生赫赫，死后泯泯，君子耻之，或而人者，若以孝友传，或以戒节著，或以学问彰，以视士人之有文无行，后时无称者何如也。都人士为表其事实，余慕久之，殆欲与莆田之夹漈草堂、建阳之考亭书院并传不朽矣。因思古之气节高远，称为隐君子者三：隐于朝曰大隐，隐于市曰中隐，隐于乡曰小隐，虽隐名不同，而隐行则一，乃拔笔以记其事，且为之颂曰："云山苍苍，俎豆馨香，前哲有灵，表正一方。"

虎头岗圣寿岭、圣寿亭

王兆赠

　　虎头岗有圣寿岭和圣寿亭，均为秦川先贤王遐春出资修造。据《三槐王氏族谱》载："清嘉庆癸酉（1813），贡生赴秋闱。王君具馈践行，酒过三巡，同学诸友中有人感叹曰：'吾秦为福鼎人文之薮，距省城四百余里，崇山负阻，行者艰辛，城南虎头岗尤为陡峭险峻，谁能铲险就平，则吾秦赴试者就不至于长期如此廖瘳！'"王遐春闻后颇有感触，不久请工匠勘测动工，劈山筑蹬，于1814年造成。

　　该岭自平地迄山巅计步数千级，阶高四寸，长尺二，浓荫夹道，凉爽沁人。完工后，次年冬十月初九日又于岭顶破土建亭，内外三间，曲榭回廊，辉煌富丽，内供观音大士，外祀韦陀。甫竣时值嘉庆皇帝五十寿辰，遂以"圣寿"为岭名和亭额。"圣寿亭"三字乃内阁学士兼任礼部侍郎、提督江苏学政廖鸿荃亲笔题书。廖鸿荃是王遐春长子王吉泉就读福州鳌峰书院时的同窗好友。

　　《三槐王氏族谱》又载："路、亭告竣，从此，上颂国恩下甜行人。一时之官吏士民过其下者，无不欢欣鼓舞，或额手称庆，皆大欢喜，或题于门曰：'伏虎山前听法去，横虹海上渡人来。'建亭之基与山之松柏者秦屿林振能，左右舍地踵成美举，则王克陞，李兆鹏暨从子家铨、家铭也。二次重修恰遇慈禧皇太后圣诞寿期，文人墨客题咏不少。"

　　此后100多年，圣寿亭历经风雨，雕梁画栋破败不堪，断瓦残垣，满目疮痍。1988年，秦川诸善士以林石宝、林邦平、王华明、何昌贵、陈承葵、肖美云为首，发动群众捐资10多万元，重建亭宇，再塑大士金身，恢复当年气派。

张朝发故居和陵墓

✎张德烈　张昌东

　　张朝发故居坐落在风景秀丽、交通便捷的江南鱼米之乡太姥山镇，背依小东门山，面朝晴川湾。故居建于19世纪初，占地3亩多，东西对称布局，三进台阶式。

　　来到故居，首先映入眼帘的是以青石条为门框的大门，门楣上用4方青石阴刻"金鉴传徽"4个大字。外墙高5米左右，下端有2米主要由石条垒砌，上端由青砖砌成。正门左右安石鼓一对。正门平常不开，除了重大的节日活动或迎接贵客才开，其余日常出入主要经偏门。偏门位于正门右侧10多米处，并且独立成户。

　　故居主体分两部分，俗称"上屋"和"下屋"。下屋两层共12间，有独立庭院，正厅中堂由隔墙分开，正厅和正门的角度相斜，正厅和上厅的角度又相斜。要到上厅，须经过又一个庭院，这里较下屋庭院要来的更宽敞，因为这里连通了正门和偏门，上屋地面高出下屋近1米多，这也是上下屋称呼的由来。上屋除大堂外，共有8间主居。上厅右侧是张朝发的主卧室，现存将军用过的清代花雕工艺床，长6米，宽3米多。主卧有三进，就餐、沐浴等起居设备一应俱全。

　　故居和传统的江南庭院一样，建有后花园，在青苔遮掩的墙沿处或许还能发现一些清代的琉璃瓦片。故居的主人把水井建在后门外，这样能方便邻里的用水，足见主人的用心良苦。

　　张朝发的陵墓位于秦屿镇瓜园村岩角亭，建于清道光二十三年（1843），平面呈"风"字形，三合土结构，坐东北向西南，占地约150平方米，1989年1月被公布为县级文物保护单位。墓室有两封门，左边安放张将军灵枢，右边安放张夫人陈氏灵枢。墓前有亭阁式青石神龛以及石狮子和望柱各一对，保存较好。

　　清代文人王学贞在张朝发墓前的墓楹上撰写挽联"已归大海心何负，未斩长鲸死不休"，称颂他的爱国精神。

才堡铁渣岗

王兆赠　陈光俊　王怀利　方钰祖

　　铁渣岗又名铁屎岗，位于太姥山镇才堡村。沿才溪溯源而上到达上张，一座不高的山里，树木郁郁葱葱，其杂草丛中随处可见铁渣滓，因而得名"铁渣岗"。

　　经初步调查，周围两三百米均堆满了厚度不等的黑色遗物。询问当地人，这些是否20世纪50年代大炼钢铁时留下的铁屎，但众人一致否认。原才堡大队支书沈思党回忆，那年田改时，为了修通才堡到秦屿的道路，发动群众肩挑车运，硬用这铁渣岗的铁渣填出了一条千米长的道路。可见这座山岗的铁渣不是当年炼铁所能够形成的。那么这些铁渣究竟是哪个时期的产物呢？

　　才堡三位高龄老人李启访、庄孝登、陈明冬衍祖辈传说，认为是600多年前王十六师公所为。王十六师公是秦屿王氏务琨派先祖，考其宗谱，生有三子，家道殷实，每年有500石租子收入。他精通道术，喜好冶炼。于是召集乡民建炉采矿，伐木烧炭以炼铁。当时炼铁场面甚为壮观，王十六师公分别在李家井、山门岔、上张各筑一个高大铁炉，每天上场好几百人，烧火加炭，挖矿挑石，炉火熊熊，昼夜不停。整整炼了三年，可是一块纯铁也没有炼成。王十六师公耗尽家资，负债累累，羞愧难当，一气之下便纵身跳进滚滚铁炉中，顷刻之间化为乌有，从此留下了一岗的铁渣……

　　然而，王十六师公此前驱邪扶正、治病救人、乐善好施、造福乡梓的义举深入人心，给群众留下了深刻的印象。为了纪念他的善行，才堡乡民分别在外财、北山、东家井等地建王十六师公神庙。每年三月廿七日，人们都纷纷前往烧香祭拜。600多年来，宫庙多次遭毁，但人们立即给予抢修，至今香火鼎盛。

人物春秋

潋城的唐宋时光

☙ 黄建军

潋城，太姥山下的一个古老村落，宋朝时叫潋村，明朝为防抗倭寇建城堡称潋城。唐宋五百年间的潋村是长溪最辉煌的村落，人才辈出，诸科、进士不断涌现，在朝为官名臣贤吏众多，学者名士留芳千载，建有藏书楼、书院、义学。户尽诗书，文风浓郁。让我们穿过时光隧道，走进唐宋时期的潋溪。

《福鼎县志》记载福鼎最早一名获科举功名的人是潋城的杨廷玩，唐代任监察御史，"唐，诸科，杨廷玩，字君玉，监察御史"。杨楫在《重建灵峰寺记》载"盖唐代宗大历年间，杨氏之祖始卜居潋溪"，而明朝洪武三十一年（1398）杨景衡说："杨氏自唐咸通司马府君，徙居闽之长溪村，今十有八世，凡五百余年，其间掇巍科、跻朊仕者数十百人"。"掇巍科"即中科举的人，"跻朊仕"就是任高官者，两者有数十百人。司马府君就是杨绍，唐朝咸通年间进士，官居司马，后任福州刺史。杨绍世居浙江龙游县，他的祖父杨伯祥唐天宝九年（750）中状元，封江南节度使，杨绍的父亲也曾任福建御史。杨绍在福州刺史的任上去世，被认为是杨氏家族在长溪的始祖。杨绍的第七个儿子杨暄为唐朝长史，就是他首倡建造潋城的灵峰寺，杨暄的曾孙是杨廷玩，是《福鼎县志》记载的最早任官职的福鼎人。唐朝时期的潋城杨家科考折桂者众多，文官名臣辈出，是闻名八闽的书香世家、名门望族。

宋朝潋城第一位进士是杨惇礼，北宋崇宁五年（1106）中进士，宋梁克家《三山志·人物》载："杨惇礼，字穆仲，长溪人，历太学博士，通判秀州，乞致仕，除司勋员外郎，再乞致仕，除监察御史，力辞，时未六十，终朝请郎。"

宋代太学是国家最高学府，隶国子监，招收八品以下官员和优秀平民子弟。宋仁宗时只报收 200 人，到宋徽宗时达 3000 多人，分上舍生、内舍生、外舍生三等。朝廷从太学中直接选拔人才，太学为朝廷培养大批官员和学者。太学博士就是太学的教授，讲授经文、考校程文，以德行道艺训导学生。当时长溪县有 3 位进士先后在太学担任博士，称"北乡三博"，另二位是黄荐可、林介卿。当时蔡京党羽拉拢杨惇礼，想让他为蔡党效力，被坚决拒绝，因此出任秀州通判不久就请求辞退。宋高宗年间，朝廷任命他为监察御史，他却不去上任，朝廷只好允许他在家建言献策。

杨惇礼多次辞官，体现了古代读书人的为人操守和人生智慧，风节凛然，刚介有守。因为当时朝廷蔡京的势力很大，道不同又无力争抗，他就选择退隐故里。

杨惇礼退隐家乡，在潋城建了一座藏书楼，名曰"杨耻斋梅楼"，想必他也是爱梅之人。宋朝著名史学家郑樵为著《通史》博览群书，搜访天下图籍，闻说长溪潋城杨家有藏书楼且藏书万卷，便不远千里前来借阅，而杨惇礼的条件是让郑樵住在杨家为孙子杨兴宗授业。这就是读书人杨惇礼的明智之举，以书为媒替杨家子孙聘得名师。郑樵在潋城写了一首《蒙井》，称赞潋城蒙井井水清澄甘甜，不输无锡的惠山泉，又写《蓝溪》描写宋时蓝溪（即潋溪）周边美丽的景色。

宋代诗人陈鉴之（闽县人，淳祐年间进士）曾到过潋城杨家的藏书楼，写诗《寄题长溪杨耻斋梅楼》："乃翁爱书书满楼，万轴插架堪汗牛。乃公爱梅梅绕楼，千年老干如苍虬。梅护群书俗尘绝，书对梅梢滋味别。有时掩卷静倚阑，檐角一枝擎淡月。"藏书楼架上的书卷轴多如汗毛，杨公当年种下的梅树已长成苍虬的老梅干，诗书一卷倚栏品读，楼下梅香扑鼻，月光下檐角一枝梅花冲天怒放。

福鼎民间流传"杨察院攻打草王垟"的故事，讲的是宋朝潋村出个进士杨国显，为朝廷监察御史，人称杨察院。他出京巡按到了家乡潋村，村民向他控告芭蕉寺住持为非作歹残害百姓，许多上山进香的妇女失踪。于是，杨国显上山暗访，不幸被抓，后经司厨僧救助逃离，脱险后他在端午节前一天指挥官兵剿灭作恶多端的住持和僧徒，烧毁寺院，救出被抓的妇女。

从杨惇礼开始，宋朝潋城在《福鼎县志》有记载的进士9人，诸科10人。

杨兴宗是杨惇礼之孙，从小天资聪慧，勤奋读书，得到祖父悉心指导，少时曾随史学家郑樵学习，后又到莆田跟林光朝学习。林光朝人称"南夫子"，理学名家。杨兴宗在南宋绍兴三十年（1160）中进士，先任铅山主簿。当时丞相主张与金国议和，派人跟他讲只要他支持议和，有好职位相送，兴宗拒绝，而且还多次上书丞相府反对议和，主张抗金收复失地。宋孝宗知道这件事后，很欣赏他的志向，任命他为武学博士，讲授兵书理论和军事对策。后转任校书郎，迁司勋郎。他上书弹劾张说罪行，张说为官为人阴险狡诈。后因直言得罪丞相虞允文，被调任处州知州，《道南原委》言"大有政声"，清廉守正，为政有声，为官有节。

江苏常熟博物馆保存一块宋代墓志铭，墓主人是宋朝皇室后裔赵不淰，由杨兴宗撰写并正书，这是唯一见到的杨兴宗手迹。赵不淰被视为淡泊名利，扶危救困的宋室宗亲，这样人请杨兴宗写墓志铭，可见当年杨兴宗的人品和官声。

杨兴宗请理学大家永嘉学派的陈傅良止斋为继母林氏写墓志铭，此文载《止斋文集》。杨兴宗为太学舍生时，继母林氏托人寄银两给他，供他在太学读书生活的费用，并告诉他，这是她平时做女红等所积累的钱。杨兴宗很感动，父亲在外做官，继母在家操持一家生计，晚上还做女红。杨兴宗立志要报答母亲，铭记恩德。

杨宗旦，诸科，宋绍兴年间任瑞安知县，封承事郎。他在瑞安飞云渡口造官船，以济两岸百姓往来，并立规约确保船安全航行，待百姓以仁德。他的三弟杨龙桂原居潋城，随兄到瑞安，游学于陈止斋之门成理学大家，诗文高手，后定居于瑞安东湾，成瑞安杨氏的始祖。瑞安人杨景衡曾到潋村寻根认祖，谒拜宗祠，并抄录族谱带回。明代任福建右布政使的瑞安人杨埭也到潋城认祖，撰写《重建石湖东观志》，记载杨家子弟捐资重建石湖书院及石湖东观的情景，并立碑记其事。

灵峰寺，始建于唐咸通九年（868），潋村杨家唐代长史杨暄首倡建，"杨氏舍田以为子孙植福之地也"。遭火灾，宋嘉定四年杨楫和法海大师的弟子大全上人重建灵峰寺，并撰写《重建灵峰寺记》刻碑，至今仍立于灵峰寺内。灵峰寺内最值欣赏的是佛像须弥座底下的石刻艺术，现存60多块，有唐代和宋代的石刻，雕刻力士、花卉、狮子等题材。力士手臂圆浑有劲，力大无穷，神态栩栩如生；狮子姿态优美，线条流畅，活泼大气，体现唐宋石刻风格。太姥山周边的唐宋大寺院另一特色是寺院柱子下段是方形的石柱，雕刻精美，上段为木柱子。太姥山的国兴寺遗址就留下几十根的方形石柱，石柱顶部还凿有孔槽对接木柱子，可窥见当时寺院大殿的高大宏伟。

杨楫，宋淳熙戊戌年（1178）进士，为朱熹弟子，官居安庆知府、湖朝提刑、江西运判等。杨楫对老师朱熹很敬重，朱熹到长溪他步行到赤岸（今霞浦）将老师迎请到潋村家中，并在家东边向阳之地建造石湖书院请老师讲学，又一起到桐山高家登一览轩雅聚讲学，传播理学思想。

石湖书院后来成了潋城杨家祠堂，杨楫置田百亩用于祠堂祭祀，每年春秋两祭，并在祠堂内办义学，延聘学问和品德兼优的名师教习族人及亲戚子弟，诗书传家，福泽绵长。明成化年间，杨家子孙集资重建石湖书院，建前后两屋，里屋放朱熹和杨楫的神位，外屋置杨家先祖的神位，并在书院一旁建石湖东观，让守祠的道士居住。当年住祠道士也是一位读书人，善楷书，精墨竹，能诗。

宋代的石湖书院和杨耻斋梅楼已损毁不复存在，遗址在灵峰寺和古城堡之间的田野中，希望有朝一日重建石湖书院和藏书楼，延续千年文脉，传承理学精华。更重要的是重塑读书人的精神家园，承继历代家族先贤的德业，修身为本，诗书传家，优雅生活，让书院闪烁的人文精神发扬光大。

郑樵与潋村

～白荣敏

郑樵（1104—1162），字渔仲，号夹漈，自称溪西逸民，学者们称之为夹漈先生，福建莆田人，宋代著名学者、史学家、藏书家。他出身书香世家，天资聪颖，勤奋好学，博闻强记。16 岁时，其父死于苏州，他便不应科举，认为昏暗不明的仕途不如读书志向来得明晰。他先与胞弟及堂兄结庐越王峰下的南丰草堂埋头读书，不久弟死，又与堂兄结伴前往城北的夹漈山上读书。他们在夹漈山上筑屋三间，名曰"夹漈草堂"。在草堂里，他们"寒月一窗，残灯一席"（《通志·昆虫草木略序》），置身于苦读、著书生涯。郑樵一生著述宏富，共 84 种，千余卷之巨，给后人留下一份精神财富，在我国文化史上竖起了一座不朽的丰碑。可惜其作大多散佚，现在流传于世的只有《通志》《六经奥论》《尔雅注》《夹漈遗稿》《诗辨妄》等数种。

据明代谢肇淛《太姥山志》、清嘉庆《福鼎县志》和民国卓剑舟《太姥山全志》等记载，郑樵与太姥山下潋村有关的诗作有两首，一首五言绝句《蒙井》，另一首是七言绝句《蓝溪》。《蒙井》诗为："静涵寒碧色，泻自翠微巅。品题当第一，不让惠山泉。"

关于蒙井，谢肇淛《太姥山志》记曰："在蓝溪寺前，泉极甘洌。"卓剑舟《太姥山全志》载："在蓝溪前三桥下，石壁坚融，中有一穴，形如斧凿，泉极甘洌。"现蒙井井口石构建存于灵峰寺内的石刻博物馆内，风化比较严重。诗中，郑樵正面描述了蒙井水的清洌，表达了对来自翠微之巅的井水的喜爱。我们还能在清洌的井水中看到作者的影子，他以井水自比，自认为在困顿环境中的学问追求和人格修养均可无愧，而且当精进不止，虽无意功名，但真要比试，定不逊于那些临安城里的学子们。

此诗在《艺海珠尘》刊本之《夹漈遗稿》中题作《福宁州蓝溪寺前问井》。因唐宋长溪地元代始立为福宁州，郑宋人，无题"福宁州"之理，应为编者所加；"问井"为"蒙井"音近而误；而"蓝溪寺前"倒是确认了此井的位置。有人认为郑樵此诗所写之蒙井在福安，谬矣。关于以上问题，郑丽 20 世纪 80 年代初曾有过现场考察，并作有《蒙井》一诗，节录如下（全诗见周瑞光《太姥诗文集》）：

长溪有蒙井，郑氏为之名。

品评泉第一，不让惠山清。

井在灵峰寺，其地傍溦城。

昔读夹漈稿，诗名标福宁。

又题曰问井，一物而异称。

福宁无设治，宋代无其名。

山下出泉蒙，易象兆咸亨。

问井殆无义，别字口谐声。

蓝溪源出太姥山顶，到达山脚的溦村被唤作溦水，穿溦村而过。谢肇淛《太姥山志》记曰："蓝溪，在太姥山下，源出山顶，每岁八月中，水变蓝色。相传太姥染衣，居民候其时取水，沤蓝染帛最佳。"

郑樵流连蓝溪，为我们留下了《蓝溪》一诗：

溪流曲曲抱清沙，此地争传太姥家。

千载波纹清不改，种蓝人过未休耶？

郑樵与太姥山的关联主要是山脚下的溦村。溦村，位于太姥山东麓纱帽峰下，三面环山，面向东海。这个古老的村子后来因为明代抗倭古堡而受人关注，但它文化发展的高峰当上推至宋代。早在北宋崇宁五年（1106），溦村杨家的杨惇礼就高中进士。修于清光绪年间的《福鼎县乡土志》记载："若王孙赵，溦城杨为世代望族。"整整北宋一朝，福鼎进士只有 3 位，杨惇礼为其中之一（还有 2 位是桐山高家的高崇和高景德）。明万历《福宁州志》还记载他"与兄定国俱中三舍"。宋元丰之后，太学分上舍、内舍、外舍，故曰"三舍"，而太学乃宋代最高学府，可见此时杨家的读书人非杨惇礼一人。

杨惇礼喜欢读书，却不爱当官，在连任陕、彭、泉、宿四州教授之后，到朝中转任太学博士，时权相蔡京结党专权，他便申请退休，以后多次谢绝朝廷的任用，安居老家。当时的官场称杨惇礼有三奇："有田不买，有官不做，有子不荫。"杨惇礼认为，不一定要当官，也不需要很多田，但一定要有很多书。

由于有很多书，杨家与郑樵结缘了！

因为由于金兵在攻破北宋京城时抢走了朝廷三馆四库的图书，所以郑樵决定以布衣学者的身份，在夹漈山为南宋朝廷著一部集天下书为一书的《通志》。为此，郑樵再一次背起包袱，独自一人前往东南各地求借书读。于是，他来到了长溪，并滞留于长溪授学。

明代嘉靖、万历两部《福宁州志》，以及清乾隆《福宁府志》均记载："（郑樵）

授学长溪，提举杨兴宗从之游。"但具体在长溪的哪个地方授学，志书没有明确。晏滔先生在《郑樵寻书览史留蒙井》一文中捋了一下，说："这一年，他来到潋城，访到杨惇礼老先生。杨惇礼是宋著名的博学士，家中藏书千卷，因致仕归乡里。为了读尽杨家藏书，贫寒的郑樵答应杨惇礼，以为其孙杨兴宗授学为条件，寄居杨家。"晏文没有注明此段文字的史料来源，而卓剑舟《太姥山全志·名胜》说得很明确："夹漈先生尝授学潋村，提举杨兴宗从之游。"民国《福鼎县志·卷七·名胜志》亦载："灵峰寺，在潋村……宋编修莆田郑樵曾授徒于此。"

　　而关于杨家藏书之富，清曹庭栋《宋百家诗抄录》录有宋人陈鉴之《东斋小集》，其中有一首《寄题长溪杨耻斋梅楼》，开头两句就是："乃翁爱书书满楼，万轴插架堪汉牛。"此楼就是杨家先世藏书和读书之所。

　　与其祖父杨惇礼相比，杨兴宗在官场要活跃一些，不仅载入明黄仲昭《八闽通志·名臣》，还在《福宁州志》和《福宁府志》有传记。传记均有"少师事郑夹漈"的记载，所以杨兴宗是郑樵的学生这一点确信无疑。关于这点，还见于多种史料，《郑樵文集》附有《郑樵年谱稿》，上载"郑樵弟子杨兴宗登进士"，并引明朱横《道南源委》卷二："杨公兴宗……少师郑夹漈……登绍兴三十年进士。"而郑樵故乡所修之《兴化县志》有更详尽的记载："先生尝教授福温之间，从游者号之夹漈弟子，而史部杨兴宗为高第。至今后学思而仰之。"

　　《郑樵年谱稿》认为，郑樵流寓长溪，是南宋绍兴十九年（1149）。11 年后，青年才俊杨兴宗成为杨家的第二位进士，从此进入仕途，初任迪功郎，再调铅山簿。杨兴宗敢于议论朝政，宋孝宗刚刚登极，他就对朝廷提出"任人太骤，弃亦骤；图事太速，变亦速"的批评。时南宋只余半壁江山，且北边金兵气焰正炽，杨兴宗向朝廷提"以守为攻之策"，当时宰相汤思退主张与北边议和，托御史尹穑传话，如果见皇帝时不另提主张"当处以美职"，他"谢却之"。杨兴宗反对和议，惹得汤思退大怒，而"孝宗嘉其志"，所以得以一路升迁，任校书郎，与当年的另一位老师林光朝同行校文省殿，提拔了郑侨（郑樵从子）、蔡幼学、陈傅良等人，这些人后来都成为朝廷栋梁，所以"时称得人"。因为政见不合，杨兴宗最后得罪当权派，被外放地方，先后任职于处州、温州、严州，卒于湖广提举，"甚有政声"。

　　郑樵授学潋村，聪明的杨惇礼老先生绝不会错过这么好的机会，他肯定让尽可能多的杨家子弟都去听夹漈先生的课，所以，从学者绝非杨兴宗一人。民国《福鼎县志·卷二十一·艺文志》记载有名有姓的还有一人："《拙斋文集》，宋杨武撰。武字有文，涟水人，淳熙年进士，授善化邑令。尝游郑夹漈门，与其兄杨楫以儒学著名。"涟水就是潋村，即今福鼎市太姥山镇潋城村也。

黄观澜宁波赈灾

✍ 黄德信

明隆庆元年（1567），秦屿屯头人黄观澜，年三十游浙江宁波。是年大旱，浙东饥荒，路有饿殍，老弱转乎沟壑，黄观澜恻然，百感怜悯。归家后他出资购得米粮千余石，装巨舟数艘与商船结伴出行，亲自护送宁波济饥。

船行一日至界口，船队抛锚歇宿。是夜，黄观澜入睡未寐，瞑目枕舟中，忽有人来告曰："寇至矣，子有善行，吾特来救汝，可速移舟异宿，庶其免乎！"黄观澜惊醒，细以揣究，时有海事氛扰，盗寇频仍，海上船只鱼货常遭洗劫，宁可信其有，不可信其无。当即传唤各商船，告以海盗预警。众商以为梦语不足信，置之不理。观澜一再诚告未果，只好连夜独自移舟别泊。至四更时分，寇果杀众商，掠船货，黄观澜独免焉。

次日粮舟驶抵宁波，宁波府太守闻知亲驾欣迎入府。一阵寒暄之后，太守欲订粮价，黄观澜慨然曰："吾来施济，非为利也。"遂语太守："请将灾民统计人口后，将我载千石米粮不留一粒全数发放。"是时，宁波万千饥民得以及时救活，太守感而义赞："公之子孙必有兴者。"

返航之际，太守为表心意，奉银数盘，黄观澜婉拒。为保空舟稳行，观澜只请太守给每舟装几条方石作"压载"（即稳定行舟重心），平安返航。石条今犹存放屯头各处。黄观澜返梓，则空囊舍舟徒步。途中遇一老者伴行，食宿与共，一路神聊，至屯头城堡东门，耳听"到家了"，回首寻人不见，唯路边遗有一香炉，方悟：神护送也。嗣后，择日在城堡东门外建一泗洲佛亭，将香炉安置其内，香火不断。

济宁期间，黄观澜曾宿客栈。一日入宿，邻家有妇人悲啼之声阵阵传入。问店主方晓，邻家妇人之夫，经年谋生在外，时公爹病逝无力丧葬而悲怆唉！观澜闻后，即偕店主一同前往慰藉，并送上一些银两，抚妇节哀，让其公爹早日入土为安。妇问客籍何处、尊姓大名时，黄观澜简而匆应："福宁州麟江黄也。"

黄观澜，讳天潮，明嘉靖十六年（1537）出生，性温良而好礼，行恭让而有节，勤而多智，富而好义，孝亲悌友，竭力成家，拓业千亩。宁波济饥返梓后，呆、罙二子连年早殇，黄观澜曰："吾之子必有显达者生在后也。"自此增修厚德，后果然连生二子，学成"名誉冠州东，文章甲省北"。宁波太守欲以"齿德兼尊"乡荐之，黄观澜笑曰："吾留此身以待子孙之封诰者也。"族谱赞曰："丰姿充然而盛，气质粹然而良，积善足以化乎狡狂，存诚足以屈乎强梁，德动鬼神，济饥救万户之性命，志光奎壁。"

黄观澜卒于明万历四十六年（1618），寿八十二，墓葬白琳南山里。

"钦赐乡贤"王锡龄

王世昌　冯文喜

王锡龄（1757—1818），原名锡聆，榜名悄龄，字乔松，别字空同，福鼎秦屿人，闽王王审知三十一世裔孙。乾隆四十六（1786）举人，栋选知县，托词不就。乾隆皇帝授予"钦赐乡贤"。一生钟爱教育，以授徒讲学为乐，以著书自娱。系清嘉庆《福鼎县志》协修。清光绪《福鼎县乡土志》载王锡龄为"福鼎名儒"，祀乡贤。

书香世家　蜚声黉序

王锡龄是秦屿锦城王氏第七世孙。清嘉庆十一年（1806），王锡龄于蚤闲斋撰写《秦江王氏家谱续修序》说，其始祖王陇前贩盐为业，曾由福清沿海来到福宁州水澳，后来因水澳多受倭寇骚扰无法安生，再迁到秦屿。王姓传到第五世王子仁时，家业开始昌达，并成为书香门第。王子仁字安卿，号敦斋，乾隆八年（1743）考取郡庠十二名，补郡增贡生，曾任福州府教授。其子王孙恭是王锡龄的父亲，字敬相，号恪亭，由邑廪生中乾隆二十五年（1760）庚辰科第二十七名举人。先任政和县训导，后调任漳州府诏安县教谕、福州府教授兼鳌峰监理。主讲鳌峰书院、星溪云根书院，培养许多优秀人才，被福建省学政誉为"海邦师范"。秦屿城年久失修，他上书地方官员，倡议修筑。

王子仁、王孙恭、王锡龄是王氏家族中承前启后的3个人物。1919年，王景锵在王姓家族的一份《序》中总结说："及五世祖敦斋公读书为名下士，补郡增广生，躬行孝弟加勉。六世祖恪亭公而后科名益发达，父子兄弟侄孙相继登贤书者，六同榜膺拔者四，其余以廪增附，蜚声黉序，代不乏人。"从乾隆二十五年（1760）至光绪年间，王室家人考中举人、贡生21人，国学生、秀才88人，曾一度出现"父子公孙六举人，叔侄兄弟五拔贡"的传奇佳话。他们是王子仁（乾隆八年增贡生）、王孙恭（乾隆二十五年举人）、王家宾（乾隆四十二年拔贡/举人）、王锡聆（乾隆五十一年举人）、王绍言（乾隆五十四年举人）、王圣保（道光十七年拔贡）、王祖望（道光十七年拔贡、举人）、王守锐（道光二十九年拔贡）、王守愿（道光二十九年拔贡）、王起钧（同治元年举人）。

创建书院　培育后学

清乾隆年间，政府倡导开办书院，各家书塾学堂之风也开始盛行。乾隆五十一年（1786）举人王孙恭、王锡龄父子倡建私塾"见山楼"，俗称"仓楼"，历近二年始成规模。见山楼坐落在秦屿古城北路16号，占地700多平方米。整个书院坐北朝南。因见山楼前面是一片开阔地，上楼打开窗门，前面的远山近水一览无遗，尽收眼底，可谓是开门见山，因此得名。

楼院内中央建有1幢7榴高7米、深10米的双层木质结构主楼，主楼中间是书院大厅，即学堂，是学子上课场所。大厅两侧底层是谷仓，存放王氏宗祠的公粮，即今仓内墙壁地板上依稀还能看到当年涂有防虫蛀的白石灰痕迹。楼上左侧是先生休息处，中间大堂是文人墨客登高望远、饮酒作诗休闲处。当年"秦屿八君子"曾在此开赛诗会。主楼后面是后花园。园中四面建有一座三榴单层砖木结构朱子祠，内供朱熹神像。朱子祠建筑风格精致，青砖灰瓦，两旁勾翘檐角。祠前左右有两棵榕树，右边有一口鱼池，左边假山种有奇花异草。整个书院布局古朴典雅，是个习文修身养性的好地方。近年，王氏家族对见山楼进行整修，修建门楼，围墙正门楣上镶"见山楼"石刻和"莲川世泽长，书楼家声远"的楹联。

在同一时期，王锡龄还与同宗"三槐王姓"王遐春（1760—1829，字文周，号东岚）创建秦屿龙门书院。《王氏宗谱》载有创建书院的过程："（王遐春）又与宗孝廉虚谷等移建莲峰书院于集贤社，改名为龙门书院。中祀文昌，廓旧规而更爽垲，廛里端直，薨宇斯建，材度其钜，工期之谋，乃筑徽道，乃增横舍，乃度堂筵，乃量室几，丽未及侈，朴而不陋，臂肌分理。观者艳而谓之华然，而宏规举矣。"每年春秋遵旧仪享祭，定二月初三为春祭，秋祭另择吉时，书院所在文昌祭典的礼仪器具也是王锡龄、王遐春等人所筹办。清嘉庆六年（1801）颁行典，由烽火营参将主持祭祀文昌。龙门书院与文昌阁实为一体之建筑，四合院加一天井构筑，为木质砖瓦构建，建筑坐南向北，抬梁式，硬山顶。面阔五间，进深四柱。中为天井，长近18米，抬梁式，硬山顶。前为二层楼房，铺设木板，窗明几净。建筑面积达200多平方米。参照文献记载，书院分置徽道、横舍、堂筵、室几等部分，做到华丽不奢侈，简朴不简陋，让人感觉肃静、庄严。200多年来，这座书院为社会培养无数贤达精英。

王锡龄还在太姥山下办起秋溪学堂，广招当地贫苦子弟，免费入学，陆续延聘侯官名士谢金銮，翰林院编修、《福建通志》主编陈寿祺，台湾府教授郑兼才，林则徐之师、任翰林院编修和监察御史的游光绎等硕儒来授课讲学，一时秦屿文风盛行，人才辈出。清朝时期，福建科试考中举人、拔贡秦屿籍19名，而王锡龄家族有举人

144

六6人，拔贡5人。

目前，见山楼只剩下三榴残破木屋，大部分被拆解改建其他宫殿庙宇，大量珍贵书籍、文物被毁，令人痛惜。

著书立说　多所成就

王锡龄年幼聪颖，勤奋读书，常过目不忘，精天文、岐黄之书，尤精于朱熹理学研究。清乾隆五十五年（1790），王锡龄赴北京会试，得到刘墉和彭文敬赏识，受聘为相国府馆师，所收学生大都是王公贵族子弟，其中还有皇子。在京3年，弟子们学业大进，刘墉十分感激，向乾隆皇帝推举委以高官。但王锡龄无意官场，婉言谢绝。他曾与闽侯谢金銮、陈延焕和福安陈从潮为友，人称"八闽文坛四君子"。彭文敬称王锡龄"生酿既深，自然流露"，评价他的诗"气清笔健"。长乐人梁章钜有《京居怀王虎谷孝廉句》，评价王锡龄"虚谷苦嗜学，深思如有神。设施备文武，理绪参天人"。王锡龄好文采，清嘉庆十四年（1809）六月，他作《秉彝堂记》，有陶渊明《桃花源记》之风，文中所描绘的景色，是曾与见山楼齐名的朱姓族塾秉彝堂。王锡龄著有《周易十家集解》《春秋三家经文同异考》《蚤闲斋日录》《见山楼稿》《水源木本录》《先忧录》《虚谷诗文集》等若干卷。

王锡龄还热心公益事业，厚宗族，建四亲祠，依《朱子家礼》为条约，倡捐礼田，资助贫困学子乡试，赡养孤寡老弱。清嘉庆初年，秦屿沿海匪患严重，为保家安民，他积极带头捐资，协助地方巡检修城堡，浚河沟，筑海桩，以防贼寇来侵。他的种种善举，传遍朝野，乾隆皇帝授匾额"钦锡乡贤"。并于道光二十八年（1848）敕令入福鼎乡贤祠，供后人四季祭祀。王锡龄是福建在清朝唯一一位被县政府奉祀之人。

清嘉庆二十三年（1818），王锡龄在家与世长辞，终年62岁，墓在秦屿东埕塘边红下山。清福建乡试解元、福安陈从潮为其撰写墓志铭，评价他："生平器量宽宏，能忍人所不能忍，好学不倦，博极群书，兼精岐黄针灸之术，凡有求无不立应。遇贫苦无力，复资之以药饵，间里称为长者。""德性和平，与物无忤，好学深思，博通今古。"《福鼎县志》，将王锡龄居处和墓地列入福鼎名胜。

抗英名将张朝发

✍ 张德烈 张昌东

张朝发，这位鸦片战争中以身殉国的定海水师总兵，是我国近代史上著名的抗英名将，是我们的先祖，他的英勇事迹永远值得我们怀念。

一

张朝发，字骏亭，乳名"花犬"，生于清乾隆六十年（1795），原籍福建惠安崇武镇獭窑村（今张板乡），世代以捕鱼为生。由于家境贫寒，年幼跟随叔父闽安镇台张隆表，习得水性超乎常人，并集刀器武功于一身。后随父亲张天理出海谋生，定居于秦屿堡如陵里，少年时代就进入渔行当雇工。其父常上太姥山砍柴，因太姥山势险峻，不慎坠入悬崖身亡，秦屿堡众乡亲协助寻找，并就地将遗体安葬。后张朝发得邻居教书先生王秀才的指点和热心邻友的资助，到福建总督衙门应募水兵。临行时王秀才替他改名"朝发"，希望其为国出力，飞腾发达。

张朝发怀着感恩报恩之心，加入水师队伍。他善使两把板斧，打起仗来无比英勇，人称"小旋风"，得到水师提督李长庚的赏识，被提为百总。时年，海寇猖獗，沿海一带民众不得安宁，他在与海寇激战中屡建奇功，受到嘉奖，署艋胛营游击，准升台湾水师游击，后又擢升为浙江定海镇总兵，统领温、台等地水师，为清朝绿营兵正二品武官。

清道光二十年（1840），张朝发上任定海总兵不久，中英第一次鸦片战争爆发。1840 年 6 月 30 日，张朝发得到定海外洋发现大队英舰的报告，立即号令集结兵力，亲自率船出海堵击，自忖不敌而回港。旋即，他紧急集中大小战船 21 艘，船炮 100余门，大炮 20 余门，军士 960 名和沿岸义民 600 名，积极备战。7 月 3 日英军战舰、武装轮船 26 艘入定海城对岸五奎山，紧逼定海。7 月 4 日，定海知县姚怀祥偕中军游击罗建功按清朝例律登上英军旗舰"威里士厘号"巡视，得到的是英军远征军司令伯麦的一纸通牒，说必须在 7 月 5 日下午 2 时前把定海城拱手送上，否则将兵刃相见。张朝发目眦尽裂，亟图攻剿，然大清内部在防守战术上发生激烈争论。姚怀

祥、罗建功等以英军"仗其炮大，只利于水，不利于陆，拟将水陆一半撤至离海岸一里之半路亭扼要地方进行堵截，一半撤至城中防守，"候夷人登岸，再行剿击"。而张朝发以"夷情猖獗，不宜退避"，并说"城非吾责，吾领水师，知扼海口而已，若是纵之登岸大事去矣"。

7月5日晨，两军对峙，剑拔弓张，一触即发，下午2时，伯麦发令进攻，英舰"威里士厘"号首先开炮，张朝发手持旗子屹立船头，身先士卒，率师浴血奋战，无奈"我兵之炮不能及远，夷炮势甚猛烈"，清兵死伤不计其数，兵船也多破裂沉滔。张朝发被英军舷炮击中，中弹落水，被姚乔泉和李必全捞救上岸，抬进城，仍带伤忍痛，督率文武官弁，保固城池，坚持良久，终因伤重昏厥由部下岑港巡检赵廷昭用船护送去镇海。

定海失陷后，刑部以张朝发愎谏撤守丧师失城，罪拟斩监候。不等朝廷问罪，张朝发即伤重身亡。史料载："张朝发自为炮伤，日渐沉重，医治无效，于七月初七日戌刻身故"，"时浙人皆惜之"。《中西纪事·海疆死难记》中提道："总兵中创殒命，核以当日受伤落水，抢救回镇，其非意脱逃，借以委卸可知也。至谓愎谏撤守，是据乌尔恭额和罗建功等一面之词，无论陆战未必可恃，而总兵所督者水师，防守外洋，正其专责……则当日之误，误浙洋之全无准备，豕突而来，措手莫及，岂总兵一人之罪哉！"

二

虽然定海保卫战以清军的惨败而告终，但是面对英军的坚船利炮、蛮横胁迫和猖狂进攻，张朝发身先士卒，奋勇抵抗，充分展现了崇高的爱国精神和刚正不阿的民族气节。

张朝发蒙冤十余年，至咸丰时方为朝廷所察。据《清朝国史补》载："文宗咸丰帝对众臣叹道：'张朝发未必非忠臣，朕恐为诸臣所蔽。'并赐给将军被炸断的腿和重伤脖颈'金腿银脖子'，封其子张振彪为世袭云骑尉，命护送将军灵柩回闽，安葬于太姥山下。"张将军的陵墓位于秦屿古镇瓜园村岩角亭，建于清咸丰三年（1853），平面呈"风"字形，三合土结构，坐东北向西南，占地约150平方米。墓室有两封门，左边安放张将军灵柩，右边安放张夫人陈氏灵柩。墓前有亭阁式青石神龛以及石狮子和望柱各一对，保存较好。

清代文人王学贞在张朝发墓前的墓楹上撰写挽联"己归大海心何负，未斩长鲸死不休"，称颂其的爱国精神。张朝发之墓1989年1月被公布为县级文物保护单位，2009年被批准为福建省第七批文物保护单位。

廉吏林品南

🍃王世昌

林品南，字舜琴，福鼎秦屿镇人，生于清嘉庆二十五年（1820）。年少勤奋好学，聪明灵慧，博览群书，过目不忘。清咸丰十一年（1861）由廪生选拔贡，同年进京赶考，因文采出众获甲一等，历任江西盐税卿、贵州镇远令、普安知县、贵阳知府等职。林品南为官任上，由于清正廉洁，政教兼善，业绩突出，被贵州省列入重要历史廉吏人物，其事迹至今还被民众传为佳话。

林品南像

贵州镇远地处湘黔交界地带，五县接壤，为军事要地，自古有"滇楚钥匙，黔东门户"之称，这里居住有汉、侗、苗等十几个民族，民情极其复杂。清光绪二年（1876），林品南到任，见此地文风凋敝、民风强悍，民族械斗时有发生，便产生以文化思想进行教育整顿的想法。他选择镇远东厂坪建文昌阁，立书院"文明书院"，聘请当地儒生李元春、贺绪藩为讲师，广收优秀人才入学，宣扬伦理道德，一时镇远文风蔚然，社会风气大有好转。

镇远的河流有许多急流险滩，常发生船覆人亡事件，让过路商贾客人心惊胆战。林品南进行疏通后，还在镇远修建天后宫。他亲自选址、设计，并四处集资募捐。甚至回家乡福鼎募捐，当时福建大批商人在贵州做生意，纷纷解囊，出谋献策，终于建起了一座天后宫，林品南亲自题序。此后，天后宫还作为福建会馆，为同乡集会议事场所。

舞阳河把镇远城一分为二，两岸人民平常要渡船过河，极其不便。林品南与地方乡绅商议，筹款用于码头架设浮桥，大大方便了两岸百姓来往。同时，林品南还大兴水利，广置农田，保证春种秋收，一派安居乐业景象。

林品南在贵州任职十多年，总是恪尽职守，廉洁奉公，每到一处，劝课农桑，缉奸捕盗，狱讼清平，创建书院，造福一方，政绩突出。光绪欣赏其政绩，命为帝师，

太姥山

148

林品南公墓（太姥山镇党建办 供图）

当地百姓闻言，纷纷祝贺，同时也十分难舍。然而不幸的是林品南在上任途中染病去世，闻此消息，当地百姓莫不痛哭流涕。为彰其政绩，贵阳百姓纷纷集资赶制"万民伞"。发丧之日，贵阳万人空巷，百姓们举着点缀着小绸条的万民伞为林品南送行，许多店门前摆放着一碗清水、一面明镜，喻其清正廉洁。时任总督、巡抚等官员无不吊孝治丧，悲切之意溢于言表。

范游击戏罗参将

彭家政

　　太姥山东麓一片平川上有个小镇，东南北三面海水环抱，是个典型的小半岛，形似凸出水面的莲花，故称莲花屿，不知何时起改为秦屿，民丰物阜堪称鱼米之乡，又是海防战略要地。此地清末在此设立烽火营，派兵驻防，隶属福宁府，置于参将管辖之下，烽火营武官游击衔。

　　秦屿烽火营游击是新科武探花姓范名作栋，系山西吕梁人氏。据传他祖父是吕梁一带武林高手，常年被晋商聘为保镖，走南闯北结识了不少武林好汉和有识之士。范作栋从小聪明机灵，幼年时期每天除读书练字以外，也爱好拳脚刀枪，祖父非常疼爱这个小孙儿，常把他带在身边，倾一身之武艺悉心传授。至二十出头范作栋十八般武艺样样精通，身高体壮，威武非凡。有一年秋天，他随祖父押送货物来到北京，驻进山西会馆。适逢皇上按照清朝礼制，下诏当年秋闱开科会试，选拔文武进士若干名。山西会馆管事老王也是山西人，与其祖父交友甚深，一天夜里特备小菜数碟宴请祖孙二人饮酒攀谈，席间见范作栋举止端庄、一表人才，就极力建议他应试。本无功名奢望的祖孙俩经不起王老先生的一番好意，当晚议定报考武科，次日王管事派人替范作栋办理了应试手续，只等待考期来临。转眼间八月十八日考期来临，祖孙连同王管事三人早早起来梳洗，早餐完毕即催车前往北京大校场。巳时比武会试开始，校场周围彩旗招展，看热闹的人人山人海，检阅台上坐满主考、监考官员，戒备森严。刀枪剑戟弓箭拳术等科目整整进行 3 天的角逐较量，至八月二十红日西坠西时方结束。主考官宣布会试结束，山西范作栋得中第三名武探花。第二天军机处考试院派报喜队敲锣打鼓前来山西会馆报喜，见是少年登科，特别赐银铠甲、头盔一副。正是喜从天降、福禄盈门，会馆内大排宴席，人来客往，车水马龙，款待各方前来贺喜的宾客，热闹了好几天。

　　清朝末年，外夷列强对中国虎视眈眈，清政府腐败无能，丧权辱国的不平等条约一个接一个地强加到中国人民头上。从中央到地方各级官员，行贿受贿、买官卖官、贪污腐化、沉迷酒色、倒悬百姓于水火之中。范作栋虽然中了个探花，祖孙原不把功名放在心上，又看不惯如此腐败无能的政府，加上耿直、刚毅、豪爽的"武哥"

性格，断不会低三下四拍马奉谀花钱买官。过了次年开春，范作栋方接到军机处牒文，堂堂武探花竟分配到离京城数千千米之遥的南方小镇——福建省福宁府秦屿烽火营当个小小的游击，受制于参将之下。

且说福宁府参将姓罗名发，本省邵武人氏，行伍出身，靠阿谀奉承的本领爬上了参将头衔。又倚仗府尹大人是他远房亲戚，缺乏监督制约，有恃无恐，瞒上欺下，贪污受贿、敲诈勒索。在他管辖之下的各县下属军官，逢年过节不得不向他送上大小红包。

范作栋开春受命，即选个吉日告别家中老少，身边只带一个亲信随从赶到福宁府报到，呈上军机处文牒后即匆匆来到秦屿烽火营走马上任。经过半年的努力，他把兵营整肃得井井有条，士兵纪律严明，操练有素，地方上的治安也大有改善。他待人讲义气、诚恳、随和、不摆架子，深得本营士兵和周围群众的拥戴。

参将罗发在开春范作栋前来报到于大堂上见一面后，过了端午，又过了中秋，全不见对方来府探望他，一直耿耿于怀。转眼又到了旧历大年，心中思忖着范某该会知趣吧。临近年底又不见动静，罗发便派人去打听，结果大失所望：范游击把营里事务交代师爷，自己却带着随从回老家过年去了。这一下罗参将大人的内心欲火加怒火，愈结愈旺，险些气出病来。这小子太小看本参将了，不但不把我放在眼里，连回家过年也不向我打个招呼，有你这小子好看的！

照惯例，元宵节过后各衙门大小官员陆续回来正常上班。罗参将心头郁结，越想越气，有一天闲在家喝闷酒，突然有了"灵感"，心生一计，要亲赴秦屿烽火营送"小鞋"。于是，他立刻命师爷下了一道公文，通知所辖各县烽火营自三月初三日至月底，开展军事防务及地方治安大检查，要各营游击做好准备。范游击本来就十分恼怒这贪官，接到通知后为防备罗参将，更加严谨治理军容军纪，营房卫生以及街道都打扫得干干净净。三月中旬某天上午守城军士前来禀报："大人，罗参将带有随从4人，已到虎头岗观音亭，叫我们做好准备迎接！""知道了，下去吧！"范作栋随意应了一声。过了一会儿，军士来报人已到八都桥了。范作栋还是慢条斯理地答："到城门下再通报。"第三次禀报"快到城门了，赶快出城迎接吧"时，范游击传令司仪燃放三响震耳欲聋的礼炮，军乐队奏起《将军令》，然后取出从未用过的御赐头盔、铠甲穿戴完毕，腰佩宝剑，跨上纯色白毛雪里驹在军乐队簇拥下往城门而来。

罗参将一行到了街尾牌坊还未见迎接的队伍，来到城门下，只见城门紧闭，罗参将气得体内冒火、脸色铁青。他正在咬牙切齿的时候，忽然听见城内烽火营方向传来三响礼炮声，提着鼓乐喧天，心中咯噔一下。就在他狐疑不定之际又响起三声礼炮，城门打开，只见从城里缓缓出来一骑，全身上下银光耀眼，腰间宝剑金光闪闪，全副大净军装束，仿佛托塔李大王在世，这哪里是区区游击之辈。罗参将心中暗有思忖："怎么会是这样子？当初来报到时还有些寒酸气呢？想必这小子有些来头呢，还是小心为是。"范游击下了马向罗参将等人打恭道："将军大驾光临敝营，有失远迎，多有失敬，失敬！"罗参将"岂敢！岂敢！"地应付着，本来在心中打下的腹稿，暗暗提醒自己暂时收敛一下，忍一忍。范游击对来客再次打恭，邀大家重新上马，一路吹吹打打来到烽火营演舞厅前下马。此时听见司仪大声喊道："仪式开始，鸣炮奏乐！"又是三响礼炮，鼓乐队奏起《朝天子》曲牌，只见范游击站在演武厅当中，朝着中堂几桌上供奉的一个金边朱漆大箱子，箱子外边四个贴金大字"御赐盔铠"，左下边一行小金字"武探花范授"，行三跪九叩大礼。罗参将一行人全身哆嗦，个个像道僧一样，连忙趴地跟着跪拜。

吓得惊魂未定的罗参将此时才恍然大悟，连忙向范游击赔礼道歉："对不起！对不起！小的有眼不识泰山，该死该死！"罗参将在恍恍惚惚中想了许多的"还好"，出了一身冷汗。

福宁府参将惧怕秦屿游击的故事，自此传开了。

太姥山

萨镇冰与秦屿

周 绥

1929 年春，萨镇冰偕同海军陆战队旅长林秉周第一次来秦屿视察，公余邀秦屿名士周梦虞、邹逸、卓坚等人游览太姥山。他感岭道崎岖，险阻难登，又见摩霄庵梵宇破旧不堪，便希望缮葺名山祥院与修路，旋即让摩霄庵住持僧步德负责其事，遗憾的是摩霄庵堂宇修毕，而岭道仅于三伏腰至国兴寺修了一段，计 700 多级。虽然如此，对名山游览通途已大有改善，世人称其为"萨公岭"。萨公岭为太姥山游览区景点之一，也是主要的游山步行道。

1931 年夏，秦屿遭受特大台风袭击，海潮暴涨，后岐一带民房被巨浪卷走，周围五里内田园、庐舍均遭淹没，灾情十分严重。萨镇冰闻讯后前来赈灾，并同地方人士研究商定"围堤杜患"规划，经旬日返榕。1932 年春萨镇冰再次来秦屿，随带美国协和建筑部工程师范（美国人）、副工程师林执西、监工蒋天成、包工王成才等人，实地勘察、设计，全面规划，于同年秋破土动工，建筑后岐海堤。经过 200 多人日夜与浪涛搏斗，1933 年工程告竣。

1934 年 5 月，秦屿遭到大火灾，约有一半民房化为灰烬。萨镇冰为安置灾民，决定在街尾朱子祠旧址上，建筑砖混结构的二层四合院楼房一座。院中有水井一口，每 4 户有公用厨房一间，共居住 36 户农家，号称"萨公乙楼"。嗣后农家陆续迁出，空房后为国民党军营房。1943 年 10 月大刀会入据秦屿，驻军撤逃，于是萨公乙楼被大刀会焚毁。

1937 年至 1938 年两年续建岭后堤段，"七七事变"后，来自南洋华侨的募款不继，为了节省人员费用，遴选地方公正人士丁明九监工。丁不负萨镇冰的信任，认真负责按设计要求，如期完工，并贴付现金 500 元。萨公堤总长 146 米，其中后岐堤段 104 米，岭后堤段 42 米，呈"八"字状，内可供船只避风停泊，外可停靠船只，供作码头使用，《福鼎县交通志》所列举秦屿港码头之一的"秦屿码头"，即此。

秦屿人民为感萨镇冰之恩德，称该堤为"萨公堤"。并以秦屿 15 境民众名义，由周梦虞撰文，于积石山北麓建立"萨上将建筑碉楼海堤纪念碑"一座作为纪念，碑文题刻"英名留太姥，芳泽沛秦江"。

福鼎早期革命领导人黄丹岩

　　黄丹岩，讳丹山，曾名彦彰，清光绪二十二年（1897）生于福鼎县秦屿屯头斗门村。幼入私塾，后入岚亭书院。1918年初，入福鼎县第一高等小学。翌年"五四运动"爆发，丹岩深受鼓舞，积极投身爱国运动。后考入福宁府（在霞浦县）私立汉英中学。1923年辍学，回乡在后坪村任教。任教期间，丹岩积极宣传文化科学知识，将孙中山像挂在七仙宫内，曾震动一方。1924年，受母舅委托赴福州代为经营茶叶生意。丹岩在榕期间，结识了中共党员陈品仁（左海书店职员），接触到《马克思主义浅说》《新青年》等进步书刊。1926年秋，丹岩回鼎，应聘任岚亭小学校长，响应支持国民革命，组织师生演讲，刷写标语，宣传"三大政纲"，还带头捐资购买枪支，成立乡民自卫队。1927年国民革命失败，丹岩愤而离校回到家乡屯头。1928年，丹岩考入福建省教育行政人员训练班，一边学习，一边寻找共产党组织。常和进步学生一起宣讲革命道理、散发传单，并参加反帝大同盟，后加入互济会。1929年加入中国共产党，4月由马立峰介绍到福安党小组，并参加福州市委领导的"五一"人力车工人罢工斗争。丹岩还到乌石山高等师范协助叶秀蕃等人开展学运。不久，丹岩回福鼎开展党的活动，首先串联知识分子成立反帝大同盟（中共外围组织），利用教师合法地位，积极宣传废除苛捐杂税。为了掩护革命活动，丹岩捐资创办屯头小学，于1930年初改称麟江小学，自任校长，并主编校刊《麟江潮声》，撰写爱国文章。从此，他以学校为阵地开展革命活动。

　　1932年夏，丹岩按照中共福安中心县委"要后援黄兰"的指示，以福鼎三佛塔为中心发动群众，并以店下岚亭地区各村为基点，成立抗捐指挥部。同时，在清溪寺召开500多人参加的抗捐誓师大会，号召群众"将抗捐斗争进行到底"。会后，国民党闻讯派兵前来镇压，抓走多人，打死1人，血腥暴行激起极大民愤。丹岩当机立断，迅速集中梭镖队千余人，分路包围岚亭，吓得国民党军留守的一个排连夜潜逃，烟苗局被一举捣毁。1933年5月前后，中共福州中心市委和中共福安中心县委曾派叶秀蕃、陈品仁、詹建忠等视察福鼎。叶秀蕃与黄丹岩一起工作9个月，给敌人以沉重打击。与此同时，丹岩四处集会，并大声疾呼"抗租、抗债、不交皇粮"，率先抵制了黄氏宗族的一些租债，鼓舞了工农群众的革命积极性。是年冬，中共福鼎县委成立，黄丹岩为县委负责人之一。

1934 年 1 月 10 日，由于叛徒林于木告密，黄丹岩被捕，被关押在县城桐山监狱，受尽酷刑，但他坚贞不屈。就义前，他还写下《狱中示友》一诗："孱弱身躯困此间，思量往事到更阑。昔贤曾有羁缧绁，今古遭冤一例看。"该诗表现了一个革命者的崇高气节。1 月 27 日，黄丹岩在桐山英勇就义，牺牲时年仅 37 岁。他临刑前高呼："打倒反动派！""中国共产党万岁！"沿街宣传革命。

（本文摘编自 2003 年版《福鼎县志》）

独立营营长陈宝鼎

陈宝鼎，又名宝洲，清宣统元年（1909）生于福鼎秦屿。7 岁入私塾，后因父丧家贫而辍学。年轻时受雇于渔行，饱尝艰辛。

1931 年，陈宝鼎秘密参加黄淑琮等人组织的"反帝大同盟"，积极参与抵制日货运动，同年加入中国共产党，在福鼎的日澳、筼筜、屯头、斗门、岚亭等地发动农民参加赤卫队，积极筹集经费，购买枪支弹药，开展武装斗争。

1933 年 8 月，为夺取武器，陈宝鼎只身智袭海盗船，缴获步枪 6 支、手枪 1 支。同月，福鼎赤卫队独立营在筼筜成立，陈宝鼎任营长兼福鼎海上游击队队长。同年冬，他按中共福鼎县委指示，率部在沿海区、上南区等地开展打土豪、分粮食和捍卫红色政权的斗争。

1934 年 2 月，陈宝鼎与叶秀蕃、罗烈生、王丹成等率赤卫队奔袭店下岚亭，打击富豪，筹集粮款。3 月，与王勤聪、蔡家城等举行潋城暴动，他率领赤卫队和农民600 余人进军店下，因叛徒告密而受挫，随后与王勤聪等率独立营开往霞浦边界的磻溪大洋和十一箩等地进行整训。4 月，中共霞鼎县委在陈罗洋组建霞鼎县独立营，陈宝鼎任营长。他带领王丹成、陈辉等 6 人抵前岐陈家湾，在当地党小组王宏文、刘凤玉等 18 人的配合下，先后智袭大帝宫毛培基民团和焦岩夹衚盐务所，缴获步枪 10 支、短枪 3 支。5 月，他率独立营连克牛栏头（现湖林）、磻溪民团碉堡，继又攻下五蒲岭碉堡，缴获步枪 40 余支。随即率部配合闽东红军独立团攻打秦屿，开仓济贫。不久，参加攻克福安赛岐盐仓的战斗。12 月，攻克磻溪仙蒲碉堡，全歼守敌福鼎县保安大队30 余人。1935 年 1 月，陈宝鼎率部夜袭店下大帝宫守敌，活捉敌兵 40 余人，缴枪 40余支。接着，又打垮从柘洋（今柘荣）石山前来磻溪"围剿"的国民党军和民团，缴获机枪 1 挺。2 月，他率独立营攻打店下岚亭保安队，歼敌 1 个排，缴枪 40 余支。3月，他协同戴炳辉部攻打店下，因敌人突然增兵而失利，他右臂负伤，隐蔽沿海治疗。5 月 1 日，在黄岐上城村遭敌包围，交战中弹尽跳海，泅渡时殉难，时年 26 岁。

（本文摘编自 2003 年版《福鼎县志》）

抗日英烈丁友亮

◇周 绶

丁友亮 1913 年生，字子信，秦屿镇人。为人憨厚率直，尚气节，见义勇为。他在福鼎县立桐山小学毕业后，时值闽变，遂投笔从戎，于 1932 年冬同郑丹甫、石孔澄等人，考入蔡廷锴将军所领导的十九路军在福州东湖举办的"福建省保卫团干部训练所"学习。在一次实弹演习中，同乡石孔澄中弹垂危，丁友亮为了抢救战友，一次献血 500 毫升。1933 年夏训练结业，值闽变失败，回县后辞却县政府委任民团排长之职，应母校之聘任体育教员。

1935 年，25 岁的丁友亮考入黄埔军官学校湖南分校。1938 年毕业后，任陆军某部连长。"七七事变"爆发，全国人民掀起抗日救亡运动，其时丁友亮所在的部队防守在浙江温州一带。1942 年日寇沿沪杭甬铁路线南犯，丁友亮的连队奉命担任侦察任务，开赴金华前线。经一昼夜急行军，队伍到达丽水时，与日寇先遣部队遭遇，在众寡悬殊、装备优劣悬殊的不利条件下，他奋勇指挥战斗。到剩下自己与士兵二人，身负重伤之际，他仍同敌人白刃相拼，以身殉国，年仅 30 岁。

抗日英雄陈红妹

⟆陈启西

　　陈红妹 1915 年生于福鼎市秦屿镇斗门佳塆村的一户贫农家庭。陈红妹兄弟二人，其居次。

　　陈红妹自小机敏，颇有胆略，为人仗义，对国民党统治下的黑暗社会非常不满，1933 年 2 月参加革命，后参加闽东地下革命活动。入伍后历任闽浙边革命根据地鼎泰（福鼎、泰顺）红军游击队战士、红军闽东独立师战士，参加了艰苦卓绝的闽东苏区三年游击战争。陈红妹 18 岁时，娶本村黄其臣女为妻，育有一女。

　　1938 年 1 月，南京八路军办事处派顾玉良到闽东与叶飞见面。叶飞随顾玉良前往南昌新四军军部接受整编任务，所率红军闽东独立师被改编为新四军第三支队六团，并北上抗日。2 月，陈红妹告别妻女，时小女尚幼，随闽东红军在屏南县城集中接受整编，同去的福鼎籍老乡近 400 人。在屏南整编的 20 天中，陈红妹与战地服务团成员开展了轰轰烈烈的抗日救亡活动。在双溪，红六团设立新四军屏南留守处，组织抗日后援队、妇女会等，唤起民众觉醒，鼓舞民众抗日救亡，使屏南到处充满着浓烈的抗战气氛。

　　1938 年 3 月，叶飞率领改编后的六团战士，奉命从浙江开化向北开赴皖南前线。陈红妹随部队翻过金鸡岭进入安徽，到达歙县岩寺。按照军部命令，三支队在岩寺西北的西溪南地区驻扎。三支队从闽北到赣东北，一路走的都是老区，群众看到红军又回来了，对中国革命的前途充满信心。新四军一路走、一路宣传，扩大了军队政治影响，补充了一些新生力量。

　　陈红妹参加了新四军在歙县岩寺召开的大会，聆听了项英在大会介绍新四军组建的经过及各支队整编和开进华中的情况。项英是陈红妹走出闽东见到的第一位共产党高级领导。项英在这次会议上明确了在岩寺待命的四项主要任务：一是进一步搞好部队的组编，调整和完善支队的编制，接受国民党第三战区的点验；二是抓紧扩充武器装备；三是搞好部队的军政训练；四是开展民运工作，以实际行动表明新四军是一支真心实意抗日的队伍。

　　部队集中后，大家的抗日情绪十分高涨。但由于环境条件、作战对象和作战方式发生了很大变化，许多战士在思想上存在一些顾虑，较突出的问题有两个：一是对国共合作有顾虑。二是对日军作战的信心不足。为此，三支队于 1938 年 5 月在驻地西溪南举办集训，进行思想教育。集训期间，支队首长亲自上课，组织大家学习抗日民族统一战线等有关方针、政策，提高对国共合作意义的认识，还组织学习如何开展敌后游击战、如何开展群众工作等。支队领导不仅讲解游击战争的战术问题，还和战士们一起研究水网地带如何作战等，在思想上和战术上对日后皖南地区的对日作战起到了很好的鼓舞和促进作用。陈红妹参加革命以来，首次参加这样系统的培训，对他的世界观人生观产生很大影响。集训结束后，陈红妹对投入抗日战争心里亮堂多了。

新四军在岩寺集中不久，国民党第三战区传下通知，派点验组来新四军驻地点验。岩寺点验不久，1938 年 5 月初，在粟裕的率领下，三支队随新四军军部离开岩寺，挥师北上与日军作战。自此，陈红妹作为新四军第三支队六团一名战士与皖南人民一道，与日本侵略者展开了艰苦卓绝的浴血奋战。

1938 年 5 月中旬，陈红妹随部队进驻安徽南陵、芜湖、宣城地区，然后转入铜陵、繁昌地区展开抗日游击战，后在"皖南事变"中失踪。

新四军六团北上抗日不但为闽东革命历史增添了光辉的一页，也为闽东人民树立了一座精神丰碑。如今，虽然过了 80 多个年头，但陈红妹他们毅然舍小家为大家的革命豪情仍在家乡人民的心间激荡。

太姥山镇历史人物选介

✎ 王世昌

杨惇礼　　字穆仲，潋城人，北宋崇宁五年（1106）丙戌榜进士，与长溪人黄荐可、林乔卿有"北乡三博"之说，曾在彭州、泉州、宿州三地任教授，授兴国军司法，转太学博士，后升任监察御史。杨惇礼为官多年，坚持廉洁奉公，兴利除弊，为民办实事，年近六旬两袖清风辞官回乡，安贫乐道。

杨兴宗　　字似之，潋城人，性耿介，南宋绍兴三十年（1160）庚辰榜进士。曾师从史学家郑樵，以文章显于世，著作有《自观文集》。宋孝宗皇帝很欣赏杨兴宗的为人和才干，命其与当地文豪名流郑侨、陈傅良、蔡幼学一起修撰《四朝会要》。在抗金问题上，杨兴宗坚持主战，反对求和立场。初任江西铅山主簿，后出任浙江处州、温州、严州等地官职，终于湖南提举，享年六十。

杨　楫　　字通老，潋城人，为朱熹高足，北宋淳熙五年（1178）戊戌榜进士，与理学家杨方、杨简号称"三杨"。曾为朱熹《楚辞集注》作跋。宋庆元年间，朱熹因"伪学"一案，受奸相韩侂胄迫害出逃他乡。在潋城期间，杨楫继续支持朱熹传播理学思想，并在家乡建立石湖书院，培养了许多优秀人才，杨楫为官出任过莆田县尉，司农寺簿，安庆、湖南提刑，江西运判。著有《悦堂集》《得庵集》《杨通老奏议》。

陈淑孔（1618—1690）　　字孟希，太姥山镇佳湾人，清康熙十七年（1678）戊午岁贡，少年聪颖，博通经史，下笔如流，文采出众，终生设馆授课，学生多有成就，陆学使称其"古道犹成，方正有守"。

王孙恭（1733—1801）　　字敬相，号恪亭，生于太姥山镇，乾隆二十五年（1760）庚辰举人，授政和训导，葺星溪、云根书院，倡捐多金，助士子乡会试，事登《政和县志》。后升任福州府教授、鳌峰书院监院。时福州西隐寺厝棺累累，孙恭买地葬之，计八十，以碑记其姓名、住址。知府知其能，命修学宫、书院，浚河沟，完襄城垣，皆尽心竭力。福鼎、秦屿地濒海，海寇不靖，所居城坏，孙恭移书当事议修筑之，并立义田以助贫困者。著有《太姥山续志》等。

王家宾　　字悦相，号雨岩，太姥山镇人。父母早逝，依兄以学，少年勤奋聪颖，由拔贡充四库馆誊录,清乾隆四十五年（1780）赴京中庚子顺天榜举人,会试大挑列一等,授知县职,任京师国子监学正,教诸生诚心科举。翌年升任天津长芦通判。人谓通判闲曹,家宾曰："通判有捕盗责,吾虑不能塞责,岂可谓闲曹哉。"于是勤于职守,以保长芦四境安宁,百姓安居乐业。王家宾还重义行,福鼎籍夏鼎奎、王天镐,宁德周应元,闽县闵鹏元在京任职,先后殁于京邸,皆赖其料理,运榇归闽,人称重义。后因操劳过度殁于任上。著有《渔溪诗草》一集。

王学贞　字吉泉,太姥山镇人。以廪贡生授宁洋县学训导,平日急公好义,清道光二十年（1840）,英人以我国焚其鸦片,肆掠闽、浙沿海各地。时学贞居乡,立栅门,设海桩,修器械,募水勇,日夜防备,四巷赖以安宁。及司训宁洋,日以修学宫,教文化,隆敬老宾筵,以及引经薄葬,为地方树新风。卸任时,士民额其署曰"言表行坊",又立"去思碑"。著有《训导编》《家教编》等。

王守锐（1810—1865）　字维鲁,号迟云,太姥山镇人。拔贡,弱冠游庠。清道光二十九年（1849）,彭文敬相国督闽学,奇其文,即命题答之,旋以选拔贡成均。守锐无意官场,遂日以诗酒自娱,授徒里塾。且书长草隶,画工兰石,至今尚有模仿以欺俗目者。与同乡岁贡金向水、文学余耀等八人,文章道德,俱足士林楷模。结诗社期间,名为"苍葭亭"兴文赛诗,曾受到知县张多第表彰。咸丰年间与胞弟王守愿先后出任桐山书院山长,为福鼎教育事业做出贡献。著有《礼记摘解》《听聪录》。

王绍言　字东格,号平洲,太姥山镇人。由郡廪生中清乾隆三十年（1765）己酉科举人,京试大挑二等,授福建漳州府海澄县训导。任上尽心竭力,筹膏火,设义学,修学宫,培养了许多优秀人才,被朝廷晋封五品衔奉政大夫,并升任知县。王绍言辞不就,毅然回乡事孝霜母,服侍备至,克尽终养十七年,绍言平生重孝悌,敦戚友,王氏家世异居同财,已传百年,至绍言主其事,人咸服其公平,诸昆季相继逝,遗留孤儿寡母,慨施予赡养,教养诸孤无异己子。均入庠教育,其子王祖望,清道光十七年（1837）己酉科第十六名举人,授福建延平府沙县教谕,迁永春州学正兼掌教梅峰书院。其孙王彦均,清同治元年（1862）壬戌科举人,授甘肃省知县。福建学政称其家族为"世代举人"并赠匾褒奖。著有《先儒言行录》。

郑良达　字济子,太姥山镇人。行伍出身,青年从军。清雍正二年（1724）,时年台湾民众作乱,良达奉命从秦屿烽火营调任台湾水师协标左营游击,驻防安平镇,作战有方,采取剿抚结合策略。很快平息事态,因军功升任水师参将,后殁于军中,祀忠义祠,追赠昭勇将军。

游绍芳（1821—1871）　字祈州,号兰石,太姥山镇人。清咸丰初年,任秦屿烽火营外委驻守台湾，凭自身武功和航海经验，屡建战功，累升至闽安右营都司。咸丰十一年（1861），台湾戴万生八卦会作乱，游绍芳奉命率兵赴剿。激战中，游绍芳身负重伤仍奋力向前，贼闻之畏遁去，连克嘉义、彰化等县城，数月皆平。游绍芳擢升安平游击，后卒于任上，清政府赐封武翼都尉。

蔡登超 字榕岩，太姥山镇人，祖籍同安，行伍出身。咸丰年间，由烽火中军，升任秦屿烽火营参将。清咸丰三年（1853）大旱，民乏食，逢浙南金钱会起义，很快攻破福鼎县城，官民四处逃离，城中不法之徒趁机烧杀劫掠，十室九空，蔡登超挺身而出，召集散官流民，并动员当地富户带头捐廉劝赈，集所有仓谷，按户分给近乡无食者，救活甚众，又将全县绅董编联十一甲，山险要隘砌石，建寨门三处，曰："保宁""固秦""定福"，日夜戒严，获匪首朱全，斩之，岭外诸境赖以保全，里人诵其义不绝。蔡登超病逝后，被追认为三品武翼大夫。

周梦虞（1865—1940） 字桐崖，号遁庵，太姥山镇人。清光绪年间应乡试，中副举人，历任福鼎桐山书院山长，福鼎北岭中学校长、福建省立第三中学校长。任省立三中校长时，使该校教育风格与文风之盛，为全闽各学校所仅见。其芬芳桃李遍及闽省各县，著名的有陈鸣銮、林钟儒、丁梅熏、李登俊等。其毕生献于教育事业，被邑中文化界推为泰斗。晚年主修县志，著有《绿满窗诗草》《北岭文献搜遗》。

丁明九（1891—1945） 名品卿，太姥山镇人。福宁中学毕业，精研英语和法语，长期担任二高小学教员和校长，悉心工作，关心清寒学子，学业有佳，被学生视为良师，当时"二高"誉满岭外，外地学生纷纷慕名来秦就读，1937年冬，萨镇冰来秦屿建造岭后海堤，丁明九因为人正直好义，被公众推选为工程监工。时值抗战，工程款目不继，丁明九精打细算，使工程终于如期完工，工程结算时还倒贴500元，而其一家人靠薯米咸鱼度日，终口无悔言。因操劳贫困，不久后病逝。

林钟儒（1883—1945） 字子珍，太姥山镇人，福建省法政学校毕业，为周梦虞高第，民国初林钟儒以优异成绩考入江西承审员，上任时周先生送别云："今夕一樽酒，明朝万里船，他乡应忆我，白发尚青毡"。后政绩卓越，被举荐为江西省彭泽县长，后调任福建省防司令部军法官，抗战时被聘为福鼎兵役局顾问，抗战胜利后，举国欢庆，然而国民党当局撕毁合约，公然发动内战，林钟儒愤怒地吟诵"和平"联"平江残照飞鸦乱，和局撕裂战马嘶"，以泄心中对当局不满。

林剑波（1894—1950） 名鸿钧，字迺镕，号剑波，生于清光绪二十年（1894），太姥山镇人，系宋代武状元、名医林汝浃第二十一世孙。从小好学，曾就读闽海道立师范，学成归里，在桐山沙江等校教书。1921年主持桐山高等学校讲席，教风严格。生平嗜酒，与人交往不设城府，无所顾忌。好奖掖后进，每每于谐谑中箴规他人，常以一言冰释纷纷来质者。遇地方公事，力主兴利革弊。精通岐黄，乡间行医，为人无不竭尽心力。乐公爱民，不遗余力。1931年秋天太姥山镇遭遇一场特大台风袭击，北门、海门一带民房被卷走，南面、西面田园、室舍被潮水淹了，灾民衣衫褴褛，无家可归。萨镇冰来秦屿救灾，目睹一片惨凉景象，商议要建一条海堤，挡住风浪。林剑波等开明人士大力支持，通过辛苦运筹，在长达两年的与风浪搏斗中终于筑堤成功。1936年国民党军队围剿竹下、太姥洋革命基点村，逮捕了10多名红军战士及群众，准备在秦屿小东门杀害。经林剑波先生多方奔波，并以本人性命具保竭尽全力营救，从枪下救下红军战士及群众。林剑波卒于1950年，时57岁。

林剑波像（太姥山镇党建办 供图）

陈飞熊（1898—1962） 字渭卿，乳名阿命，出生太姥山镇一户贫苦农家，从小失怙，靠寡母养育成人，14岁那年由亲房叔伯送入福建海军学校读书，后成绩优异被校方保送黄埔军校学习，毕业后，听从号召参加北伐。"四一二"反革命政变中，陈飞熊愤然解甲归田，回乡隐居家乡太姥山玉湖庵，接触过早期革命党人刘英、叶秀藩、王烈平等人，从他们身上看到了中国希望，便把玉湖庵作为党的秘密交通点，为组织收集情报、购买物资，掩护转移革命同志，为我党做出重大贡献。解放后，他被县人民政府评为革命老人，并颁发证书，予以优厚待遇。

林代铭（1918—1999） 字观西，号慕横，笔名太姥山人，生于1918年10月，磻溪镇人。系宋代武状元、名医林汝浃第二十二世孙，省立师范学校（福安）毕业，1938年任太姥山镇吉坑学校校长，1941年任太姥山镇麟江校长。1949年专业从事中医诊疗工作，尤擅长针灸。1955年攻读浙江省中医函授学校针灸科毕业，师承著名针灸专家承淡安先生，为其得意门生。1956年福安专员公署中医进修班毕业。同年任太姥山镇国药合作社经理，尔后创办太姥山镇协作医院（福鼎市第二医院前身），并在秦屿中心卫生医院从事执业中医、针灸工作直至退休，医术精湛，有口皆碑。曾获各级政府颁发

林代铭像（太姥山镇党建办 供图）

的老中医荣誉证书。他积极参与政务活动和社会公益事业。1981年当选福鼎县政协委员，1982年创办镇老人协会，1993—1995年组建福鼎市台属联谊会。他擅诗文，一生发表数十篇论文，有很多针灸专题心得，著有《太姥山人诗文选》《临床心语》二书。

李锦芳（1919—2004）　　太姥山镇人。毕业于福鼎师范，初任小学教员。1944年秋国民政府号召知识青年从军，李锦芳立即报名，投笔从戎，经过层层筛选合格，集训后被分配到30军208师639团。1945年8月，李锦芳随部队开赴中缅边境作战，刚到边境日本就宣布无条件投降，后与部队转到台湾接受日军投降。官至上校、国防部高级顾问。

往事钩沉

秦屿和平解放亲历记

✍甘正贤

1949年农历五月初五，全镇百姓头一天还在过着传统的端午节，但第二天就和往常不一样了，在街边或巷头里有三三两两的人神色紧张地轻声议论，谈话内容主要是福鼎城关和邻乡巽城的解放情况。

巽城乡距秦屿镇只有20千米左右。当时，福鼎反动头子林德铭带领"反共搜剿队"，逃到巽城驻扎在乡公所的碉堡里，与解放军部队进行顽抗。6月11日午后两点多钟，我回到镇公所刚好碰到电话兵，他小声地对我说："巽城碉堡的屋顶，都被解放军迫击炮打飞了。"我意识到巽城解放了。

当日晚上，全镇街上平静，但我担心地方上的小偷和几个抽鸦片的人可能会乘机捣乱，也听到邻居说城隍庙粮食仓库门前聚集了很多人。当时，我就到镇公所要刘队副派4个队兵由副班长带队到沿街小巷巡夜，预防有人乘机滋事扰乱。

当布置队兵上街巡逻后回到家，我家楼下响起了敲门声，勤务兵引进一位客人上楼，是秦屿税捐征收所主任方科椿（岚亭村人）。他神秘地与我谈了半小时，告诉我："我是奉中共秦屿区委夏国忠同志通知，福鼎县城已经解放了，今天下午林德铭全队也被解放军歼灭。区委要求你明早把秦屿镇公所的队兵带去一起攻打沙埕。老夏叫你不要怕，要相信共产党。"紧张的我，几分钟都答不出话来。接着，我鼓起勇气解释："老方，你知道我是刚当一年的镇长，摆在眼前的局势，心里是很清楚的。现在我凭良心讲几点想法。第一，县城和巽城解放了，秦屿在明天肯定也要解放，这个形势我看得清楚。但是要我带队去打沙埕，倒有实际困难……"对方反问我："什么困难？"我如实答道："镇公所要负责秦屿街的治安，而且岭后（今金灵村）九使庙又驻着福鼎县警察局的一个分队，有20多人，是负责港口和船舶管理，其队长陈显松与'搜剿队'暗中有联系。担心他们互相勾结，从中进行破坏。再者秦屿去沙埕要从澳腰过渡，路程有五十里，过渡很危险，自己又没有当过兵，确实担心他们互相勾结，从中抵抗解放军入秦。再说家里上有老母，下有孩子，老婆更不会让我去沙埕。"方反问我："那怎么办？任务就完不成了？"我急着请求："请你回去向老夏汇报，我相信共产党。我在20岁时就办油印刊物宣传毛泽东的《论新阶段》，我敢以全家的性命向老夏保证：第一，绝对不放一枪；第二，保证明天在解放军进城时就立即缴械投诚；第三，保证维持好秦屿治安，并欢迎解放军进城。"看我没能答应他的要求，他就对我说："既然这样，我只能照你讲的三条回去向老夏汇报。"

随后，我就像以前一样向母亲和老婆轻声地说："我去那边睡了。"然后离开了家，到城墙边表姨母家秘密房间，以防在家发生意外。

这一天也是我一生中最难忘的一天。晚上我虽然在表姨母家熬过一夜，其实整夜都没合上眼，只在等着天亮。6月12日天刚刚亮时，我起床后就悄悄地往城门到南门仔方向的城墙顶走到镇公所。队副和班长看见我这么早到来，心里有数了，紧跟我上楼到办公室。我站着对他们说："局势严重，解放军可能在今天下午就会到达。我已经和老夏谈了保证投诚。如果你们和队兵不听我的话，那么杀头的责任归你们自己负责。北平傅作义将军都向解放军投诚，更何况我们一个小小秦屿镇十几条土枪。现在你们就把枪弹集中保管好，待下午解放军进城时，由队副带队缴枪投诚，我保证大家平安无事。"同时，我又单独跟队副讲："你是湖南人，如果愿意跟部队南下福州，就向部队长官申请，否则你就要求部队发路费让你回家。"同时，我又对队兵班长交代："选四名队兵在伍厝周围巡哨。"接着，我就急忙到镇公所主任干事施道文家处理些紧急之事。8点钟左右，驻秦屿警察队队长陈显松派一名班长来到伍厝找我，来势汹汹地对我说："我们全队要向霞浦撤退，队长叫我来找你要些旅费。"我马上答复："镇公所没有钱，你回去向陈队长说我没有办法。"当时队兵班长站在我身边，来的警察班长也就无可奈何地回去了。此时我就向施道文请教："这种情况应怎么办？"施回答："刚才听我朋友说，好像仓库管理员林家树用粮谷换金银首饰。警察队要盘费实在无法对付的话，我们就通知林家树凭镇公所的条拨出一些谷子给警察队自己处理。"我解释道："保护公粮给解放军，我们有责任。"施劝道："这是在迫不得已的形势下，我们才这样做。"正当我们商量时，队兵班长杨汉明从旁边插嘴："镇长，我们十几把土枪，拼不过二三十人的警察队，陈显松如果变脸了，我们就麻烦了，还不如用钱买平安。"这几句话，顿时使我感到事情的复杂性。事前我已和区委夏国忠代表谈妥了，万一警察队不撤走，也像林德铭一样进行抵抗，解放军一定会用武力进攻秦屿，那全镇老百姓的安全就难以保证。我急忙找施道文商量："陈显松肯定还会派人来强要谷子，没有其他办法可想了，你就打张条子用镇公所章盖后，叫他们去粮库领，并立即通知林家树凭条照付。"同时，我又叫杨汉明去城隍庙暗察此事。

杨汉明走后不久，陈显松果然又派了一个巡官来找我，他看见天井外有几个队兵在那儿，态度也不敢太蛮横，我当即同意帮助他们解决到霞浦的路费问题。同时，我还嘱咐施道文要联络他的渔民朋友注意粮库林家树的行动。

午后，我正准备去后澳预定的渔民家时，突然上午的那名巡官又闯进来，气势汹汹地要我与他们一同去霞浦。在场的人都向他说我因公务在身无法脱身，他也就匆匆地走了。接着，我看见门外有 4 个队兵，就对其中的副班长交代："你们可以回到镇公所去。"然后转身对杨汉明说："你回去后把枪弹集中起来，待解放军来时，你就帮队副带去缴械投诚，这是我已经答应夏区委的事，你们千万别乱动。"杨汉明也就去了。

就在 6 月 12 日这一天傍晚，解放军部队由秦屿镇北面的三十六湾进入镇里。据说部队由东埕石排岭黄可伍同志带队快速从街尾往城门兜开进，并且还发了两枚信号弹。当时，沿街居民都在家门口迎接解放军进镇。

我和施道文在杨汉明离开后，就直奔魁星楼转小东门到后澳村尾渔民黄漠弟家。这是一个月前，我和妹夫黄有璋（屯头村人）及黄辛耕（斗门人，地下党员，与夏国忠关系密切，与我妹夫来往甚密）二人商量过，解放时我不必要逃走，他们已与夏国忠同志联系过，只要我缴械投诚，解放军一定欢迎，并约定利用施道文朋友黄漠弟在后澳尾的住所为联络地点。黄漠弟看到施道文和我到来，热情接待了我们。天刚黑时，黄漠弟的侄儿黄弟仔进屋，告诉我们岭后山上已经有解放军站岗布哨，并说看见天空上有两个火球似的东西。我说那是信号弹，是告诉后面大部队前头已顺利进城。我因此内心感到十分欣慰，秦屿平安了。

第二天天刚亮，黄漠弟上楼来轻声地对施道文说有人敲门，说话声音很短促。我立即起身坐在地铺上对黄漠弟说："没关系，是我妹夫来了。事前我已与他商定联络敲门暗号。"黄漠弟即下楼开门，我们也都下楼。我妹夫看到我，抢先对我说："枪弹都由刘队副全部缴交给部队了，一切平安。不过老夏怕你下海逃走，所以要我一早就赶来找你，老夏在那里等你。"

当进大门时，我就看见夏国忠正在镇办公楼楼下办公厅廊前。我妹夫随即向他介绍我的情况："这就是甘镇长，昨天没走，今特叫来见你。"老夏随即对我说："你没走就好，欢迎，我们党的政策是宽大的，希望你在秦屿帮助我做些工作，刚解放短期内还需要原来的保甲长帮助区里做些工作。"我激动地回答："这是应该的。"但心里又担心老夏会扣留我，就紧张地说："我想先回家去看望一下，明天我就召集镇公所的职员来办理移交手续。"这时老夏满脸笑容地送我们到大门口，并要求我们明天早些来办事。

回到家，我看见一切正常，心里也就轻松了许多。接着，我通知主任干事施道文、民政干事石孟根、经事干事甘守贤、户籍副主任周侃和办事员周翊等人于15日早上到镇公所上班办理移交手续。办好手续后，镇公所的5个职员如释重负地先后离开工作岗位。我刚下楼时，老夏从楼上窗口探出头来吩咐我明天早上要来办些事。6月16日上午，我到镇公所上楼时，刚好碰见我原来的勤务兵夏细弟，解放军刚进镇时，他消失了。他对我说，老夏叫他来给我当警卫兵。我随口道："这太好了。"然后问他老夏在哪里。他手指向我原来的办公室，说都在开会。于是，我立即转身走下楼坐在办公厅等候。夏细弟紧随我下楼，边走边和我说："这次幸好刘队副是当兵出身，那天晚上的事都由他一个人办的。"我们两人正在说话时，听见老夏下楼的脚步声，我就站起来迎接他。他要我草拟一张安民告示草稿。下午，我清好布告草稿，经老夏审阅之后抄成告示。原文内容是："福鼎县南区区署布告第一号：一、我南下大军，解放福鼎后，秦屿镇伪镇长弃暗投明、缴械投诚，和平起义解放秦屿，我军已予接纳；二、本署即日开始办公，地点在原镇公所内；三、凡秦屿镇的工商户以及农民兄弟，如有事项联系，可来本署接洽办理；四、本署希望全镇父老乡亲自即日起恢复正常生产、正常营业，团结起来做好支援前线工作。区委夏国忠，公元一九四九年六月十六日。"随后，这张告示由我用整张大红纸写成，夏细弟等人将它张贴在大街上。这个时候，满街小巷群众都在热情迎接解放军开进秦屿镇，从此这个古镇焕发了新一春。

秦屿和平解放这一历史性大事件就此落下帷幕。这也是我作为民国末任秦屿镇长最难忘的经历。

追忆古镇解放情景

方钰祖

"解放区的天是明朗的天，解放区的人民好喜欢，民主政府爱人民，共产党的恩情说不完。"年纪大了，我常常会情不自禁地哼起这首童年时第一次学唱的歌，想起第一次听到这首歌时难忘的一幕。

时光倒流到 70 多年前——1949 年的春天。"来来来，来上学，大家来上学。去去去，去游戏，大家去游戏。"这是我 6 岁第一天上学时读的课文，那时我们这里还在国民政府的管辖之下，这是我当时读的至今记忆犹新的唯一一篇课文。

学校设在当街的一个奶娘庙里。庙不大，只一个大前厅，那便是我们一年级学生的教室。记得一个穿红衣服的女教师坐着上课，至于上的什么我没印象，那几句课文是上学前我爸教我的，我早已会背了。还有一个男老师杨秉延，是我父亲过去的同事，对我很照顾。

这所小学给我的印象是先生常常打学生，我怕极了，上课时老是提心吊胆的。至于老师上的什么，我一句也没听进去。有时先生也教唱歌，唱什么已经没印象了。印象最深刻的是先生教我们玩扔手帕的游戏。我在这所国民小学只读过一个月的书，后来因出麻疹也就辍学了。不久解放了，这所小学也就不复存在。

1949 年 6 月 12 日（农历五月初六），我才 6 周岁，正在家里玩耍时，忽然邻居小青年阿朝气喘吁吁地跑回来说："不好啦，土匪来啦！"大家吓坏了，大人们赶紧把门关上，全部换上臭烘烘的破衣服躲进角落里。

不久听到外面有人敲门的声音，同院邻居"跛脚同"一瘸一拐地去开门了。随后跟着进来几个穿黄军装的人，大家吓坏了，以为"土匪"真的来了，只见几个"土匪"指手画脚地说着什么，大家都听不懂，但看样子"土匪"挺和气的，于是大家胆子渐渐大起来了。后来终于来了翻译，原来这几个当兵的是解放军，是来借锅煮饭的。大家第一次学到新名词"同志"，大人也教我们小孩，遇上当兵的，不许叫"土匪"，要叫"同志"。

"街上'同志'很多啊，还有马，快去看哪！"胆子大的孩子大声喊着。我也跟着出去，只见满街都是同志，街上架着许多大枪，还有叫炮的，样样都新鲜。马很多，驮着东西，我平生第一次看到马，不敢靠近它，只远远看着。

那些同志东一群西一群，唱着歌，一首首动人的歌曲随即在大街小巷中传唱。我第一次听到这么令人陶醉的歌声，比起过去常听的和尚或者道士念经来，简直是一种美妙的享受，顿时神清气爽。歌声此起彼落，我们小孩可高兴了，常常满街跑，跟着哼起来。我们还看见剪着短发的女同志和比我们稍高点的小号兵，也都在唱着歌，真羡慕死了。

回到家里，发现家家都有同志在做饭。辣椒炒了一大盆，一群同志就着辣椒吃饭，这又是新鲜事，辣椒也能配饭吃，同志不怕辣啊。夜里，这些同志就睡在大厅里，有的睡在窄窄的马路上。

第二天早上，我发现在我们家大厅睡觉的同志全都不见了，听大人们说一大清早就开拔走了。可是不多久发现有两个同志折回来了，原来是路上发觉出发时忘了扫地，叫这两位同志折回来打扫的。大家知道了这事，都非常感动，而且知道这支队伍的头头叫郑丹甫，是由石排岭人黄可五（地下党员）带来的。

解放军同志连吃饭睡觉都哼着一首令人陶醉的歌。是什么歌呢？"解放区的天是明朗的天……"后来，我们也常哼起这首不知什么意思的歌。

差不多半年以后，我又上学了。这回上的是人民政府办的学校，孩子们最高兴的事是听说解放区学校的老师不打人。我清楚地记得解放后第一任小学校长是张岩龙，第一篇课文是："拍手拍手拍拍手，你拍手，我拍手，大家来拍手。"我也终于知道那首歌的名字是《解放区的天是明朗的天》，也终于学会了完整地唱《解放区的天是明朗的天》。

时至今日，这首歌曲仍在大江南北传唱，激励着人们建设社会主义的明天。

太姥山

蒙湾村村民收殓日军阵亡者记

✐黄崇盈

日本侵略者是中国人民不共戴天之敌，蒙湾村村民为什么要替阵亡的日军收尸呢？提起此事，还得从抗日战争胜利前夕晴川湾海域发生的那场激烈的海空之战说起。

那是 1944 年大年三十下午 3 时许，蒙湾村家家都在忙着做年夜饭和筹备祭品，忽然海面传来一声声巨响，令附近的村里人惊异不已，大家都蜂拥到岸边看个究竟。发现靠近晴川湾立屿岛附近的海面上，正进行海空激战，一艘欲入侵鼎邑的日军战舰与盘旋于上空的两架中国战斗机进行战斗——一方用高射炮对空射击；想摆脱追击，一方以重型炸弹向敌舰炸去，要置之于死地。两架英勇顽强的中国战机，咬定日舰不放，在空中盘旋，并轮番朝日舰投弹，但始终没有将其炸沉。最后，一架中国战机用大无畏精神，以机毁人亡为代价，连机带人直冲敌舰，与敌舰同归于尽。随着一串巨雷般的爆炸声，这艘满载着侵华日军人员和军需物品的敌舰终于被炸沉了。军舰上的敌人被消灭了，战机上的中华英雄也牺牲了。

正月初二开始，海面上陆续浮出了不少战亡日军的尸体和军需物品。蒙湾澳坐西南、面东北，有较宽敞的澳口。时值冬日刮北风，连日来海面上的尸体顺风随潮不断漂到蒙湾澳的沙滩上，暴尸于蒙湾沙滩数日，遭犬啃鸟叼，实为可怜。虽然中国人民对日本侵略者无比仇恨，但是看到沙滩横尸的惨状，蒙湾村村民又从内心生出了怜悯之情。于是，一群蒙湾人在村里头人的组织下，不忘"与人为善"的祖训和"仁者爱人"的中华民族传统美德，对不共戴天的仇敌的战亡者"施仁德，行善举"。全村各户从不多的口粮里挤出一些，一共凑起 80 多斤的地瓜米，雇来了几个劳力，在蒙湾沙滩上挖坑，将这些尸体就地收殓埋葬，历时几天，才全部掩埋完毕。

60 多年过去，蒙湾村为发展经济，要在沙滩上挖坑造池，发展养虾、梭子蟹等水产养殖业。在挖坑过程中，蒙湾人又把所挖到的日本兵遗骸，用一个个瓷坛子一一收拾好后，再安放在山坡土冢中。蒙湾村村民此举，实是人类大爱之体现。

（本文据蒙湾村村民口述整理）

麒麟山与麟江校

黄宗盈

> 翕然佳气海濡边，氏族振振数百年。
> 树绕麟山青映郭，泉流蟾石绿盈阡。
> 涛声远近秦江外，峰影迷离姥岫前。
> 好与素心人共处，柴桑风味话前贤。

先贤以这首古韵深深地道出麟江之胜。麒麟山，麟江校，均位于福鼎秦屿屯头村。此"山"与"校"，与中国革命密切相关。麒麟山，麒麟状，面积约1万平方米，海拔5米许，东南着陆，西北涉海。山上林木，于明代嘉靖年间由黄氏祖先所植，至民国时，通山绿荫参天，堪称一胜。1929—1934年，福鼎革命人士黄丹岩、黄淑琼、黄辛耕和闽东早期革命领导人马立峰、叶秀番等同志在领导和策划福鼎革命运动过程中，长期利用该山参天大树多易隐蔽的优势，许多群众性的革命行动，都是在此密林中策划的，在林中策划、筹备革命活动。

麟江校，亦是黄氏宗祠，始建于明嘉靖二十三年（1544），至今有480年历史。1929年，黄丹岩为传播从福州引回的革命火种，希望迅速点燃全福鼎和闽浙边界革命，与黄彦桂、黄瑞定一道，将黄氏祠堂用来创办"麟江学校"，以学校名义掩护地下革命，昼间教书育人，夜里进行秘密革命活动，传播马列主义。麟江校先后培养出了一大批早期革命干部和骨干分子，据黄辛耕介绍，当年在革命斗争过程中先后遭受杀害的128人中，大多数来自麟江校。

这座山和这所学校，对福鼎早期革命所起的作用很大，有《咏麟江》诗云："革命洪流盖五洲，涌入鼎邑至屯头。麟江引来天河水，洗尽人间万古愁。"

文昌阁的记忆

丁　晶

　　全国各地不少地方都建有文昌阁。我在秦屿小学念书时，留给我印象最深的是校园里有一座清代建的木质结构的文昌阁，面阔五柱，进深四间，梁上雕工精细，每根木柱漆着深红颜色，挂着黑底金字联匾，闪耀着文化光芒。据说这是清朝秦屿古镇"三槐王氏"后裔王遐春等倡建的，后改为龙门书院。1949 年后，一直作为学校的图书阅览室。2006 年"桑美"台风突袭福鼎时，文昌阁不幸被台风摧毁。

　　记忆中，文昌阁总是那样神秘。木掩重门，篱篱落落的树影越发映衬出它那淡雅的韵致。最爱的是那份静谧。一下课，我便朝它飞奔，有时不全为看书，单只在里面转一转，内心也觉得异常平静。走进阅览室时，里面静得只听见翻书声，连看书人的呼吸都是那么轻，此时，我也就共同享受着那份祥宁。

　　记忆中，那漆黑的书架一排排，一列列，整整齐齐，像一件件古老的艺术品，承载着久远的历史，带领我们这些懵懂的孩童进入知识的海洋。特别是那几本连环画，都用铁线绑在一条长木板上，看时从左至右一本本挪挪屁股就能接连看下去，犹如看连续剧一样，十分精彩。

　　记忆中，那位白发苍苍的林熊老先生总爱瞪大圆圆的眼睛，无声地谴责那些把书弄坏了的同学，以致我们每个人在看书时都是小心翼翼的，生怕一不小心弄皱了书，下次老先生就不让我们看啦。

　　多少次，在那幽幽的小房间里看着老先生伏案疾书。他那花白的头发和着洁白的纸张，在黑暗中尤为醒目。小小的我，时常幼稚地想：为什么图书馆里有那么多要写的东西啊？直到我参加工作后有一天整理学校图书室时，有同事翻出一本老先生当时做的登记簿，只见上面详详细细地记录着馆内书本的借阅、损坏、修复等情况，极工整的小楷，密密麻麻映入眼眸，萦绕心头多年的谜团这才终告破解，心中又难免唏嘘：像这样的登记表，数十年来老先生不知写了多少本，夜深人静只有黄卷青灯相伴，长年累月还是毫无懈怠书写，这得需要多少个春秋，守得住多少寂寞啊！

　　当那场毁灭性的台风刮过之后，文昌阁轰然倒塌，能剩下的就只有那土红土红的木头残屑，而我却固执地怀念着从前，一直不愿去相信它倒下了。

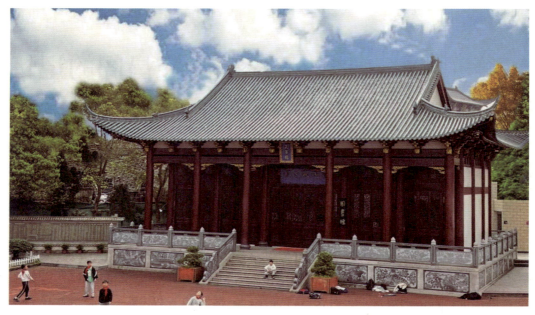

2010 年重修后的文昌阁（太姥山镇党建办 供图）

　　很多的过往我真的都回想不起来了，尽管我那么喜欢回忆，喜欢念念不忘。再次掀开尘封的记忆，去看看曾经的心悸，剩下的只是那迟迟不肯凋落的木棉花叶而已。这正如日本著名作家村上春树所说："世上有可以挽回和不可挽回的事，而时间经过就是一种不可挽回的事！"

　　诚如此，时光如水，漫过流年，漫过文昌阁的废墟，漫过我们茫然的手心。如今，对我们来说只剩下回忆而已。人生有如此多的无可奈何花落去，往事只能回味。活在当下，我们只能且行且歌。

　　而今，在文昌阁的废墟旁新建起了"思源""思贤"等好几座崭新的教学楼！孩子们真幸福！但够了吗？私心觉得还不够啊！可以让孩子们静下心来阅读的文昌阁没有了！可以让孩子们在书本的海洋里恣意徜徉的文昌阁没有了！我们是不是该给孩子营造这样一个空间呢？

秦屿古镇行商往事

◎陈宗生

敲糖担

当当当的敲击声由远及近，孩子们早已拿着破铜烂铁，破衣旧帽，古钱钢币等飞奔而来。接着是"麦芽糖啰，麦芽糖啰"，敲糖仔的叫声渐渐逼近耳旁。孩子们兴奋地围过去喊"兑糖咯，换糖咯……"原来是糖老伯阿炳挑着敲糖担来了。

那副担子前后各挂一只竹筐，筐上盖着两块长方形的木板，四周钉了浅浅的框边。一只筐里放着薄铁皮和一把小榔头，另一只筐里放着盖得相当严实的圆铁盒，铁盒中放着麦芽糖，通体奶黄色，上面撒满米粉或面粉。

在那个年代，麦芽糖是孩子们最喜欢的零食，又甜又软，入口即化，满嘴清香，顺着喉咙一点点沁入心田。尝过后，个个孩子跳跳蹦蹦离开了。

当时，麦芽糖既可用钱买，也可以旧物兑换。每回手捧麦芽糖时，孩子们舍不得吃完，先放在鼻前闻闻，再轻咬一小口，拉出长长的糖丝，小伙伴们将嘴巴咂得叭叭响，还沾满白色粉末。我们的童年时光，就在麦芽糖营造的甜蜜与欢愉中度过。

锔缸补鼎担

"锔缸补鼎补脸盆啰……"的吆叫声随着一副沉甸甸的担子，从幽深的巷子里飘走出来。一家家的院门打开了，主妇或是拎着裂纹的铁鼎或是捧着漏底的铁碗、脸盆走出来。补鼎匠从扁担上解下毛巾，擦着额头和脖子，看看修补的家伙，说一声"还能修"，放下板凳将水板平铺在地上做起活计来。

补鼎匠稳稳坐下，将半米高的小木箱打开，拿出了换钳、铁铲、钢锉、刮刀、U形钉、砂纸、油砂、小钢钻风框等工具一行排开，在三层两排并列的小抽斗里一展手艺。首先刮去破损物件的油泥、烟灰，用砂纸打磨净，破损口子就露现出来裂纹路，一目了然。接着，量出距离画上线，用自制手钻在裂纹两边钻上眼，把锔子砸进去，在裂纹处灌上东西。一切弄好后，补鼎匠敲一敲脸盆说"补好了"。于是，补鼎匠又将身体坐直，点了一支呛人的纸烟用力吸几口，开始按钉的大小和数目算钱。那时候，谁家的鼎、碗、水缸裂了、破了，舍不得扔掉，找补鼎匠给补补修修，照样能用好多年。

剃头担

理发，旧时叫"剃头"。以前，剃头匠常拎着剃头箱走街串巷，为人们刮胡子、理头发，有时候一天至少要走几十里路。那时候剃头匠多数没有店铺，需要自己外出剃头发，夏天选树荫下或阴凉地方，冬天则找背风向阳的地方，剃头现场总有很多人围观，有的在等剃头，有的来凑热闹。剃头匠常常手不停，嘴也不停，边剃边讲许多的新鲜事。

剃头箱是剃头匠全部的家什，箱里装有推子刀（理剪）、剪刀、毛巾、香皂、梳子、去污粉、支架、脸盆等，样样齐全。剃头匠将推子刀往头顶上推，头发不停打转咯咯地响起声音。剃头匠把热烘烘的毛巾往脸上一焐，毛孔全部都膨胀起来，把剑拔弩张的头发和胡子变软，蘸着肥皂沫的刷子在脸部细细地涂一遍，推子刀就开始工作了。剃完头，滔来热水冲洗头部，接着掏耳朵、修面。如果牛角刀柄剃刀不锋利，在油光的荡刀布上反复荡磨几下，直到剃刀锋利。天色渐晚，剃头匠开始整理物品回了家。

货郎担

20 世纪 50 年代，货郎还是十分流行的行当。当时，著名歌唱家郭颂还唱过一首关于货郎的歌，歌颂新社会货郎把群众需要的东西送到家门口。"梆榔梆榔"，每隔十天半月，街头就会响起拨浪鼓的声音。人们从四面八方围拢过来，大姑娘小媳妇更是你抢我拿，要这要那，接着一会儿，货郎担周围便挤满妇女和儿童，叽叽喳喳地笑着、讲着，很是热闹。这是几十年前一道独特风景。记忆中的货郎头戴一顶草帽，货郎担前后各挑一个四方形的小木头箱，木盒一分为二，上面银盖玻璃，里面全是针头线脑，七彩线、松紧带、五香粉、花露水、抹面油、染料发夹之类，几乎都是女人用的。货郎卖给女孩扎头绳时，在刻有尺度的柜箱身上认真地丈量，嘴里还高声地喊着一尺、两尺或几尺，满足了买主要求后，还多给那么一两寸，让买主高高兴兴地拿回家。小女孩多是买几尺红头绳，扎小辫子用；大姑娘小媳妇多是买点绣花针及各色绣花丝线，中年妇女们就是买一包缝衣针等。其他东西都必须用钱购买，唯有买缝衣针可以用头发兑换。平时，女人们把落发捆一团，用纸包起来，塞到某个墙缝里，等货郎担来了换缝衣针。女孩子们剪下辫子更舍不得扔掉，一条辫子就能换好几包缝衣针。

时过境迁，再也见不到晃悠货郎担，再也听不到拨浪鼓伴着的甜甜吆喝声了。

牛郎岗观音螺

陈昌图

　　著名风景区太姥山下牛郎岗海滨度假村，每年农历七月七日大潮后几天，细软晶莹的沙滩上就会出现许许多多椭圆形的海螺，当地人称"观音螺"，又叫"惊螺"。螺全身洁白光滑，镶有淡淡花纹，小巧玲珑，恰是好看。据说，这观音螺是织女眼泪化成的。牛郎岗最东边的礁岩上有一块巨石屹立着，是牛郎的化身，一年四季，不论春夏秋冬还是风霜雨雪，总是坚定不移地注视着远方海中的七星岛，痴情地等待着一年一度与织女相会。每当七巧之期，一弯新月高挂，偌大的海面波平浪静似一面明镜，微风轻拂，细浪敲岩，如泣如诉，茵茵的芳坡上吹来阵阵花香，好一派静谧仙乡。子夜时分，蒙蒙的海面上隐约有一对情侣相拥相抱，缠绵恻恻，依依难舍。不久朗朗的天空渐渐阴暗下来，随后下起了绵绵细雨，耳畔滴滴答答雨声不断，四周草丛沙石一片潮湿。也不知道过多久时间，雨过天晴，湛蓝天穹依然星月交晖。第二天，你早早起床漫步沙滩，就可看到许许多多的观音螺，有的隐入沙中，有的露于海滩。

　　你若有幸游览太姥山，在小卖部还可以购到一串串用观音螺制成的小项链。观音螺还有另一个用处，当外婆的人要特别关心。外孙出世四个月时，外婆一定要送一副银制的小手镯，手镯上配有四样东西：一是刻有寿字四方银印，二是蚶形小铃铛，三是圆柱形的小坠子，四是惊螺。四样东西各有美好寓意，"印"是希望外孙长命百岁，长大高官厚禄；小铃铛戴在手上，小孩睡醒时手舞足蹈，会发出丁丁当当声音，提醒妈妈小孩醒了；圆柱坠子当奶头吸吮，避免哭闹；惊螺就是避邪，保孩子平平安安成长。

　　可惜的是，现在那块牛郎化身的巨石，为建造核电站被炸沉海底，不知道来年七夕会不会再有"观音螺"出现！

鲸类搁浅秦屿港

🌿林木金

秦屿地处东海,海域辽阔,海岸线曲折,水质优良,港湾内又蓄积着大量浮游生物、有机物和无机盐,因此海洋生物种类繁多,资源丰富。据有关资料记载,曾有17条长鲸,先后4次在秦屿港内搁浅。

一

清嘉庆《福鼎县志》载:"嘉庆九年(1804)十一月,秦屿异鱼三,大者八千余斤,小者千余斤。"

民国《福鼎县志》载:"民国十九年(1930)十月某夜,有大鱼乘潮入秦屿浅海,潮退不得出,乡民争以刀斧剁之,重量不知若干。贱卖其肉,约得银二千圆。鱼不知何名,头上有喷水管,时喷水数丈,一颏骨长丈余。"

1932年10月,有一条长约30米、重达50吨的蓝鲸在秦屿小东门对岸的打水澳搁浅。当时一些有识之士确认是鲸,但不知所措。群众中胆子大的,先在鲸的背上开刀,尝一脔之美。消息传开,远近居民云集,不竟日,宰割一空。当时留有一节脊椎骨,保存在福鼎第一高等小学作为标本。第二年5月秦屿遭受特大火灾,全镇民房焚烧殆尽,于是迷信的人认为是吃了海怪肉,受到上天的惩罚。

1934年11月,又有一条略小的蓝鲸在原处搁浅,人们因上次教训,不敢轻举妄动,待到第二日涨潮时,让其游弋离去。

1995年版《福鼎县志》载:"1985年12月24日早潮,秦屿镇打水澳海滩,12条抹香鲸搁浅陈尸,最大的体长16米、重20吨,小的体长12米、重15吨。福建省博物馆、厦门水产学院各购一副骨骼作为标本。"回到当时,1985年12月22日清晨5时许,有关人员报告称,建国渔业社第九队渔船在打水澳浅海发现12条大鲸集体游入海滩,船上渔民感到非常惊讶。为了能使鲸群及时游回大海,队长果断下令去赶鲸群,放下了4只小船驱赶。不料,鲸鱼却往浅海滩冲击,万不得已,渔民只好停止驱赶,让其自由冲滩。退潮后这12条鲸已筋疲力尽、奄奄一息。当日涨潮时,

太姥山

渔民们不得不把这 12 条鲸鱼拖上海堤，其中拖到后澳沙 9 条、岭后海堤 3 条。这 12 条鲸每条大约 11 到 12 米长，5 到 6 吨重。

二

罕见的大鲸集体自杀事件惊动了省、地、县有关领导和水产部门，也在周边造成了不小的轰动。当时交通还不方便，很多周边的人要骑摩托车、自行车甚至步行赶来秦屿看鲸鱼。那些日子，秦屿街道的旅舍和菜馆人满为患，很多外地人吃不到饭，只能买干粮充饥，连续五六天秦屿街上人山人海，好不热闹。

省、地、县先后派出专家来实地考察，经过水产技术专家的鉴定，确定这 12 条鲸是比较珍贵的抹香鲸。面对这么大的鲸鱼群，该如何处置？那年我任秦屿区长，我们先后与上海和厦门的水产技术部门取得联系，他们也派来了技术专家前来考察，并商讨处理方案。但是，由于当时水产加工生产设备落后，没办法加工储存这么庞大的鲸群，大家只能望鱼兴叹。于是一些当地群众就自发宰杀鲸鱼。到了第三天，厦门水产学院雇船拖走一条，省博物馆就地处理一条作标本，剩余 10 条无法处理，几天后开始变质发臭，最后雇请建国渔船拖至公海扔掉。

1985 年搁浅秦屿打水澳海滩鲸鱼（太姥山镇党建办 供图）

三

大海里的鲸为什么会出现集体"自杀"呢？据说原因有几个方面：

第一，鲸是一种社会结构性很强的动物，有很强的眷恋意识。众多的例子可以说明这一点，1976 年 7 月 25 日，美国佛罗里达海岸搁浅 30 条伪虎鲸。当时人们以一条大雄鲸为中心排成楔形，头朝海岸，分别将其推入水中，而鲸鱼却复返而游；后救助人员让鲸群簇拥大鲸一起往海里推，效果很好。鲸群下水后，不再复返。一起下海，充分显示了鲸的眷恋本能。

第二，鲸有自己的"语言"，产生不断的联系信号。美国科学家洛格尔·裴因对途经百慕大、主要在夏威夷越冬的虎头鲸进行过 4 年观察研究，并对水下录音进行分析，证实了这种联络信号的存在。因此，美国海洋生物学家拉·沃德森认为，若一条鲸因伤病而搁浅，并不断发出求救信号，其同伙就会赶来全力相救。只要伤病个体没有死亡，求救信号仍不断发出，其他的鲸鱼就不会弃之不管。

第三，人为诱发导致鲸鱼搁浅。如果有人把鲸鱼拖入内湾，也会吸引其同伙来救助，导致搁浅。这就是说在特定的地形条件下，由于人为的因素诱发了鲸鱼的恋群本能爆发而导致鲸鱼成群搁浅死亡。

第四，人类活动是间接造成鲸鱼搁浅的重要因素。海洋捕鲸中的炮击、石油勘探中的爆破等，引起鲸鱼声呐系统混乱，以至于少数鲸鱼窜入浅水岸边。海洋石油的衍生物，特别是碳氧化合物对鲸危害很大，鲸鱼吞食后会丧失免疫力，变得虚弱，导致其失去抵抗力，随着大潮冲上岸来。

鲸类"自杀"是一个信号。保护好海洋环境，就是保护好人类自己的家园。让我们一起行动吧！

经济社会

太姥山镇人的生产活动

☙冯志洁　丁振强

太姥山镇气候宜人，资源丰富，自古享有"人间聚福之地"的美誉。人类在此地生息的历史，可以追溯至 5000 年前。

20 世纪 80 年代以来，太姥山镇先后发掘出多处史前文化遗址。数量庞大、类型众多的出土文物表明，远在新石器时期，人类已经在这里大范围地制作劳动工具，从事农耕生产与渔猎活动。2008 年，太姥山镇彭坑村后门山发现了大面积新石器后期古人类的聚落遗址。它与周边地区发掘的一系列史前文化遗址，为再现新石器时期先民们的生产活动提供了丰富的实物资料。

彭坑后门山新石器遗址中，采集到大量石制品和彩陶器残片。陶片包括泥质陶、夹砂陶和硬陶，其中绝大多数是橙黄陶。石制品包括石器制作工具、石器坯件、石片石锛和双肩石器等。学者们研究认为，该遗址为新石器时代末期石器加工场所。与后门山遗址相邻的店下镇，曾先后发现新石器时期的马栏山遗址、洋中洋边山遗址、后堡栏山遗址，挖掘出石锛、石镞、石斧、打制石片等重要文物。这些遗址获取的文化遗存，反映出和彭坑后门山新石器遗址共同的文化特征。

后门山及马栏山、后堡栏山、洋边山等遗址的集中分布，证明当时已经形成了一些原始人类聚落。这些遗址的发掘，清理出极为丰富的石器工具和陶器碎片，其中包含大量有段石锛、有肩石斧、有肩石锛、石镞等生产工具。这些代表性器物的出土，让太姥山地区早期人类生产和生活的场景逐渐呈现在世人面前。

林惠祥的《中国东南区新石器文化特征之一：有段石锛》说："有段石锛是中国东南区新石器文化的重要特征。中国东南区的新石器时代文化与他地有同有异，其明显的差异之一，是有一种特殊的石器即有段石锛。"何谓"有段石锛"和"有肩石器"？考古学者林惠祥和傅宪国解释，有段石锛与普通石锛一样，单面刃，呈扁平长方形或梯形，但因其背部偏上有横脊、凹槽或台阶，将锛分成上下两部分，上部为装柄部分，故一般称其为"有段石锛"；有肩石器，或称双肩石器，以石锛为大宗，并有少量的斧和铲，其共同特征是器形宽扁，上部有双肩，以肩为界，分为上下两部分，上部为装柄部分，所以称之为"有肩石器"。有段石锛和有肩石器在华北地区的史前文化遗址中鲜有发现，如仰韶文化、龙山文化均没有涉及这一类石器。因此，该类石器是中国南方地区新石器时代具有浓厚地方性特征的遗物。傅宪国在《论有段石锛和有肩石器》中总结，有段石锛和有肩石器的分布范围很广，主要集中在两个分布圈：有段石锛主要分布在太平洋西部沿海地区，包括中国的东部、南部沿海和内陆的几个省区，南美洲西部海岸，以及南太平洋诸岛屿、菲律宾等地，最南可达新西兰岛；有肩石器则主要分布在中国的广东、香港、广西、云南诸省区，以及东南亚的越南、老挝、柬埔寨、缅甸、泰国、马来西亚和南亚的印度、孟加拉等国，南达印度尼西亚。两个分布圈在中国南方有地域重合，并形成独具特色的有肩有段石锛。太姥山镇后门山遗址及 10 千米范围内的店下马栏山遗址、洋中洋边山遗址、后堡栏山遗址，正处于这两个分布圈重合地带。这些石器的发现也为我们追寻太姥山先民的生产活动、行动轨迹以及文化影响扩大了视野，对于深入了解我国东南地区乃至东南亚及环太平洋沿海地区古代文化的交流和影响有着重要意义。

从石器的用途来看，上述遗址中发现的工具不仅用于渔猎活动，也有用于树木砍伐开垦与粮食作物耕种的，表明太姥山镇所处地区早在新石器中晚期已经开启了农业文明。从各处的堆积层发掘现场可以明确，这些地方曾经是规模较大的石器加工场，周边溪流河滩的鹅卵石成为取之不竭的加工原材料。各类石器集中堆放，加工技术精湛，可见当时该区域已经出现了专业分工，制作技术比较成熟。

后门山遗址采集的陶器碎片中，发现大量彩绘交叉网格纹样陶片，纹样与邻近地区发掘的陶片十分相似。在霞浦黄瓜山、闽侯县石山遗址中，都有类似纹样的陶片出土。图像是日常生活的映照，交叉网格纹样反映出 3500—4000 年前福建沿海地区先民渔猎活动的情况。太姥山镇交汇的溪流及秦川湾海域为原始渔业生产提供了丰富的鱼类资源，渔网的广泛应用为当地人类聚集提供了食物保障。

史前时期，先民们乐土而居、勤劳聪慧，在生活与生产劳动中就地取材，因地制宜，分工细化，相互协作。绵延起伏的山林，岛屿丛列的海岸，丰富的山地与海洋资源，孕育了太姥山的"第一代工匠"。

商周至秦汉时期，闽越地区人口不断增长，中原史籍称之为"百越族"。在山峦重叠的福建沿海地区，人类不断寻找更加适宜的生存栖息之地。太姥山镇彭坑村的彭坑、潋城村的大段山、彭坑村山兜山，以及才堡村的九帅爷宫山和长顶山，都留下了商周时期人类生活的遗迹。

魏晋时期，北方战争频起，动乱不安，中原地区的汉人相继南迁避乱。中原士民大量迁移入闽始自西晋，闽北地区则成为人们迁入福建的首选之地。偏居一隅的移民，获得了安定的生活环境，避免了朝廷的赋税徭役。但是，太姥山地处海岸边缘，海水侵入影响着该地的陆地环境。这些移民散居于山麓海岸之间，开垦农田，火耕水耨，落后的生产力使得粮食产量十分低下。而人口少、分布散的社会结构，使得规模化农业耕地难以形成。直至隋朝，我国南方大部分地区依然保持着这种状态。《隋书》所载，这些地区的百姓"食鱼与稻，以渔猎为业，虽无蓄积之资，然而亦无饥馁"。

晋唐之际，北方汉人迁徙入闽数量持续增长。在长期流动中，中原文化与闽越文化互相交流，互相融合，中原地区先进的生产方式、生产技术、文化知识传播到福建。以造船业为例，三国时东吴政权曾在闽北海岸建立温麻船屯，专设典船校尉负责造船基地督官；东晋后期，福建沿海区域的民间造船业发展态势迅猛，促进了福建海上交通的繁盛，闽北沿海这一时期成为浙江、广东船运往来的重要航道，晴川湾环抱的太姥山区域亦成为过往船只避风补给的港湾。

人口的增长，开发的加剧，扩大了太姥山的影响，也带来了人与自然之间的冲突。唐代，太姥山进入帝王关注的视野。《闽都记》记载了这样一个传说：

> 唐开元三十年，都督辛子言自越泛舟来闽，止宿海上。梦朱衣玄冠执圭而前曰："某神吏，昧爽仙姑之蓬莱，属某为先驱。中丞泊舟当路，幸移楫。"既觉，移舟。暴雨洪涛。少顷澄净，云霞绚彩，有鸾鹤箫管之音。子言图录，奏闻。玄宗张图华萼楼，宣示诸王、宰辅，敕有司春、秋二祭，仍禁樵采。

唐玄宗开元三十年（742。一说唐开元十三年，即725），辛子言由浙江赴闽就任福州长乐郡中都督府都督，途中恰逢海上暴雨飓风，移舟太姥，才幸免于难。事后，辛子言认为这是山神显灵，绘制太姥山胜景图，将此经历一并上奏朝廷。唐玄宗将图悬挂于长安皇家宫苑内的华萼楼，春秋祀之，同时下令禁止在山上樵采。唐玄宗的一系列举措，让京城王公贵胄了解太姥山奇特美景，也一定程度上保护了自然生态。太姥山于是逐步被神圣化，其山林资源的开发也受到政府的监管，为当地人与自然的和谐发展奠定基础。

唐天宝十四年（755），安史之乱爆发。长达八年的战乱，极大破坏了北方黄河中下游的传统农业区域。唐中后期，原有的均田制也遭到严重冲击，贫富分化加剧，农民负担日益加重，越来越多的北方人迁徙到南方，福建成为他们躲避战乱与赋役的世外桃源。这一时期，许多东晋之际移居南方的福建、浙江的名门望族，来到太姥山地区择地落户，逐渐成为本地望族大姓。太姥山域内的农业生产得到了快速的发展，并使其成为闽东北沿海重要的粮食生产基地。

唐末至北宋，是东北方汉人移居福建的又一次高潮。太姥山地势险峻，适合耕种的土地面积有限，而人口的快速增长，使得人地矛盾日益凸显，土地资源的匮乏成为当地百姓的极大困扰。移民们以其勤劳和智慧，因地制宜，向山海要田。他们一方面在崇山峻岭上叠石构梯，筑田而耕；另一方面又在沿海丘屿间构筑堤坝围垦，引溪河之水浸泡去盐。声势浩大的造田活动，皆非一己之力可成，依靠的是众人协力同构。

山地的开发，有赖于完善的农田水利系统。宋代太姥山域内的百姓已建设大量水利设施，旱则蓄水，涝则排泄。太姥山丰富的水资源更加助推了稻作农业的发展。南宋时期，本地山多田少状况大为改观，据宋梁克家《三山志》载：

> 闽，山多于田。人率危耕侧种，滕级满山，宛若缪篆。而水泉自来，迂绝崖谷，轮汲筒游，忽至其所。濒江善地，梁渎横从，淡潮四达，而龙骨之声，苹确如语。惟是并海之乡，斥卤不字；饮天之地，寸泽如金；然而，得水获必三倍。诗人谓"一掬清流一杯饭"，盖歌水难得也。

农田水利的发展，龙骨车等水利工具的广泛使用，使福建地区出现了"梁渎横从，淡潮四达"格局。经过数代人的艰辛开垦，据《宋史》载，闽东北沿海在宋代已是"民安土乐业，川源浸灌，田畴膏沃，无凶年之忧"。

山地开发毕竟有限，欲求拓展出更大规模的耕地面积，以解决人口增长所带来的生计问题，沿海人民只有选择与海争地。

太姥山镇晴川海湾多为浅海，滩涂辽阔，山林间水资源极其丰富。山岭溪河之水汇入海湾，经过长期冲击和海潮运动，大量泥沙沿海边山脚沉积，形成大片滩涂。当地劳动人民为扩大可耕地，在沿海地区拦海造田，将滩涂变为农田。这一类田地又称作"涂田"，元代王祯的《农书》载：

> 淮海维扬州厥土，惟涂泥夫低，水种皆须涂泥。然濒海之地，复有此等田法。其潮水所泛沙泥积于岛屿，或垫溺盘曲，其顷亩多少不等。上有咸草丛生，候有潮来渐惹涂泥，初种水稗，斥卤既尽可为稼田。所谓：泻斥卤兮生稻粮。盈边海岸筑壁，或树立桩橛，以抵潮泛。田边开沟以注雨潦。旱则灌溉，谓之甜水沟，其稼收比常田利可十倍，民多以为永业。

拦海造田，就是在海滩或浅海构筑围堤坝，隔离外部海水，通过排干围堤内的海水，使其成为陆地。在新生陆地内外，配套建设水利灌溉与排泄系统，洗淋土壤盐分，调控田间适合农作物生长的水位。正如宋梁克家《三山志》所言："海退泥沙淤塞，瘠卤可变膏腴。"大片斥卤之地变成良田，可耕地面积大大增加。

宋元祐二年（1087），县令马庚侯召集民工开展拦海造田工程，在斗门山设闸，灌溉农田数量多达万顷。根据清嘉庆《福鼎县志》记载，西斗门"壅水灌田二百石，直至才漖"。灌田水流从斗门远及才堡、漖城。可见当时从官村向西直至漖城已经构筑了一条长长的堤坝，这一堤坝将原来处于晴川内海岸的佳湾、斗门、后坪、田楼、碇窑、岭兜、岚亭、茶堂一周的浅海滩涂全部改造成肥沃的稻作农田。

但是，局限于当时劳动力零散，围海造田规模有限，构筑的堤坝高度也有限，常常受到海潮的侵蚀。宋梁克家《三山志》载："海田卤入，盖不可种。暴雨作辄涨损，以故田家率因地势筑捍，动联数十百丈，御巨浸以为堤塍。又砌石为斗门，以泄暴水，工力费甚。然地舄卤，损多而丰少。"可见，围海造田之路异常艰辛。

宋代，随着太姥山域内农田开垦力度加大，农业生产技术提高，村民摆脱了传统"火耕水耨"的粗放型耕作状况，而向精耕细作的集约化生产发展。生产力的提高，表现为新农作物品种的引进。据《福建通志》记载，北宋初期，"真宗以福建田多高仰，闻占城稻耐旱，遣使求其种，得一十石以遗其民使莳之"。占城稻，具有早莳、早熟、耐旱、粒细等特性，非常适合福建山地的自然环境。此后，福鼎地区又引进种植的一种旱稻，"种于山，不水而熟"。生产力提高的另一方面，表现为一年多熟种植制度的推广。两宋之际长溪谢邦彦诗句描写道："嘉谷传来喜两获，薄田不负四时耕。"早、晚稻的种植，促进了农田耕作制度从一年一熟向一年多熟发展过渡。太姥山的山地与沿海盐碱地，经过百姓一年四季辛勤耕耘，粮食产量大幅提高。农业耕种技术的提高，使得农户有所结余，更加速了望族大户土地与财富积累。

南宋时期，由浙江步入福建长溪的王十朋在《入长溪境》中记录了眼前呈现的一番生机勃发的景象：

> 老矣倦游宦，入闽知山川。
> 三山疑隔海，九岭类钻天。
> 种稻到山顶，栽松侵日边。
> 溪长水无尽，前更有清泉。

"插稻到山顶，栽松侵日边"是对当地农业、林木业兴旺状况的形象描述，同时也是人与自然和谐发展的生动写照。从诗中我们仿佛看到乐天而居的农民们艰辛开垦、勤奋耕种的身影。

太姥洋图（转自清嘉庆五年慕园书屋藏版印本）

　　到了明代，朱元璋采取了一系列鼓励开垦的政策，提倡轻徭薄赋。受此政策吸引，闽东北成为浙江等地移民主要移居地之一。太姥山麓及周边区域已经形成许许多多依赖农业生产的村落。明万历年间，谢肇淛为我们绘制了一幅"太姥洋"的图像。图像，再现了散落山林之间的基层生产生活空间。经过长时间开垦经营，各个自然村已经是田塍交错，沟渠回绕，禾苗旺盛。田边茅屋聚集，便于农民进行稻作生产的日常田间管理。村庄竹篱周围，可以防御树林中野兽的侵扰。

　　明代后期，太姥山山林间进入了大量畲民，他们在深山中开垦田地，择地而居。谢肇淛在游历太姥山时看到："既过湖坪，值畲人纵火焚山，西风急甚，竹木迸爆如霹雳，舆者犯烈焰而驰。下山回望，十里为灰矣。"这段文字记录了当时畲民在山林之间开垦土地的情形。畲民开山造田，辛勤耕耘，进一步推进了山地农业经济的开发。

　　农业与山林经济发展的同时，太姥山沿海村落的海洋捕捞业亦日益繁盛，滩涂养殖业纷纷兴起。明嘉靖时期郑鸿图撰写的专著《蛎蒲考》，对福宁海岸的蛎业兴起、沿革做了详细考述。秦屿此时已成为闽东北沿海重镇，廛居繁盛。嘉靖年间，境内农业、渔业以及山林经济的兴盛，使得秦屿市远近闻名，呈现出舟车辏集的繁荣景象。

明代嘉靖年间，愈演愈烈的倭乱打破了太姥山人的平静生活。当时，朝廷实施了非常严厉的海禁政策，海上市舶尽罢，凡是违禁私贩出入海上者，官府皆以海盗视之，严予剿除，知而不举报者实行连坐。然而事与愿违，现实是"禁越严而寇越盛，片板不许下海，艨艟巨舰反蔽江而来；寸货不许入番，子女玉帛恒满载而去"（谢杰《虔台倭纂》）。兵打压越是严厉，倭寇在闽浙沿海的海陆活动越是猖獗。《嘉靖东南平倭通录》载，嘉靖三十二年（1604）"倭攻福宁州秦屿所，破之，大掠而去"。嘉靖三十五年（1607）十月，倭寇结集万余人，再度攻占秦屿堡。嘉靖三十七年四月，倭攻秦屿堡，全堡民众英勇抗击守卫，抵御了倭寇的侵略。太姥山周边地区倭寇肆虐横行，滨海迭遭蹂躏，持续的倭寇侵扰，使得沿海一带庐舍尽为灰烬，农业、海上养殖业遭受极为惨重的破坏。

明清之际，为阻止沿海民众通过海路接济反清势力，清廷在沿海地区实行了更为严厉的海禁和迁界政策，想彻底切断活跃在福建沿海的郑成功遗部的供给。清顺治十三年（1656）六月，朝廷敕谕浙江、福建、广东、江南、山东、天津各省督抚提镇曰："严禁商民船只私自出海，有将一切粮食、货物等项与逆贼贸易者，或地方官察出，或被人告发，即将贸易之人不论官民、俱行奏闻正法……凡沿海地方，大小贼船可容湾泊登岸口子，各该督抚镇俱严饬防守，各官相度形势，设法拦阻，或筑土坝，或树木栅。处处严防，不许片帆入口。"朝廷下达海禁诏书后，紧接着颁布迁界令。林绳武《闽海徙民志略》载："顺治十八年（1661）户部尚书苏纳海至闽，迁沿海居民入内地，离海三十里村庄田宅悉皆焚弃，城堡台寨尽行拆毁，撤回汛兵，于内地画界筑垣备御，并禁渔舟、商舟出海，令移民开垦荒陂。"福建沿海经济因此受到更加严重的冲击。清乾隆《福宁府志·卷四十三·祥异》载：

> 国初，海寇频年告警，沿村索饷，民遭荼毒，苦不聊生。虽舆图一统，年年议剿、议抚。至十六年，寇震京师，镇江、瓜州等府俱陷。苏纳海上疏，命沿海百姓迁入内地，房屋城池焚毁，则贼无所泊；寸板不许下水，则接济无自。疏入准奏。康熙元年奉旨，江南、浙江、福建、广东、广西五省，近海州县，迁入内地。十月兵起，宫庙、民房焚毁一空，男妇老幼，提携号哭。东南北路，尽绝人烟。州地以大路为界，南路以州前岭为界。松山、后港、赤岸、石坝近城亦在界外，道旁木栅，牛马不许出入。每处悬一牌曰"敢出界者斩"界外田亩，尽为荒丘。

海禁及迁海诏令对于太姥山域内百姓的生产与生活可谓是灾难性打击。今太姥山镇辖区的村庄和城堡当时大部分在沿海三十里的迁界范围，这些区域既是平耕地最为集中的原沃土地域，也是人口相对密集的村落。迁界以后，众多庐舍惨遭割弃，大片农田置于荒弃，乡民们流离失所，逃亡四方。"寸板不许下水"的海禁，更是彻底阻断了渔民的生存命脉，也中断了对外海上贸易渠道。唐宋时期兴盛一时的太姥山麓，此时也呈现衰败迹象。

清康熙十三年（1674），刚刚担任福建总督一职的范承谟向朝廷上《条陈闽省利害疏》，着重论述了海禁对于闽地农业、渔业生产的破坏，力陈解除海禁：

> 闽人活计，非耕则渔。一自迁界以来，民田废弃二万余顷，亏减正供，约计有二十余万之多。以致赋税日缺，国用不足。而沿海之庐舍畎亩，化为斥卤。老弱妇子，展转沟壑。逃亡四方者，不计其数。所余孑遗，无业可安，无生可求。颠沛流离，至此已极。迩来人心皇皇，米价日贵。若不安插，倘饥寒迫而盗心生，有难保其常为良民者矣。我皇上停止海界之禁，正万姓更生之会。而闽地仍以台寨为界，虽云展界垦田，其实不及十分之一。且台寨离海尚远，与其弃为盗薮，何如复为民业。如虑接济透越，而此等迁民，从前飘流忍死，尚不肯为非。今若予以恒产，断无舍活计而自取死亡之理。即钉麻油铁，丝绸布帛，皆奸商巨贾，势豪土棍，有力者之所办。穷民亦无此资本，何由而济。如虑逼近沿海，难免寇侵掠。夫海贼可以登岸之处，不过数所。余皆海潮涌入之小港，时涌时退，不能停泊。若设防兵堵御要害，则寇亦无隙可乘。设立水师原为控扼岩疆，未有弃门户而反守堂奥之理。目今多事之时，海逆不无窥伺，伏乞皇上允臣相度形势，应仍旧者照旧防备，应更移者奏请更移，务使将领不得偷安，则门户既固。而迁民可以开垦复业，无以粮贵寇之忧，无透越接济之虑。兵既卫民，民不失所。此捍外安内之要着也。从来富国强兵，莫有过于鱼盐之利。闽自禁海以来。利孔既塞，是以兵穷民困。目下青黄不接之际，追呼虽频，输将仍缓。兵丁乏授食之需，引领协济。各省处处添兵，在在索饷，安能及期协济乎。今惟有请照木筏取鱼事例，容渔户沿边采捕。每十筏联为一甲，行以稽查连坐之法。遇开港之时，止许随带干粮，不许多携米谷等物。令就近将领率防兵巡哨，督押渔筏，朝往暮归，仍照编甲次序。湾泊内港聚集一处以便稽察，其采捕之鱼十取其一以充国课。此项钱粮，或接济兵饷，或借给迁民。如有盈余，或存贮备修船只。一举而数善备焉矣。事如可行，臣即相机设施。如不可行，

决不致贻边疆之患。兵饷裕，而国用自足；荒田垦，而流离可辑；催科缓，
而人心共安矣。

作为朝廷命官，范承谟在福建沿海看到乡村、海边的凄惨状况，已经是难以掩饰。
于国于民，海禁亟待解除，沿海农业耕种和海上渔船捕捞等各项生产急需恢复。

清政府于康熙二十年（1681）平定三藩，康熙二十二年（1683）收复台湾，迁
海令由此终止，随之开始展界，被迫迁退的沿海居民得以重归故土。清乾隆时期，
福鼎设县，首任知县傅维祖于乾隆六年（1741）来到秦屿勘估城垣，并游历了太姥山。
他"从太姥洋访僧田之兴废，度望仙桥，慨古迹之荒凉"，"于途望国兴寺无片瓦只椽，
唯有旧塔无恙，石柱尚存，盖寺之颓废久矣"。望着这一片荒凉景象，他感触慨然："余
旧闻太姥名区，迁界之后，寺废僧逃，旧业荡弃，古木凋残，菁蓁碳厂，贻笑山灵。"
迁界政策给太姥山区域造成的破坏从中可窥见一斑。

随着复归旧里的人潮，越来越多的外来人口从福建中东部沿海以及浙江东南部
迁入太姥山。村民们不断在海岸浅滩筑塘围田。到了清代中期，大部分陂塘沿着海
岸村庄零星分布，但已形成一定规模，为农业生产提供了大面积的土地资源。围垦
形成大片良田和广袤平原，使沿海地区的社会、经济都得到长足进步。这些围塘也
为后人不断扩大围海范围奠定了基础。

遗憾的是，清朝末年国家动乱，民不聊生，官村堤坝岌岌可危，更难以向海岸
扩展围田。清光绪末年有福鼎乡贤感叹"（秦屿）外，左右两山并峙，中一海门，
巨舰悉从门外行。若截以为塘，垦成阡陌，可数千亩，岁得谷不止巨万。惟离岸差远，
波涛冲击，工程浩大，非运以机器不为功，有力者不惜重资，出为擘画，则茫茫沧
海安在不化为桑田耶？"围海造田，已不再是传统技术可以完成，乡贤们已开始探
讨机器的使用。

伴随着围海造田活动，水利工程建设亦如火如荼。清乾隆年间，福宁知府李拔
有感于地域环境，提出了兴建水利重要意义。清乾隆《福宁府志·地理志》载：

宁郡山高海深，水泉流注，随在可资灌溉，此其善也。然地之高下不一，
天之雨晴不齐。晴多则洋田皆槁，雨多则山田鲜收。必乡设塘堰沟洫，以
资蓄泄，斯为有备而无患焉。

李拔在《福鼎五县水利考》中进一步分析了福宁地域丰富的水资源，其中就太
姥山域内而言，首先是"海"，以为秦屿港湾面对浩瀚之海"虽海水味咸，不堪入

田。而潮生淡涌，车斗因之，可资灌溉"；其二是"湖"，即玉湖、仰天湖，"湖水皆渟泓不竭，可资灌溉"；其三是"溪"，太姥山镇三面环山，溪流密布"溪水设法截流，可资灌溉"；其四为"陂塘"，经过历代乡民的努力，已经构筑大量陂塘，"浚治蓄水，可资灌溉"；其五以为"井水、山泉、瀑布、细流可引以灌田"。由此，他提出"同心协力，因利乘便"的水利方针。

在原有的斗门灌溉系统基础上，乡民们同心协力，构筑起更为完备的陂塘堤堰水利设施。清嘉庆年间，七都分布有后门塘、四来塘、美粉塘、南门塘、九末塘、鱼鳞塘、折葭塘、沙港塘、下洋堰、湖上堰、跃鲤堰、自头堰。八都有八来塘、十二来塘、虾鬼塘，九都有乌焦塘、乌岩塘、后湾塘。十都分别有兰屿塘、沙埕塘、后岐塘、铁衕塘、鹿屿塘、塘边塘、涵口塘、樟岐塘、桥头塘、瓦窑塘、秋溪塘、丁家塘、保民塘。人们蓄水开渠的同时，在一些山洪易发谷口如潋城、才堡等地相继修筑大坝抗御山洪。

中华人民共和国成立后，在中国共产党领导下，太姥山镇的围海造田工程发生了翻天覆地的变化。自1955年起，福鼎县动员组织群众大力修复老海堤，兴建小型围垦工程。1958—1959年，政府投入每日上万工的劳力修复官村、东埕、樟岐等外老海堤。

1966年，太姥山镇开始了工程浩大的后岐海堤建造。这段海堤位于秦屿镇后岐村附近，堤内流域面积124.52平方千米。海堤总长1.79千米，其中水闸长46米，砌石护坡1.74千米。堤顶高程13.2米，平均堤高6.7米，堤顶宽4米。防浪墙长0.864米，高1米。水闸设在堤南端，2座16孔，净宽54.2米；梁板式钢筋混凝土闸门，高4.2米；闸顶设有钢筋混凝土胸墙，高3.4米；墙顶高程13.5米。每孔闸门安装螺杆式手摇电动两用14吨启闭机7台。工程于1966年12月1日动工，1970年5月竣工。

秦屿小东门海堤1975年10月动工，1978年10月竣工，总投资148.9万元，完成土石方49.18万立方米，总投工109.06万工日。围垦面积6840亩，可耕面积5200亩，保护面积22600亩，保护秦屿及屯头、斗门、茶塘、巨口、樟岐、东埕等10个村和国营秦屿农场4.1万多人口。

此后，太姥山镇先后建造了吉坑、长章溪、平桥等大型水库。

吉坑水库，位于太阳头村，流域面积14.5平方千米，总库容558万立方米，兴利库容436万立方米。灌溉太姥山、店下两镇的10000亩农田。工程于1959年12月动工兴建，1961年9月建成。1963年7月，渠道工程全部完工通水。水库大坝坝型为黏土斜墙坝，坝顶高程73.4米，坝高21.8米，左右干渠30千米，支渠4条总长12千米。主要建筑物有渡槽5座11米，倒虹吸1座22米，节制闸2座，泄水闸

38 座，涵洞 7 座，利用总干渠低水头建坝后小电站 1 座，装机 1 台 24 千瓦。工程总投资 193 万元，全部来自国家财政支持，累计完成土石方 71.2 万立方米，总投工 75.2 万工日。

长章溪水库，位于太姥山麓水尾村，流域面积 3.92 平方千米，总库容 153 万立方米，有效库容 124 万立方米，是一座以灌溉为主，结合发电、供水综合利用的蓄水工程。1971 年 3 月动工兴建，1974 年 3 月建成，总投资 74 万元，完成土石方 19.3 万立方米，投入劳力 32.3 万工日。水库大坝高 32.3 米，坝顶高程 417.8 米，坝顶长 90 米，宽 4.6 米。渠道总长 5.28 千米，其中总干渠 2.02 千米，左右干渠 3.26 千米。建筑物有节制闸 1 座，泄水闸 5 座，涵洞 1 座。电站装机 2 台计 600 千瓦，供电 12 个自然村。灌溉面积 4000 亩，并为秦屿数万人生活供水。

平桥水库，位于巨口村平桥，流域面积 6.33 平方千米，是一座灌溉结合发电的蓄水工程。1977 年 10 月动工，1983 年 12 月竣工。工程总投资 129.37 万元，完成土石方 30.225 万立方米，投入劳力 43.6 万工日。总库容 116.7 万立方米，灌溉农田 3000 亩，发电装机 2 台计 400 千瓦。水库大坝为黏土心墙坝，坝高 36.3 米，坝顶高程 156.3 米，坝顶长 162 米，宽 5 米，防浪墙高程 157.3 米。渠道全长 6.12 千米，其中高干渠 0.63 千米，低干渠 1.27 千米；左右支渠 3.4 千米，左右斗渠 0.82 千米。

从场面恢宏的围海工程，到高山深谷筑坝蓄水，太姥山人世世代代共同协作，以强大的信心与力量改造自然，开创了山清水秀的美丽家园。星罗棋布的塘堰和沟渠，使高田得以灌溉，低田顺势排泄。一系列围田工程与水利设施的建设和维护，在有效扩大耕地面积的同时，进一步增强了民众之间的联系。太姥山人在农业生产过程中，村与村、户与户、人与人合作融洽，和谐共处。择地而居的乡民，无论来自何方，是何民族，在太姥秀美的山林与平静的海湾之间，勤劳有为，不畏艰辛，和衷共济，共享利益，共担危机，共谋发展。21 世纪初，沿海高速公路和沿海铁路的先后过境设站，太姥山镇更是生机勃发，山地与沿海持续发展，处处呈现出一派兴旺景象。

太姥山镇的多元经济发展

✍冯志洁　丁振强

　　特殊的生态环境奠定了太姥山镇经济发展基调。清乾隆《福宁府志》志："闽省地兼山海，产分水陆。然斥卤硗确，其产不多，其用不宏，可以厥包待锡者无有也。"然而，经过人们世世代代艰苦卓绝的努力，大自然赋予的丰富资源得到充分利用开发。勤劳的太姥山镇人民用自己双手，因地制宜，将"斥卤硗确"之地改造成为物产丰富的人间福地。

　　清嘉庆《福鼎县志》描述了自然环境对当时经济生产的影响："福鼎僻处海滨，地偏土瘠，虽无珍奇足耀，然其间山村溪港以及田土之所产，足备采取而资民用者，正复不少。"对于生活在这里的百姓而言，无论居山滨海，地处一方，耕田涉海，勤奋劳作，自给自足，生活稳定。

　　长期以来，基于平原与山地的生态环境差异，太姥山镇经济呈现出因地制宜、多样发展的态势。从产业分布看，太姥山镇形成了以粮食、茶叶、林木等为主要产业，渔业、家庭饲养业、滩涂养殖业协同发展的经济格局。

　　至清代末年，太姥山镇农、林、渔业各得其所，各有所出。清光绪《福鼎县乡土志》详细描述了全镇各村的不同自然环境及其多元经济的发展业态。当时六都辖地，背倚草堂山，西自里澳至屯头，东由日澳、番岐头直至小笕笃，俱为边海村落，"率以耕种为主，业渔次之，工与士商又次之。物产不多见，近岸以屯头蛏种为大宗。"

　　七都，秦屿海港小型商船和渔艇可以随潮进退。跃鲤，鸡犬桑麻，自成村落。"潮落，村民多就沙泥取蟹、蛤之属。（秦屿堡）居民不下七千，士十之三，商十之四，农工居十之一，间有业渔者。"

　　八都，以山丘之地为主。"多畲民，工商不多见，士恒少，男皆务农，女皆织席。禾、稻、地瓜、茶、竹，所在恒有。"

　　九都，由于当时尚未围海成田，大部分村庄濒海临岸。"出产稻、粱、豆、麦、地瓜外，惟竹、木、柏、茶诸品。水则如毛蟹、泥鳅等味为胜。"

　　十都，山海交织，所辖地域"地多滨海，居民散处"。"山居者惟树畜为多，傍海则砌土筑塘，塘内悉种田，分为内外。外塘八九月间，常有潮汐暴涨为害，耕者患之。近岸土产，种蛏极多，他如螺、蛤、蟳、蚶及泥猴、泥肠诸品，潮落时就土取之，味极清淡。水浅，鲜大鱼，捕鱼者率兼耕作。

各村物茂业兴，经济繁盛。

太姥山镇人勤地饶，物产丰富，多元化生产业态协调发展，突出表现在六个方面。

粮食作物

太姥山镇是福鼎地区主要的粮食与农作物产地。根据民国时期的调查资料，本地的夏季作物有：早稻、晚稻、番薯、甘蔗、花生、大豆、芋头、烟草、冬瓜等。冬季作物有小麦、大麦、油菜、蚕豆、豌豆、菜豆等。这些农作物是长达数百年的时间内太姥山镇的常见农作物品种。"栽培豆麦各忙派，麻苧成功岁序迁。待到重阳收稻谷，大家醵酒候新年。"清人叶信祥的《麟江竹枝词》为我们展现了太姥山镇农业生产的繁忙兴旺景象。

水稻，是太姥山地区最重要的农产品。"嘉谷传来喜两获，薄田不负四四耕。"早在宋代，水稻一年两熟制种植技术在闽东沿海地区已被普遍推广。明清以来，农田围垦面积持续扩大，水利设施建设规模不断提升。加上广大农民一年四季辛勤耕作，太姥山镇的水稻产量在福鼎乃至福宁地区一直处于较高水平。

明代，水稻品种也愈加多样。农家已经掌握不同水稻品种的特性，根据耕种田地差异，选择播种不同稻种。明万历《福宁州志》记载，当时水稻主要分早稻、晚稻、秫稻。明人谢肇淛对繁复多样的水稻品种列举其大要者如下：

> 春种夏熟，曰"早稻"；秋种冬熟，曰"晚稻"。其岁一熟者，曰"大冬"；又有各种，曰"旱占"。山田可种，附郭则少，曰"天降来"。从霜降后熟，曰"薰提"，曰"黄芒"；与早稻同熟，曰"占城"；与晚稻同熟，曰"稆"。早稻既获后，苗始繁，亦与晚稻同熟，曰"土稆"，多出洲田。其岁再熟者，又有曰"金洲"，曰"白香林"，又名"糯"。与早稻同熟者，曰"早秫"，与晚稻同熟者，曰"晚秫"；与大冬同熟者，曰"大冬秫"。

清代，当地水稻种植依然采取多样化的选种方式。清乾隆《福宁府志·食货志》载："形有大小尖圆，色有黄白黑赤，芒有短长。亦有无芒者。"水稻种植品种多样化，使太姥山地区可耕地稻作面积与粮食产量高位发展，有效地保证其整体农业经济在闽东北一带的优势地位。20世纪80年代以后，太姥山镇稻作区在进一步扩种双季稻的同时，大面积推广杂优稻品种的种植，粮食产量翻倍增长，使稻米成为人们日常主要口粮。

麦子，在太姥山镇粮食种植中占有一定比例。冬季多种植大麦、小麦，皆冬种夏收。清代中期开始，太姥山镇引入荞麦，秆赤花白，壳三角而黑，冬季成熟。

番薯，闽东地区又称作"甘薯""地瓜"，明万历年间从海外引进。由于福建沿海土壤适合番薯生长，在太姥山得到广泛种植。此地种植的主要番薯品种有文来薯、朱薯、黄栀薯等。谢肇淛在明万历《福州府志》中记载："番薯皮紫，味稍甘于薯芋，尤易蕃。郡本无此种，自万历甲午（1594）后，明年都御史金学曾抚闽，从外番引种归，教民种树，以当谷食，足果其腹，荒不为灾。"很长一段时间内，番薯都是当地人的重要口粮。

福建沿海土壤贫瘠，多为黄土沙石地形成的山地。这种土地不适合粮食作物的栽种，明以前并没有得到充分的开发利用。番薯的引入改变了这一局面。清同治《淡水厅志》载："明万历中，闽人得之外国，瘠土沙地皆可种。初种于漳郡，渐及泉州、莆田，近则长乐、福清皆有之。朱薯出吕宋国，被野连山，不待种植，彝人率取食之。茎蔓生如瓜蒌，黄精山药之属，润泽可煮而食，或磨为粉，亦可酿酒。"番薯在滨海的盐土上也得到适合的种植条件。滨海盐土即分布在滨海低潮线以上的海滩地，部分已经脱离海水浸淹，经旱耕熟化可以大面积种植甘薯等旱地作物。所以，番薯一经引进，很快在沿海地区乡村大范围种植，自后更发展为沿海乡民主要粮食之一。

福建人广泛认同番薯源自"御史金学曾抚闽，从外番引种归，教民种树"的说法，所以将番薯称为"金薯"。清乾隆八年（1743）居鲁甫的《台湾采风图》记载："番薯蔬之属，蔓生而结实于土，瓤有红白二色。生、熟皆可噉……本出于文莱国，有金姓者，自其地携回种之，故亦名金薯。闽粤沿海田园栽植甚广，农民咸借以为半岁粮。"由此可以证明，乾隆年间番薯已成为闽粤农民的半年口粮。清乾隆《福宁府志》则说："迩来生齿日繁，米价渐高，沿海民食，半资于此。或磨为粉，或切为米，或自酿为酒，或煮为糖，无不俱宜。则蔬也而进于谷矣。虽以登乎谷之属，其亦可也。"福宁府太守李拔因此作诗："蕃沙辅谷子流香，不见开花实自长。付与千门应鼓腹，何劳远借禹余粮。"这些诗中语句，也说明番薯在福宁地区的确是重要口粮。

清代末期，番薯已经成为当地农民重要的农业种植品种。各村农民纷纷种植，解决山地粮食匮乏的窘境。番薯还被商人贩运到外地，成为对外输出的商品。清光绪《福鼎县乡土志》记载："本境山峦起伏，可耕之地少，产米无多，农家率种地瓜，以期果腹。而狡偿奸商，辄以重利啖富室，将船装粟，由峡门、茶塘、文渡、澳腰、白鹭、箬篁各港口运出，岁不下万余石，是漏谷之害，尤烈于水旱也。"番薯的广泛种植，以及村民的依赖，使得番薯形成一种地方饮食文化。20世纪80年代，随着杂交水稻的种植面积扩大，太姥山镇粮食产量大幅度提高，以食用番薯为主食的饮食结构已经改变，持续数百年的稻薯兼食习惯成为人们的历史记忆。

林业经济

太姥山镇属于亚热带季风气候，雨水充沛，即使冬季也气候温和，域内绵延起伏的山峦占据了大部分面积，林木生长的自然条件十分优越。现今太姥山镇地表植被以次生林、人工林为主，山岭间主要树种有松、柏、桧、杉、樟以及壳斗科常绿乔木和竹子，常绿阔叶林、针叶林十分茂密。

太姥山丰富的山林资源，一方面来自大自然的恩赐，另一方面得益于当地百姓世世代代的护林、造林。历代官方不断倡导保护山林和种植树木，亦起到重要作用。唐代朝廷曾下达诏令，太姥山上严禁樵采，大部分天然林木受到保护。唐宋之际，太姥山等地显现"穹林巨涧，茂木深翳，小离人迹，皆虎豹猿猱之墟"（《三山志》）的原始自然生态。

人工栽培植被构成太姥山镇山林的重要部分。南宋时期，"栽松侵日边"的景象成为地域特征。随着人口增多，造屋作室，烧炭炊爨，山林资源受到侵蚀。清乾隆时期，地方政府大力号召种植树木，根据土壤与地势的不同提出相应植树方案。清李拔《种树说》写道：

> 其一，平原里闬，屋后宅前宜种桑柘，以养蚕丝；其二，通衢曲径，道旁路侧宜种杨柳，以资庇荫；若夫地角山头，斜坡陡岭，不堪种谷者，或种松杉，以供栋梁；或植桐茶，以备采摘。其余或竹或木，听其自便。

清代，太姥山镇所辖八都、九都、十都山地丘陵村庄，林木生产已成为当地农民重要生活依靠。

1935年，福鼎县政府征工造林，称"国民义务劳动林"。县造的为县有林，乡造的为乡有林，保造的为保有林，各单位、团体和寺庙、私人等非工役造林为非国民义务劳动林。1926—1948年，全县包括太姥山镇累计造林32630亩，植树5150万株。

中华人民共和国成立后，政府高度重视林业生产，提出了"普遍护林，重点造林，合理采伐，合理利用"的方针，发动群众开展植树造林和护林防火等活动，取得了很大的成绩。1950—1957 年，经过土地改革，广大农民生产积极性空前高涨。人民政府把发展林业生产列入主要任务，以点带面，广泛发动群众植树造林。20 世纪 70—90 年代，政府多次采用飞机播种造林的方式，大力拓展山林植树面积。经过不断的种树造林，太姥山镇森林面积达 90000 余亩。因地制宜依然是太姥山镇百姓植树造林时秉持的原则：在土壤贫瘠、干燥的山地，栽种马尾松、黄山松；在水肥条件较好的地段，人工营造的杉木林、福建柏林；薪炭用材树种分布也较为普遍；油茶、油桐、竹林以及果树等经济林，以小块状分布于丘陵及平原地带。

丰富的林业资源为太姥山镇山林经济发展奠定了坚实的基础。明王世懋《闽部疏》载："闽山所产，松杉而外，有竹、茶、乌桕之饶；竹可纸，茶可油，乌桕可烛也"。明万历时期，木材、竹子及木炭、竹纸成为当地对外输出的大宗商品。清代，果树种植成为沿海山麓主要的经济作物，一年四季佳果飘香，如清诗人叶信祥《麟江竹枝词》所写："不了生涯是海边，居人多半此为田。桃花水后收蛏种，喧绝滩头三月天。福橘温柑物产呈，四时佳果赴纵横。最怜五月南风发，礼澳杨梅红满城。"

如今，太姥山镇百姓充分利用优良的自然生态环境，大力种植果树，引进培育优良品种。水果产业成为许多乡村重要经济来源之一。本地特产水果有柚子、柑橘、杨梅、油柰、枇杷、板栗、桃、李、梨等，尤其是四季柚，以其香甜甘美，闻名遐迩。

茶业经济

太姥山镇独特的地形与气候环境，尤为适宜茶叶种植。福鼎白茶是中国著名茶品，太姥山镇当地所产白茶珍品"绿雪芽"更被海内外奉为茶中极品。

福建东北地区的茶叶种植历史悠久。早在唐代，长乐郡茶叶就成为朝廷贡品。《新唐书》记载："福州长乐郡，中都督府……土贡：蕉布、海蛤、文扇、茶、橄榄。"

太姥山镇的茶叶种植，与太姥娘娘的传说联系在一起。福鼎地区至今流传着"蓝姑制茶"的民间传说。叶梅生、张先清的《太姥文化：文明进程与乡土记忆》说：

相传，尧帝时有一村姑居才山种蓝，乐善好施，人们亲切地称他为蓝姑。某年，山下麻疹肆虐，流行于孩童之间，几经治疗无效，孩子们承受着病痛的折磨，一片惨痛之象。蓝姑受仙翁梦示，不辞辛劳在峰峦间寻得大白茶，将其采摘晒干、熬成汤药，患儿服用，果然药到病除。人们对蓝姑感恩戴德，尊之为"太姥娘娘"，此山由此被称为"太姥山"。

蓝姑煮茶去病的传说，表明太姥山与白茶的不解之缘。

明代，居住在太姥山麓的农民已经依靠种茶为生。据谢肇淛《太姥山志》记载："太姥洋，在太姥山下，西接长蛇岭，居民数十家，皆种茶樵苏为生。"

明清交替之际，周亮工在《闽茶曲》特为太姥山绿雪芽赋诗："太姥声高绿雪芽，洞山新泛海天槎。茗禅过岭全平等，义酒应教伴义茶。"注云："闽酒数郡如一，茶亦类是。今年得茶甚夥，学坡公义酒事，尽合为一。然与未合无异也。绿雪芽太姥山茶名。"这一时期记载太姥山所产白茶的诗文，不胜枚举。

清代末年，茶叶成为福鼎对外输出贸易中占比最高的商品，对外输出的茶叶品种包括白、红、绿三宗。清光绪《福鼎县乡土志》载："白茶，岁二千箱有奇；红茶，岁二万箱有奇。俱由船运福州销售。绿茶，岁三千零担，水陆并运，销福州三之一，上海三之二。红茶粗者，亦有运销上海。"

2000 年，福鼎市人民政府立《绿雪芽碑》：

> 绿雪芽，仙茶也，相传太姥娘娘手植，为"福鼎大白茶"始祖。傲霜雪于百丈，历枯荣于千年，形神具丰；受云雾之呵护，得泉露之滋养，色香皆绝。以"福鼎大白茶"精制的白毫银针、工夫茶，乃茶中极品，全国名茶翘楚之冠，广种九省，面积为诸名茶之首，鼎邑故而荣膺全国名茶基地。英伦女皇独好，海外商贾遍求，运销欧亚，创汇列农产品之冠。茶业因而雄居全市农业龙头。

如今，太姥山全镇绝大部分行政村均有规模化的茶园。方家山村、太姥洋村、仙梅村、才堡村、彭坑村、竹下村、孔坪村、斗门村、巨口村、潋城村、洋里村等，茶叶经济在本村农业生产中都占据主要地位。方家山村更注册了"白茶故里"的商标。

渔业与滩涂养殖

太姥山镇环抱晴川海湾，水域资源得天独厚。该镇有漫长的海岸线，海域水深一般在 10—20 米间，岛礁外侧水深大多为 30—40 米，水温 18℃—20℃，盐度 18‰—30.8‰。域内山岭众列，诸多水系的水流注入海湾，带来丰富的饵料。如此的自然环境，非常适宜鱼类栖息。

自古以来，晴川湾港汊密集，海水由牺屿涌入，北为黄崎港、筼筜港、番崎头港、日澳港、屯头港，南为蒙湾港、打水澳港，居中为秦屿港，渔船往来鳞次栉比。清光绪《福鼎县乡土志》载，内海沿岸滩涂"潮汐按时涨落，鱼、菜、螺、蛤之饶，贫民资以谋生，亦一利源也"。据清年正元《福建沿海图说》载，清光绪年间仅秦屿一地，小渔船就多达100余艘。渔业生产长期以来都是海边村民赖以生活的经济来源。

太姥山海域的台山渔场，以台山岛四周为中心，辐射至闽东和浙南渔场，60米等深线以内均是常年进行渔业生产的渔场。以台山渔场为中心的闽东渔场，秋冬季黄鱼、带鱼汛期渔舟云集。近岸浅海以及嵛山岛周边，又是定置网生产和流刺网、小钓等作业的重要场地，渔场面积广阔，盛产黄鱼、带鱼、鲳鱼、马鲛、鳗鱼、墨鱼、鳀鳁以及虾蟹类等诸多水产品。

东星村四面环海，位于集镇东北方向15海里，海岛周边海域贝壳、鱼类资源丰富。该村村民生活收入主要依靠海洋捕捞和养殖。

滩涂养殖业在福建东部沿海发展历史悠久。据宋方勺《泊宅篇》载，至迟在900多年前，闽东百姓已开始用石块养蛎。据宋梁克家《三山志》记载，宋代沿海已经大范围利用滩涂养蛏。北宋崇宁年间起，紫菜成为岁贡珍品。清朝两度"海禁"，海水养殖曾受影响，但仍有一定规模。民国时期，海水养殖发展缓慢，养殖品种主要有牡蛎、缢蛏、花蛤、泥蚶、紫菜等，养殖方式已从野生管养逐步向半人工养殖发展。

中华人民共和国成立后，福建的海水养殖业发展迅速。20世纪50年代，生长于亚寒带的海带南移试养成功。60年代，当地组织"紫菜大会战"，把半人工养殖的坛紫菜推向全人工养殖。1962年，政府提出"巩固提高海带，积极发展贝类，提高港养水平，开展海珍品试养"的方针，海产养殖面积不断扩大，产量相应提高。70年代，从北方移养紫贻贝和中国对虾。80年代，从日本和美国引进长牡蛎（太平洋牡蛎）和海湾扇贝养殖，开发本省长毛对虾资源，发展对虾养殖和海水网箱养鱼，开展海湾对虾放流增殖，形成鱼虾贝藻养殖增殖、全面发展的生产格局。90年代，沿海人民执行福建省委、省政府"全面开发海上田园，加快水产事业发展"的战略决策，加快海水养殖业发展，名特优海水养殖品种异军突起。

现今，太姥山镇海上养殖业生产主要包含以下几类：

海藻类养殖：沿海藻类多达100余种，较有经济价值的有海带、礁紫菜、圆紫菜、裙带菜、石花菜、鹧鸪菜、浒苔等。太姥山镇养殖面积最大的是紫菜与海带，小筼筜村有专门的紫菜养殖区。

贝类养殖：海蛏、牡蛎、缢蛏、泥蚶、扇贝等。

网箱养殖：海上设置网箱，主要养殖品种有鲈鱼、白鮸、大黄鱼、石斑鱼、真鲷等鱼类。

虾蟹养殖：沿海岸边围池养殖，品种有对虾、青蟹等。

在小笡笥村、日澳村、建国村、蒙湾村、牛郎冈村及东星村，近海渔业捕捞及海上养殖、滩涂养殖产业是农民经济收入的主要来源，在农业经济收入中占比半数以上。海水养殖业的迅速发展，不仅带动了饵料、加工、冷藏、运销和外贸等相关行业的发展，而且繁荣了渔区经济，改善了市场供应，扩大了劳动就业人数。

日澳村位于太姥山镇东北部，三面环山，面向秦川湾，距太姥山镇中心3千米，交通便利。全村土地管辖总面积9700亩（其中，耕地面积972亩，林地5200亩，海域滩涂面积3600亩），有6个自然村，至2019年总人口1443人。因2006年"桑美"台风原因，现已基本集中在海尾新村居住，海尾中心村常住人口达1000多人。村民主要经济产业以养殖紫菜、蛏、蛏苗育种、弹涂鱼、海产品加工厂、绿化苗木种植、茶叶等为主。

蒙湾村是地处太姥山镇东南方的行政村，是一个沿海的渔业村。2019年全村总人口867人，分为3个自然村，鸡角礁、蒙湾、牛后，全村出海捕捞223人，外出务工劳动力20人，占全村总人口2.3%，常年在家劳动力很少，村民经济收入主要是依靠海上捕捞作业、养殖作业、全村120千瓦以上大马力渔船40艘，60千瓦以下的渔船46艘。

樟岐全村总面积1.3平方千米，拥有3个自然村。2019年全村总人口1802人，少数民族约占总人数的3%，移民占总人数的10%。现有耕地面积3000亩，其中，水田面积1200亩，农地面积1800亩，菜园面积1500亩，滩涂面积2500亩，弹涂鱼养殖面积3000亩，森林覆盖率70%。主要经济产业为农业种植业、紫菜加工、茶叶加工、海蛏养殖、紫菜养殖、弹涂鱼养殖、渔业捕捞。现有二级渔港交通码头1座。2012年全村农业产值700万元，其中，工业产值100万元，海水养殖1000万元，渔业捕捞80万元。

沿海捕捞业、养殖业的发展，带来了太姥山镇商业的繁荣，秦屿、屯头等一批市集由此兴盛。曲折蜿蜒的海岸港湾，水面平静，两侧山峰挡风阻浪，秦屿、崳山、小笡笥等港口码头相邻分布，成为渔船生产停泊的优良港口。秦屿是闻名闽浙两地的重要渔港、渔市。早在明代，秦屿市就十分繁荣，明王应山《闽都记》说当时"秦屿在州东十都。并海有重镇，廛居繁盛，其人朴茂"。清光绪《福鼎县乡土志》载："清代屯头村与秦屿隔海对峙，每当潮落之时人们雇上小船，装载人与物于泥淖上行游于两岸之间。屯头海岸汇集众多渔船，每当冬季来临之际，渔船沿岸泊以百计，旬日间买鱼者多集于此，俨一市镇。"清人叶信祥的《麟江竹枝词》记录了秦屿市集的景象："烟火蝉联小有村，村前环海各乡屯。潮声拍岸腥风起，处处贩鲜人到门。""挂网船来是海山，风车乍上簇沙湾。经商不入官仓港，停泊都嫌秦屿关。"由此可见，船只往来聚集，渔业贸易发达。

家庭手工业

太姥山镇传统家庭手工业，以纺织生产地位最为突出。纺织的从业者多为女性，广大农村女性由此成为地方经济发展过程中一支不可或缺的力量。自明清以来，太姥山镇域内的女性大多从事家庭纺织生产，沿海女性从事编制渔网劳动。太姥山麓才堡一带的畲民聚居村落，妇女利用本地特产龙须草原料，进行织席生产。"男司耕读各勤功，妇亦深闺事女红。纬络一声啼古木，缫车几处响西风。"清人叶信祥的《麟江竹枝词》为人们展现了女性家庭纺织劳动的场景。

从明清地方志中我们可以了解到，在太姥山镇各个乡村，无处不活跃着女性纺织生产的身影。很多时候，她们通过纺织生产担负起维系家庭日常经济开支的重担。在清嘉庆《福鼎县志》的记载中，可以看到众多女性凭借一己之力，以纺织女红供养公婆、抚育遗孤的事例：

（六都）郑元琪妻陈氏，年二十四寡。姑老子幼，家贫。纺织自给。
（七都）把总郑任锦妻林秀姐，年二十五，夫随征死，子幼家贫，氏勤女红，抚孤成立。董茂章妻尹氏，家贫，女红自给，抚子成人。陈允嘉妻张氏，家贫子少，纺织抚育。韩大成妻林氏，家贫，勤女红以自给。
（九都）费有绪妻黄氏，纺织以养翁姑，抚子成立。

"纺织养家""女红自给""针织度日""种蔬度日"，这样的事例在地方志中比比皆是。一系列的"烈女"以纺织供养公婆、遗孤的事例载入地方志，在表现女性以各种手工业获得经济独立的同时，从一个侧面反映出明清两代太姥山镇家庭纺织业兴旺发达的社会景象。传统的家庭纺织劳动已经打破自给自足的自然经济，商品市场已经形成。家庭纺织劳动的产品通过市场买卖，换取粮食以及生活用品，足以维持一家老小的生活。

家庭棉纺织生产不断发展，当地棉花原料需求随之扩大。这进一步带动福建与江南地区的商品交流。福建棉纺织生产所需原料棉花基本上源自江南。根据明清之际苏州府太仓州吴伟业记述，明代太仓州盛产棉花，隆庆、万历时期，"闽商大至，州赖以饶"，其《木棉吟并序》曰："眼见当初万历间，陈花富户积如山。福青袜鸟言贾，腰下千金过百滩。看花人到花满屋，船板平铺装载足。"直至清代，"闽粤人于二三月载糖霜来卖，秋则不买布而止买花衣以归。楼船千百，皆装布囊累累，盖彼中自能纺织也"（清褚华《木棉谱》）。

家庭手工业的兴盛，对于女性地位、社会关系、市场经济影响深远，意义重大。

建筑业

建筑业虽非太姥山镇的特色产业，但关系到当地百姓的起居生活，是当地经济生产不容忽视的一部分。太姥山镇今日的建筑受到城市化进程的影响，地域特色已不明显，散落各村的历代古迹遗存，倒更能说明本地建筑工艺的发展。

唐宋时期，随着移民的大量迁入，各类民居与公共建筑纷纷兴建起来。大规模的寺庙建设和道路桥梁修建又吸引了为数众多的能工巧匠。唐代中期以后，太姥山的寺庙建设进入高潮。短时期内，山岭上下出现了多间寺庙。根据林嵩于唐乾符六年（879）《太姥山记》记载："山旧无寺，乾符间僧师待始筑居于此。"其时，山四周的进山道路都建有寺庙："游太姥者，东南入自金峰庵；东入自石龙庵，即叠石庵；又山外小径自北折而东，亦入自石龙庵；西入自国兴寺，寺西有塔；北入自玉湖庵，庵之东为圆潭庵。"而登入太姥山巅之间"峰上曰白云寺，又上曰摩尼宫"。寺庙和崎岖险峻的登山道路几乎一同修建，工程十分浩大。

肇始唐代晚期的国兴寺就是太姥山镇古代建筑工艺的典型代表。2001年和2016年，福建省博物馆考古队对太姥山国兴寺遗址进行了两次大规模的发掘考古。从探掘现场看，唐宋时期，该庙的建筑面积达到5000平方来以上，是迄今为止发现的福建省宋代最大寺院遗址。该寺在唐宋时期多次遭遇火灾，再加上兵燹之灾，明代晚期几乎荒废。据明代史料记载，当时国兴寺遗存可见庙殿堂的石质立柱多达360根，虽然是残垣断壁，其壮观景象仍然依稀可见。明人林祖恕对此极为震撼，在其《太姥山记》中赞叹道："宫殿犹自瑰玮，壁嶂柱础，尽是玄晶，大可拟建章，丽可比祈年，而台沼宽拓，恐昆明、太液不为过也。"

经过考古挖掘，我们可以了解当年国兴寺恢宏壮观的建设规模。通过整理，原址仍然保存200余根寺庙殿堂的大型石柱，每根高约3米，同时出土的还有大量石质柱础，围栏石板。这些建筑构件取材于太姥山涧谷，从深山开凿成坯材，翻越山岭冈麓，跨渡溪流河涧，一件件运输到施工现场，继而雕琢成形，浮刻纹饰。纵观建设施工全过程，奠定台基、立柱架梁、屋面覆瓦、上漆施彩，其规模景致可与皇家庙堂宫苑相伯仲。当时建造周期可谓间不容瞬，加之工程量巨大，可以想象参与的工匠人数何其之多，非千百人之工无法完成如此浩繁的工程。

在众多的工匠之中，必定有大量工艺精湛的匠师，仅从存世的雕刻工艺就足以让人叹服。现存的楞伽宝塔，为亭阁式石塔。塔为七级八角形的实心结构，通高 8.5 米。塔基座下刻有豹脚纹饰，每层各边均通凿神龛，底层西面镌有"楞迦宝塔" 4 字。须弥座双层，上小下大，上层 8 面浮雕瑞兽与花卉图案，转角雕饰手执刀剑的护塔将军，下层为八角形豹脚座。通体构思精绝，纹饰形意兼备。这些艺术特征在存世的大殿台基、石质围栏等构建上体现得淋漓尽致，充分反映出古代太姥山工匠高超的技艺。太姥山镇历史上曾汇聚为数众多的能工巧匠，他们以精巧的手艺建造了壮观瑰丽的庙宇宫室，以顽强的意志在崎岖深险、盘纤峻拔的山林溪涧之间筑路架桥，以聪明的才智将人工构筑与山水自然有机融为一体。

经历世代百姓的努力，太姥山镇形成了山海经济蓬勃发展、多种物产丰茂繁荣的经济格局。特别是改革开放以来，太姥山镇在努力发展农业生产的基础上，提出了"工业强镇、旅游兴镇、海洋富镇"三大战略，全面推进目标，做强白茶种植加工等传统产业，积极开拓新兴经济。目前，太姥山镇辖区产值过亿元的企业有数十家，服装针织、机械配件、光学眼镜、食品加工等主导产业格局逐步形成，全镇的生产总值、城乡居民人均可支配收入、公共财政收入三个指标多年来处于宁德市前列。至 2019 年，太姥山镇连续四年荣获"全国综合实力千强镇"称号。

植根在太姥山镇山海之间，人们顺应自然，辛勤劳作，充分利用山海生态资源，在奉献社会的同时也获得了丰厚的回报。

八都桥百年老油坊

林木金

中国有句俗语："开门七件事，柴米油盐酱醋茶。"油是排在米之后的第三件事，可见它早已成为中国老百姓生活中的重要物品。油是人类生活中不可或缺的食物，人类榨油历史非常悠久。秦屿八都桥有一家老油坊，已有百年历史，经营这家老油坊的人是农民陈明科，油坊的生意传到他这里已经是第四代了。

清光绪年间，陈明科的曾祖陈顺灼最早在老家晋阳溪头村从事榨油卖油生意，后来举家迁到秦屿樟岐村。民国初年，为了生意方便，陈顺灼将油坊从樟岐村迁到了秦屿八都桥。刚迁来的时候，规模比较小，直到陈明科的父亲陈清营1980年接管油坊生意后，油坊规模才有了较大发展。陈清营刚接掌生意时，每年只榨油菜籽不到1000担，产油约300担左右。改革开放后，他一边耕作自己的责任田，一边想着如何将父亲传给他的油坊做好做大，他看到原有老油坊规模小、设备简陋、产量不高的局限性，决定添置设备扩大生产规模，走创新发展道路。接着，陈清营想方设法筹措资金，先后投入几十万元盖起了厂房，更换了设备，扩大了生产规模。到1986年，年榨油菜籽超过2500担，产油750担。由于陈清营经营有方，管理得当，油品优良，使得这家老油坊在方圆百里都比较有名，油的销路也比较广。进入21世纪后，油坊年榨油菜籽超过3000担，产油1000多担。

如今，这家油坊成为闻名百里的百年老油坊。

晴川鱼货店

🐟黄德信

秦屿地接太姥，湾通东海，良田千亩，水产丰美，自古誉称"鱼米之乡"。

出晴川湾即崳山岛、七星岛、台山岛海域，是秦屿渔民祖辈"牧海耕鱼"的内海渔场。解放初期，渔民作业仍以网䱺、围缯、网仔、钩网、缣䱺等近海捕捞为主。浩瀚的海域，富饶的渔场，为秦屿集市提供了源源不断的各类海鲜，大的有鳗鱼、黄瓜鱼、马胶鲴，小的有水潺、虾蛄、梭卷（小鱿）、蟥（梭子蟹）。七星岛与台山岛渔民定置网捞上的虾苗、带柳、七星岐（鸟丁鱼），以及沙埕、三沙周边港贩䱺（俗称贩运海鲜的船家）运达的鱼鲜，每一发水（发海）鱼汛到来，便有大好几百担的鱼鲜涌向秦屿集市。原始杂乱无序的沙滩海鲜交易已不适应时势，取而代之的是"行之有规，交易有序"的鱼货店（渔行的俗称）。

晴川鱼货店可算闽东沿海一带最大最繁荣的海鲜集散中心。鼎盛时期的晴川渔行达30多号，有"振太""协兴"等几大行，和"复兴""双兴""同兴""祥兴""祥太""公太""万太""隆记""美记""兴记""信记""神记""兴盛""发盛""元顺""同顺""回春""顺昌""瑞隆"等20多号小店，店面或为祖业，或是承租，多集中在以横巷头为中心向西沿街至李厝亭下，向东进横巷里街，成"L"形的海鲜商贸区。

鱼货店主营海鲜的购销与加工，大行还兼给船家放贷，月抽销售总值的10%作为推销费（利息包含其中），年终收回本金，这样既促进了生产，又保证了货源，可谓互利互惠。热闹繁杂的上水（海鲜上岸）贸易，店家收购鱼的方式有二：一是向船家预付定金，船家当年所捕鱼货全数由店家包购，价随市面而定；二是到码头向贩䱺、外山船（指秦屿澳头之外的沿海渔船）现场议价收购。若遇货少市旺，渔行老板就亲自上阵，到码头喊话（叫船家留鱼）、跳船（想法上船择购）、抛物（向船抛鞋、帽等物定购），码头时有上演因争鱼夺货而结怨或不打不相识的嬉闹剧情。

"鲜购鲜卖"是鱼货店经营的原则。鱼鲜由船起货上岸后，雇人挑运至店，沿街摆放，即批即售。每每小贩子赶早批上一担鱼货，立马争先恐后地挑到农村赶鲜叫卖。店下、磻溪、白琳、点头是小贩叫卖的首选地，好市时，一天或许可卖两趟。

遇上鱼汛大发，或是"连流"作业（一日两潮水捕捞，俗称"两潮鲜"），秦屿整整半条街是"金鳞满筐客满街"的繁忙景象。每大汛看似满街堆鱼，可一到日近西山时分，鱼货基本售罄。若有余鲜，好天气时就加工晒干成鱼鲞或是鱼烤（也叫干烤）。若是阴天下雨，就加盐加糟（鱼盐比10比3，鱼糟比100比5）腌制成咸货。虾苗、带柳产量大，基本上腌制成"咸虾苗""咸带柳"。"蚱"（海蜇皮）则用明矾腌制加工成"三矾蚱"（曾是出口货品），一般腌压2个月后即可出售食用。这些咸货多为远路吃不到鲜货的福安、柘荣、管阳、泰顺等地客户采购，或自家食用，或转市出售。清乾隆年间，秦屿举人"钦赐乡贤"王锡龄到北京参加会试，相国刘墉很赏识他，聘他为相国馆师，学生中有刘墉二公子和乾隆帝三皇子，因巧成"金丝钩、白玉板"一段历史佳话，从此秦屿咸虾苗和海蜇皮成了京城名菜。

鱼货店雇工，老板是按谷价给薪金，一般年薪8—12担，可分月领用。每年农历十二月十六日，老板会请店员吃"尾牙"，老板要辞退某店员，就在饭局中将被辞人座位桌上一双筷子反一方向，即夹菜一端朝人放着，寓"筷朝外，没得吃"，就座的店员则意识到"明年老板不留人啦"。

行业之间、行与客户之间赊、欠账，行规是"三节归清"，即当年端午节、中秋节及除夕日应结账还清，以遵"有借有还，再借不难"之约。

勤劳聪明的渔行店员在漫长的营销历史中，创造性地发明使用了一种行业独特的文化——木马数（木马，方言柴马，即木工使用的木架，木马数中"X"极像木架，因而得名。时行账簿竖行记之，更方便记写木马数）与暗语。木马数与阿拉伯数字对应为：

‖(一)	‖(二)	‖(三)	X	﹦	亠	亠	亖	夂	十	乙
↓	↓	↓	↓	↓	↓	↓	↓	↓	↓	↓
益	念	昌	数	冒	力	脚	眉	巧	坪断	百
↓	↓	↓	↓	↓	↓	↓	↓	↓	↓	↓
1	2	3	4	5	6	7	8	9	10	100

我们来看些例子：15记作 ﹦，236记作 ‖亠亠。"三角五分"叫"昌冒"或"昌半"，"四元七角"叫"数脚"，"一元六角"叫"益杠、力杠"，暗语方便邻店伙计间询价定价交流。这种行业文化，在日常生活中亦衍生出一些代用语，如讥人傻呆就说他"念""重念""念冒"（二百五）等。

1953年，在社会主义改造中，私营商业分别成立合作小组，继而改制成合作商店，各渔行商号自此消失，代之序号为店别。1978年后，海产资源衰退，鱼货商店多数亏损，至 1984 年鱼货商店基本解散，此后相继融入了市场经济大潮。1987 年建成的"秦屿农贸市场"，重现鱼鲜买卖的个体摊贩，辉煌的鱼行在改革开放的大潮中以新的姿态走进了人们的新生活。

（本文据王芳年、黄德仓口述整理）

建国电光捕鱼队

傅克忠

　　20 世纪 60 年代，为响应国务院禁止敲罟捕捞作业的命令，县水产技术推广站积极安排实验新的捕捞技术。县水产技术站人员在秦屿建国渔业大队积极组织渔民进行远洋捕捞生产，培训和推广了"排对""大围缯"等诸多新的捕捞技术，其中最突出的是实验推广电光捕鱼技术。福安地区（今宁德）水产局长对电光捕鱼技术很重视，并给予了很大的支持。1965 年 4 月，地区水产局委派县水产技术推广站站长代表地区水产部门到北京水产部汇报"电诱捕"试验项目，水产部捕捞司对此项目非常支持，从上海亚光灯泡厂争取了 1000 瓦水下捕鱼灯。

　　水产部的支持，鼓舞我县加紧试验的进度，抽选建国渔业大队织网厂技术人员分别到厦门学习编制无囊大围网，到广东一带学习编制灯光渔网，同时着手准备电光艇的下水试验工作。织网工人经过两三个月的努力，编出了塑料化渔网，又经过多次试捕和修改，终于制出了以尼龙、塑料为材料的无囊围网。之后，在宁德水产局专家指导下，捕鱼队在台山岛海域搞了一次小型诱捕试验，将取得了试验数据以供水产专家研究。为进一步做好电光捕鱼技术的试验推广，1965 年 8 月，从建国渔业大队的大围缯船队中抽了两艘渔船组成一支电光捕鱼船队到广东等渔场进行试捕工作。每船有捕鱼经验丰富的渔民 28 人，分别由大队干部徐命、陈俤仔负责。船队要到大广东渔场，必须经过厦门前线海域，只能绕内港行驶，需先卸下船上大桅杆方可通过。船队日夜航行 3 昼夜，途径东山岛海域时首次放网试捕，之后进入广东南沃岛渔场（这一带海域当时尚未有电光捕鱼技术）。在广东渔场，建国电光捕鱼队以灯光来诱捕上、中层鱼类，以鳀、鲲和鱿鱼为主，经过两三个月的捕捞，不断探讨和总结经验，终于使电光捕鱼获得成功。电光捕鱼技术试验的成功，为后来推广奠定了基础。

秦屿二轻工业简史

✍陈光俊

1953 年前，秦屿镇只有打铁、弹棉、鞋业、制饼、制衣等几个个体手工作坊。1953 年以后，随着国内社会主义建设与合作化的开展，逐渐将这些手工作坊组织起来，建成一批二轻工业企业。到 1985 年最盛时，秦屿二轻工业共有 13 个，产品主要涉及有自行车零件、五金制品、灯具、塑料、服装、造船、印刷等。厂区占地面积 58773 平方米，建筑面积 18903 平方米，固定资产 1269.9 万元，企业职工 1635 人。这 13 家企业是福鼎锁厂、县自行车零件厂、县灯泡厂、秦屿服装厂、秦屿塑料厂、县二轻机械厂、秦屿仪表厂、县车闸厂、秦屿文化用品厂、县针织内衣厂、秦屿食品社、秦屿造纸厂、秦屿造船厂，皆由秦屿工业联合社管理。1990 年，秦屿造纸厂、服装厂和仪表厂停办，其余 10 家企业逐步改为民营企业。现对其中几家重要的企业做些介绍。

二轻机械厂

县二轻机械厂，原是 1954 年组织起来的秦屿农具社，1968 年更名为秦屿农机修造厂，附设福鼎机床厂、福鼎县秦屿印刷轻工机械厂，1985 年改为县二轻机械厂，撤销了附设机构。

农具社刚成立时规模很小，是一个仅有 7 名职工，几把铁钳、铁锤，占地 60 平方米的简易手工作坊，只能修造锄头、镰刀等小农具，根本没有机械设备，年产值最高时才 6 万元。之后许多年，农具社用土办法、穷办法，东拼西凑武装起来了车床、铣床、皮带锯、摇臂钻床、砂轮机、电焊机、剪铁机、电冲锤、平面刨、翻砂炉等设备，建起铸工、金工、钳工、修配等 6 个车间，为农业生产改良创造了插秧机、播种机、打谷机、抽水机、水轮机、饲料粉碎机、碾米机、揉茶机、打夯机、五一犁等各式农机设备。在生产品种日益齐全的同时，质量也有很大提升。其中 1968 年，农具社生产的播种机、插秧机被选送到北京展览。机械厂生产的碾米机采用橡胶辊筒加工稻谷新工艺，体积小、耗电省、操作方便，脱粒不碎、米质白、出米率高。1985 年 5 月，《福建日报》对这一新产品做了专门报道。

改革开放后，二轻机械厂为了适应社会的发展和市场的挑战，不断扩大生产规模，开发新产品。其中很多产品属国内首创，尤其是自行车配件达到国际水平，被列为省级龙头产品。1989 年开发的美式自行车连体中轴，填补了国内空白，质量上乘，深受国内外客商青睐，产品畅销广东、湖北、广西、浙江等地，于 1990 年获工业部博览会银奖。

1990 年底，二轻机械厂拥有固定资产 36.32 万元，职工 196 人，各种机械设备 125 套，年产值达到 208 万元，税利 10 万元。

福鼎锁厂

福鼎锁厂是生产各种民用锁和自行车锁的专业厂，主要产品有自行车锁、抽屉锁、拉手厨门锁、弹子门锁等四大类 28 个花色品种，年生产能力达 250 万把，销往粤、云、贵、川、晋、浙、青、新、藏等 20 多个省市。锁厂生产的东海牌自行车锁于 1986 年和 1990 年两度获福建省优质产品称号，颇受用户青睐。

福鼎锁厂的前身是秦屿日用五金厂，由原秦屿综合社五金组的 6 个工人于 1972 年 12 月创办。办厂初期，设备仅有一台破旧冲床，利用铁皮下脚料生产学生用圆规，当年生产圆规 78 万把，产值 15 万元，以后陆续开发票夹、自行车保险叉、打气筒等产品。1985 年五金厂组织工人到温州参观学习制锁技术，之后投入 3 个月自行设计、制造了一套抽屉锁生产设备，并投入生产，月产锁 1 万多件，当年产 2.31 万把。之后，生产技术不断改进，具备了专业产锁能力。1982 年，秦屿日用五金厂更名为福鼎锁厂，产品有铝头抽屉锁、包钢抽屉锁、胶木拉手 A-1 型和 B-1 型两种厨门锁、有机玻璃 7 种花色拉手厨门锁、单保险和双保险两种弹子门锁、自行车保险叉等 7 大类多个品种。1984 年锁厂开发自行车锁新产品，有蟹形锁和链条锁等两种类型。1985 年到 1986 年，锁厂向美国出口 838 型抽屉锁 12 万把。

到 1990 年末，锁厂占地面积 6000 平方米，建筑面积 4600 平方米，拥有职工 299 人，固定资产 39.2 万元，拥有微电脑数控线切割机、自动制锁专用设备和通用机床等 250 多台套，工装夹具 500 多副，还有喷漆、镀铬等设备。1990 年产值 154 万元，利润 8.26 万元，税金 11.08 万元。

县针织内衣厂

针织内衣厂前身是 1950 年成立的秦屿缝纫合作社，最早的业务主要是来料加工。1969 年缝纫社与棕棉业、食品加工业、五金业等其他行业共同组成秦屿镇综合社，归属秦屿镇二轻联社。到 1979 年，大部分职工进入秦屿五金厂（锁厂）、灯泡厂和服装厂，缝纫社仅留下 12 人。在此基础上，1980 年 3 月正式创办秦屿服装厂，主要业务仍是来料加工，也生产少量涤纶裤，当年产值 11 万元。1982 年开始进行技术改造，发展腈纶针织内衣衫裤新产品。1983 年产腈纶衫裤 15 万件，并停止来料加工业务。1984 年更名为针织内衣厂，完成由来料加工的手工工场向机械化商品生产的转化。

1984 年内衣厂被县二轻局、手工联社评为先进企业，1987 年 10 月被宁德地委行署授予"抗灾救灾先进单位"称号，1986 年起连续保持地、县两级"重合同、守信用"企业荣誉称号。

1990 年末，内衣厂占地面积 2590 平方米，建筑面积 756 平方米，固定资产 34.35 元，职工 122 人，有高速平缝机、中速平缝机、钉扣机、裁布机等设备 87 台（套）。1990 年产值 52 万元，利润 2.34 万元，税金 3.16 万元。

秦屿造船厂

秦屿造船厂原为秦屿造船生产合作社，最早由 18 人于 1955 年组成互助组，后改为生产合作小组，1960 年改为造船生产合作社。1982 年更名秦屿造船厂，1986 年更名为二轻造船厂，1990 年更名福鼎县造船厂。

1979 年至 1981 年，合作社处于低谷，濒临关闭。后来选了一个懂行、善搞供销的吴贻轩当厂长。新厂长上任后，一手抓质量，实行船只保修一年，一手抓业务跑遍各地签订销售合同，以身作则敢抓敢管，增强了企业的竞争活力，赢得了声誉。"花香引得蝴蝶来"，广东汕头，福建平潭，浙江苍南、龙港和本地区霞浦、嵩山、台山、沙埕、南镇等地纷纷来厂订货，从山重水复到柳暗花明。后来，造船厂发展迅速，厂区面积 1 万平方米，建筑面积 2233 平方米，有设备拖船机 1 台、椿灰机 2 台、240 匹动力机 110 千瓦机组 1 台、80 匹动力机 50 千瓦机组 1 台、12 匹动力 20 千瓦机组 1 台。产品从过去制造 2 吨位、3 吨位、70 吨位的木帆船，到能生产 2000 吨位的木机动船。1990 年产值 103 万元，职工 163 人，年平均工资 4500 元，并建有化锯、制冷两个附属车间，朝制造钢制轮船发展。

自行车零件厂

自行车零件厂原是秦屿建国渔业社 1976 年 10 月，抽调 11 人、投资 26.8 万元创办起来的队办企业。在上海凤凰牌自行车厂帮助下，厂里研制生产自行车涨闸、自行车拉杆，填补了我省空白。由于该厂隶属建国渔业社，管理体制同生产发展不相适应，为了适应生产需要，1982年划归二轻管理。

办厂初期，厂址位于王厝祠堂，面积只有510平方米，设备简陋，生产能力很低，1980年涨闸产量总共不到2万套，但产品质量上乘，产品主要为福州、厦门自行车厂配套。为迅速形成批量生产能力，零件厂利用秦屿农机修造厂现有的厂房设备，整合技术力量进行联合生产，经过几年的摸索，订单发展到上海、天津、江苏、杭州、福州、厦门等地40多个企业，1985年涨闸产量达到15.3万套，产值367万元。1986年，自行车涨闸获省计量协会授予优质产品称号，厦门、福州、武汉三个自行车厂要货合同达31.5万套，供不应求，最高年产值425万元。

随着国内外自行车市场供求变化，涨闸、拉杆已不适应新的潮流。1988年后零件厂又开发了自行车钳形闸、抱闸等新产品。这两种新产品具有结构紧凑、性能可靠、新颖独特、经久耐用等优点。1990年，经省中心检验所检验，钳形闸为国内先进水平，抱闸为国际先进水平。1990年钳形闸产量79687付，抱闸6965付，产品主要销往福建、吉林、天津等省市和新加坡、泰国等国。

1990年，零件厂占地面积7757.65平方米，建筑面积2815.2平方米，产值155万元，职工311人，其中专业技术人员11人。

灯泡厂

灯泡厂，1978年10月由社会待业青年集资创办，1979年3月投产。投产后，主要生产大厂不愿生产的15W和25W等小支光管型灯泡，填补了市场缺项和广大农村的需求。灯泡厂坚持以社会需要为生产目的，不嫌产值低、利润薄，安于小，精于小，甘当"小字辈"，针对居民用电节省的心理需求，发展3W、8W、12W荧光灯。随着群众生活水平的提高和美化室内环境的需要，发展了各式各样有机台灯，为适应船用的需要，发展了船用低压指示灯泡，产品畅销全国十几个省市，既满足了消费者的需求，又发展壮大了规模。

经过12年的发展，到1990年，职工从25人发展到233人，年产值从10万元发展到300万元，固定资产从1.8万元发展到180万元，厂房从150多平方米发展到现有占地面积12000平方米，厂房面积3000平方米，主要设备有煤气发生炉1套、自动灯泡生产线1条、半自动灯泡生产线2条，职工人均月工资110多元。1982年，6W小台灯获省二轻创新产品奖，三节双色3W荧光灯获地区创新产品三等奖。1984年，灯泡厂获县二轻先进企业称号，被县委县政府授予精神文明先进单位。

车闸厂

车闸厂占地面积 3897 平方米，建筑面积 1736 平方米，主要产品有 H67 和 H81 钳形闸、抱闸、后闸、三轮车轴皮、TS 农用三轮车等。建厂初期，只生产三轮车轴皮和自行车闸系列，1989 年 3 月，引进改产 TS 轻便三轮车，通过省级新产品鉴定达国内先进水平，1990 年获地区优秀新产品奖，年产 89 辆。1989 年底又从台湾引进生产 2B 系列车闸，采用先进静电粉末喷涂工艺，经省商检局检验达国家标准。该产品适用于高档自行车刹车配套，畅销新加坡、马来西亚等国际市场，1990 年出口 12 万只，出口值 66 万元。也多向常州、天津、上海、福州、厦门等地自行车厂供货。1990 年车闸厂固定资产 50 万元，职工 115 人，产值 115 万元，税利 7.42 万元，获地区"一级信用企业"称号，县"双增双节"先进单位。

秦屿日用塑料制品厂

秦屿日用塑料制品厂，创办于 1980 年 2 月，由 23 人每人集资 1000 元、海堤指挥部集资 7000 元筹办。分 30 股，每股 1000 元，按股份安排人员，共 30 名职工。主要生产吹膜、拉丝、电动剃须刀、袖珍电风扇、电动磨等适销对路产品，当年产值 10 万元。1985 年 2 月失火，烧成一片废墟，损失 20 万元。同年 5 月二轻局派方石头同志负责处理灾情后，在有关部门的支持下，下半年重建了简易厂房，购置了设备，恢复了生产，当年实现产值 18 万元。1988 年 8 月，退回全部股份投资，企业重组，自负盈亏。重组后企业厂房面积 1005 平方米，建筑面积 800 平方米，有 60 千瓦发电机组 2 台、冲床 3 台、15 吨压铸机 2 台、切粒机 4 台、拉丝机 4 台、全自动彩印机 1 台、低压全自动吹塑背心袋设备 1 套，主要产品为吹塑薄膜，彩印各种塑料包装袋，塑料水瓢、塑料垃圾斗、吹塑背心袋等。1990 年产值 50 万元，职工 45 人。

二轻文化用品厂

二轻文化用品厂创办于 1959 年，最早由两个人用蜡纸搞油印，年产值 2.5 万元。1978 年购置两台 10 开脚踏油印机，产值 5 万元。1977 年改为秦屿综合社车间，分社后为文具社，1979 年改名为二轻文化用品厂，主要产品有凭证、稿纸、笔记本等，销往浙江、江西等地。1990 年有 4 开油印机两台、8 开油印机两台、8 开方箱油印机 2 台，职工 22 人，产值 48 万元。

蓬勃发展的秦屿工业

陈鼎金　陈光俊

　　秦屿工业走了一条从无到有、从小到大的发展道路，特别是改革开放以来，秦屿人充分发挥敢想敢干和敢为人先的创业精神，使秦屿工业有了长足的进步，出现了喜人的局面。

一

　　解放前，秦屿这个地方由于三面环山、一面靠海，山路难行，交通条件较差，工业基础也较薄弱，只有茶叶、酿酒、铁匠和食品加工等小作坊，其中较为有名的是郑贞邦创办的酒厂、烟厂、米厂和布行、杂货等行业。郑贞邦与陈扬腾、陈言涵是秦屿工商业发展的奠基者，被人们誉为"工商业三杰"。同时还有个陈书炎先生办的裁缝店。他祖籍长乐，落户秦屿，因从台湾学艺归来，能涉及裁剪时尚服饰，名气颇大。当时县长要穿中山装，还用四乘轿子往返50多千米抬他到县衙为其量身定做，这在福鼎十里八乡传为美谈。

　　1949年后，政府将这些小作坊按行业区分，组成手工联社，使工业发展有了新的生机，最早的是秦屿铁器社、木器社。由林如言、王育成两人带动成立了农械厂，即后来颇负盛名的二轻机械厂。该厂后来在王代振、郭玉龙等几任厂长的带领下先后制造出仪表车床、617车床、彩色自动印刷机等产品，享誉省内外。20世纪60年代初，秦屿工业又有了新的局面，当时享誉全国的秦屿建国大队，由于渔业生产的需要，在大队党支部书记刘利的领导下率先办起了建国修配厂，由郭玉龙担任厂长。郭玉龙在秦屿早期的工业界被誉为"工程师"，从图纸设计到机械制造，样样精通，为发展秦屿地方工业发挥了重要作用。同时，这个大队还办起了织网、鱼露加工、机砖、农场、自行车零件和车闸等厂，使渔业、农业、工业相互发展，取得了显著成果，被评为全国先进渔业生产大队。

　　在这时期，镇里还有一个居委会办的绣花厂更有特色。在居委会主任王细妹带领下组织了几百名女青年办起了绣花厂，产品全部由外贸部门出口到亚非拉国家，深受外商好评。大型彩绣《毛泽东去延安》于 1969 年还被选送进京参加二十周年国庆展览，使这个厂成为全县工业史上一朵艳丽的奇葩。

二

到了 20 世纪 70 年代，乡镇企业异军突起，各行各业能人辈出，出现了一个新的局面。最具特色的是当时的综合社，其领军人物是当时全镇有名的黄必鼎。他在办好五金厂同时，还带领邱爱俤、陈世兰、王良炽、邱良源、杨宗城、林开宗等先后办起了五金、针织内衣、塑料、食品加工、印刷等工厂，把原来的五金厂发展成福鼎市重点企业——福鼎锁厂。这个厂最多时员工达 400 多人，生产各种锁具，其中自行车锁还被评为省优质产品。灯泡厂、针织内衣厂都成为二轻重点企业。继综合社之后，时任公交运输、搬运负责人的陈光俊，在办好海上交通运输站的同时，也大胆引进人才，办起了公交纸板厂。宋发清、吴贻轩等同志负责管理的修船厂不断扩大业务，办成了二轻造船厂。公交企业的发展，使这个镇企业发展又出现新的生机。建国大队更是加快企业发展步伐，在秦学年、林宜同、林福官的带领下，在建国修配厂的基础上又办起了自行车零件厂，规模与当时的福鼎锁厂、二轻机械厂形成三足鼎立的局势。这些工厂的喜人发展，奠定了秦屿在闽东地区举足轻重的工业地位。更重要的是，这些企业培育和造就了一大批优秀人才，为今后秦屿工业发展奠定了坚实基础。

改革开放初期，国家对旧的经济体制进行改革，提出了一些新的改革措施，大大激活了生产力，也给秦屿工业发展带来了新的活力。20 世纪 80 年代初期，陈红俤率先办起了加油站，成为秦屿最早的万元户，同时又相继办起了紫菜、海川食品等工厂，其石兰牌紫菜成了全省名牌产品。徐嫩俤办起了海鸥冷冻厂。陈鼎金同志创办了福鼎市厦联电器有限公司，为世界五百强企业之一的 ABB 公司提供配套服务，产品分布十多个国家与地区。王一雄、陈仁春办起了标准件、光学仪器、摩配等工厂。郑传源将在福州所办的茶具企业迁回家乡，扩大规模，做出了全省名牌"郑源"茶具，实行茶具、茶叶立体经营。李斯龙开发的环保科技欧诺漆等。一时间，秦屿镇的民营企业如雨后春笋般蓬勃兴起。其中，实力较强的企业有海鸥食品、厦联电器、一雄光学、海川食品、欧诺漆科技、雄欣针织、郑源茶具、永春摩配、鑫龙机械、三宏机车、方圆汽配等。20 世纪 90 年代，白琳、点头、秦屿等相继办起了板材加工厂。秦屿虽不是玄武岩产地，但加工业却办得很红火，当时上规模的有陈孝锦、方一新、张克胜等人开办的锦盛、东方、克盛等加工行业，产品不仅销往上海、浙江、广东等地，而且还进行精加工外销到日本等国，受到外商的欢迎。

　　同时，镇政府也积极引进部分温州企业，规模以上企业达到 55 家，工业总产值达到 30 多亿元。海鸥食品有限公司 2010 年产值达 5 亿多元，产品盛销欧美、日韩，成为省级农业产业化重点龙头企业。一雄光学有限公司被评为省高新技术产业。水井头工业园区、文渡工业园区的建立，更为秦屿工业发展扩大规模带来新希望。

　　秦川大地工业的辉煌成果，凝结着一代又一代秦屿人的艰苦拼搏与汗水。他们的付出，不仅得到丰厚的经济回报，而且在秦屿工业发展史上将永远留名。

秦屿合作旅社始末

 王怀利

　　秦屿地处闽浙边界，面临东海，背依国家级风景名胜区——太姥山。这里不仅风光秀丽，而且物产丰富，素有鱼米之乡美誉。自古以来，水陆交通便捷，商贾繁荣，商旅云集。为此，名目繁多的商铺和各种名号的旅店也应运而生，据不完全统计，解放前秦屿横巷头至街尾短短一条古街就有十几家。这里人管旅店叫客店，客人叫人客，当时最有名气的是范作奎客店、郑嫩客店、许文柳客店、许文彪客店、刘则聪客店、陈玉枝客店、胡生客店等。客人大都来自泰顺、平阳、福安、柘荣等地，以及本地山里人，也有来自台湾妈祖（南关塘）和福、厦、漳、泉等地。他们来秦屿主要购买海产品、赶猪仔、卖土布、弹棉被、敲糖仔以及做桂圆、白糖之类南货生意等。

　　客店大多数是木质结构平房，沿街的是二层，当地叫明楼，房间阴暗低矮、狭窄，稍好的，用废报纸或牛皮纸糊上，刷上白粉，显得明净。由于受历史条件的限制，当时没有电灯，一到晚上，只能用煤油灯、三架灯和洋放灯照明，且一个房间放2张木板床，只供2人睡觉，冬天垫上一床稻草编的草垫，上面铺一条龙须草席，夏天蚊虫很多，嗡嗡声吵得客人无法入睡，主人只好燃上一个纸杆驱蚊。这纸杆是用白或黄纸卷成根0.7米长、0.05米直径的纸筒，里面填满艾草、紫苏、驱虫菊、锯木屑、雄磺等粉末加上木料。纸杆的形状，有的直挺挺的一根，有的卷成螺旋形，燃起来，一股白烟四处弥漫，蚊子一闻到此味就逃得无影无踪。但燃这纸杆，下面一定要用瓦片，否则直接放在楼板很容易引起火灾。这些平民客店根本没有卫浴间，半夜一旦拉肚子，你一定要叫醒店主指点迷津，有时客店离厕所很远，客人要忍痛提上裤子跑好长一段路才蹲进茅坑。清早起床洗脸，店家提供一个木面桶，大约直径0.5米，高0.2米，装上半盆温水，放进毛巾哗啦啦就可以洗。这些客店有的只管睡，不管吃，客人要吃饭，街道边有饭店，还有小酒店、小菜馆，可以尽情享用。秦屿这一批客店历经岁月沧桑，一直延续到20世纪50年代初期。

　　1954年，几家客店联合起来成立互助组，但还是以私人营业为主。1956年在合作化高潮中，在秦屿工商联领导下，开饭店的王雨丹、张岁、吴奎、王宜铭、林绍信、

1957年端午节秦屿合作旅社社员合影（太姥山镇党建办 供图）

王良喜、吴英（阿皮嫂）和我父亲几家合拼，成立秦屿合作旅社，范作奎任首届经理，地点安排在秦屿寒碧街街尾（现为陈家寿、陈家连两兄弟附近公产房里）。虽然是木质结构，但里面设备较齐全，管理也较规范，客人舒适感也大大提高。可是后来，合作旅社周围有几间茅草房时常发生火灾，为了旅客安全起见，在区委书记黄绍鼎关怀下，由秦屿工商联出面，将原旅社又调整到秦屿亭下王捷奎旧居五榴双层明楼内。此时，这旅社性质已是由政府管辖下公私合营以民营为主的企业，政府发给营业执照。据范开宋回忆，营业执照还是由时任福建省长魏金水同志亲自签署的，至今我还保留一帧父亲留下的1957年端午节秦屿合作社旅全体职工合影照片。

随着国家形势变化，秦屿合作旅社有所发展，旧的旅社根本适应不了形势发展需要，在体制上已划归财贸系统管辖。时任分管财贸系统公社革委会副主任杜承柳同志牵头在坐落于横街头杨厝门前四榴公产地上盖起了二层木质结构楼房，作为新的合作旅社，楼下兼营各种小吃、饭店和食摊点，楼上开设客房。这种经营模式一直延续到20世纪70年代初，生意十分看好。时任旅社经理刘则聪抓住机遇，又向秦屿农业大队后岐生产队购买了坐落在秦屿菜园垱一块农杂地建起了一座七榴楼房旅社，另设有两间厨房，外有一空埕，显得宽敞明亮，深受旅客喜爱。1973年，秦屿供销社为了扩大多种经营，大量收购农副产品，将采购站开在秦屿旅社，而将秦屿旅社迁移到寒碧路横巷头边。这一调整，对旅社带来很大好处，不仅旅社规模由原来七榴增加到十榴，而且处于闹市之中，日客流量不断增多，生意十分红火，这状况一直持续到20世纪80年代初。记得少年时我时常跟着父亲到他单位玩耍，发现楼上房间总是旅客盈门，楼下餐饮人来人往，后向还有小食品加工场，热气腾腾，一片繁忙景象。

秦屿旅社自从合作化起始终为集体所有制单位，企业负责人都是由财贸系统和当地政府委派的，先后有范作奎、刘则聪、李盛和、吴飞凤、陈国光等人担任。1981年随着改革开放春风，秦屿服务业也迅猛兴起，如供销、粮站、运管、秦屿饭店和宾馆像雨后春笋般出现。经营几十年的秦屿老旅社经不住市场的激烈竞争和时代变化也就自然消失在历史长河中。

秦屿镇百年来店铺和商界代表人物简介

王世昌　王怀利

秦屿自古就是商贾云集之地，清初至民国，秦屿药、盐、鱼、米、棉、酱园、客栈、南北杂货生意竞争激烈，尤为热闹。比较著名的店铺如下：

邱荣诊馆　　创办人邱荣（1698—1764），字建成，庠生。生于儒医世家，幼受熏陶，立志悬壶济世。好学悟性高，经营药店亲自坐诊，炮制药物，研究药性，医术超凡，尤其精于灸术。治愈病人甚多，遇到贫者求医分文不取，乡邻器重之，至今人们还在传颂其美德。

方太生药堂　　创办人方泰权，字鹏，号震溪，贡生、祖传药业，清道光时，自浙江兰溪县迁居秦屿开设。方太生专营零售，品种齐全，讲究药质，价格公道，擅长浙江炮制工艺，药材质量上乘，方圆十里无法相比，深得群众信赖和好评。清光绪副贡周梦虞送给"群芳处"匾额一块，秦屿群众送给"芝田妙品""碧海奇珍""品诚价实"等许多牌匾。方太生药堂，父创子继，孙承子业，传至五代至公私合营才停业。

黄信基西医诊所　　创办人黄信基，祖籍福建莆田，是秦屿镇西医之始，黄信基祖上信奉基督教，也是当地最早信基督教的家族之一，受教会影响，他早年在秦屿加入基督教会并受洗礼。在教会里，由牧师传授西医知识。此前，黄信基在霞浦读完高中，他聪颖好学，悟性高，受到牧师重视，认为他是学西医的难得人才，不久将其送往德国进一步深造。他回国后目睹太姥山一带没有一家西医诊所，当地人稍重点的病症，有的还要送到90多华里外的县城，遇到疑难病症，束手无策。黄信基见状就着手筹集资金购买医疗器械开起诊所，后又建起一座3进面积达200平方米房子，靠街面房子做诊所用，属前店后居结构。诊所内置药柜、注射室和病人诊床，主要从事西医内科和外科创伤的治疗。其妻梁玉燕，福鼎城关人，受过新式教育，也是基督教信徒，精于新法接生和妇产护理。解放初期，梁玉燕同秦屿"阿铭嫂"，被当地政府派去福州和福鼎学习新法接生，自此秦屿婴儿死亡率大为下降。由于黄信基有精湛医术和先进医疗设备，周围十里八乡患者都慕名而来。1958年黄信基夫妇响应政府号召支援农村，为解决农村看病难问题，前往硖门、柏洋一带行医，为方便群众做出贡献，至今人们提及夫妇俩还赞不绝口。其子黄鸣驹、黄鸣彪秉承父母意愿，一生都在农村为民行医看病，受到大家好评。

陈书炎裁缝店　　创办人陈书炎（1904—1962），祖籍福建长乐，是秦屿镇"中山装"制衣首创之人，自幼勤奋好学，曾去台湾求艺，深得名师传承，技艺高超，尤其擅长制作"中山装"。民国年间有一福鼎县长，要去省城开会，想制作一套中山装，传闻秦屿陈书炎是制作中山装高手，特地雇一轿子将其从秦屿抬到县城。陈书炎接下活立即量身定型，连夜剪裁、缝制，第二天下午将制作好的中山装交给县长，县长穿好后连连赞扬称奇。秦屿镇不少裁缝高手和成衣匠，都出自陈书炎门下。

乐记南货店　　创办人丁金钹（1873—1952），号乐卿，秦屿人，庠生，擅长经商，头脑灵活，经营米、面、糖、盐、纸、果仁、蜜饯等，称的上当地杂货经营规模之冠。其经营批发兼零售，货源大多来自福、泉、漳等地。乐记南货店重货源材料把关，做到色正味香，秉承诚信公道、价格合理、童叟无欺的传统，经营百年口碑好。

厚实膏药店　　创办人王肇堃（1897—1970），字作厚，号顺六，家有祖传制作膏药秘方，炮制药膏有讲究，药材20多种，工艺十几套，其膏药主治疗、疮和皮肤溃烂等有奇效，人称他"膏药神。"

秦屿镇有"商界三杰"，分别是：

郑贞邦（1911—1969）　　字维屏，号屏洲。自幼家贫，十三岁就随父小贩生计奔波他乡。从小天生聪慧，精于商道，父离世后，年纪轻轻就独掌店务，经营糖、烟、酒，由于精打细算、克勤克俭、擅长经营，短短几年就有烟酒作坊和店铺19处之多，在当时秦屿镇商业规模算是顶尖拔萃，为秦屿"商界三杰"之首。郑贞邦平生乐善好施，时常将余财救济贫困者，乡人敬之。

陈扬腾（1911—1977）　　字桂聆。陈家三代经营酱醋、豆腐小作坊，勉强度日，到了陈桂聆这一代，经营方式大有改进。陈桂聆念过几年书，年轻时到过浙南和闽南一带著名酱场打工学艺，掌握一套高超制酱工艺，从作坊选料、配方、浸泡、过火、晾晒每道工序都自己亲自把关。"永盛酱园"制作的豆酱、酱油、酱菜、豆腐等色味俱佳，邻人喜之，周围乡镇许多居民慕名而来，节日时供不应求。解放前夕，"陈永盛酱园"作坊和店铺规模达8000多平方米，繁忙时雇佣工人最多达上百人。陈家为人乐行善事，善待工人，每逢贫困求助者，均于周济，传为佳话。

陈良泰（1908—1947）　　号仰韩。其"陈泰来布店"是民国时期秦屿镇最大布行。陈良泰资金雄厚，经营批发兼零售，设分店多处，而且品种众多，除经营传统土布外还经营日本及东南亚哔叽、斜纹和花布等，质量上乘、价格公道、服务态度好，深受群众喜爱，经久不衰。1956年公私合营后退出商号。

秦屿农工商供销公司诞生记

✍ 王亦鸣

1984 年 5 月，中共中央、国务院转发农牧渔业部《关于开创社队企业新局面的报告》，同意将社队企业改称乡镇企业，并提出发展乡镇企业的若干政策，以及批转开放 14 个沿海港口城市。于是，秦屿镇各私人商铺如雨后春笋般纷纷开张。为了把握机遇参与改革，秦屿民间商人和有识之士纷纷响应国家号召，投身改革勇立潮头，在秦屿镇长鲍克明的支持下，我依规停薪留职，与粮站王国钤，二轻企业林代福、陈鼎金，供销社王傅提、宣平、王怀钦，服装师傅郑传源，水产商店王松年，才堡复退军人蓝天瑞、居民危肥等发起，参与探讨创办乡镇股份制公司。

在当时的情况下，私人股份制公司毕竟是新生事物，秦屿工商所不敢报批，县工商局也不敢登记发证。发起人，我为此直接赴鼎向刚由组织部调任工商局的王贞两局长请求帮助解决。王局长说："你们民间个人参与改革的精神和热情很感人，但目前的政策还没有明确规定，全县还没有私人合办股份制公司的先例，刚好县政府顾问谢秉田下午召开经济工作会议，研究部署福鼎经济改革有关工作，我会把你们的情况带到会上讨论，等我的好消息。"

当时政府办事效率很高，当天会议就研究通过了秦屿农工商供销公司的注册发证报告。王贞两局长开完会对我们说："你们的公司是改革开放的产物，谢顾问很重视，同意特事特办，你们可以开办了。"

5 月中旬，福鼎县秦屿农工商供销公司经工商局登记批准，以股份制形式成立，每股 1000 元，自愿参加，同时列为镇管企业。最后，公司由法人代表我担任总经理，王松年为副经理，郑源为福州办事处主任，兰天瑞为外联部主任，王传提为办公室主任，伍世玉为驾驶员，王怀钦为会计，高爱云为出纳，并邀请镇长鲍克明为公司顾问。公司设在玉池路林强商住楼二楼，并从硖门乡政府转让来一辆解放牌大货车，这也是当时民间企业唯一拥有的一部车辆。

公司开办后，通过五金厂采购员王尚栋与福建华侨公司联系，由王松年、郑源、兰天瑞 3 人赴榕，冒着滂沱大雨将购到的华侨公司进口布料发往上海服装厂，帮助上海工厂缓解了进口布源的紧缺，公司也赚到了第一桶金。

接着，运用以智兴商、服务家乡的策略，通过省内外的产品交流会，广交朋友，拓宽供销渠道，很快与温州罐头厂、福州火柴厂、福州华侨公司等商业企业建立起固定的产销互赢合作关系，把本地的麻笋、蘑菇等销往温州，将福州火柴厂产品销往闽浙边界各供销社和商店，把当年紧缺的家电产品电视机等从华侨公司销往各地。记得因为公司业务忙，人手不足，还把四川商家签订的几吨太子参合同，交由热爱经商的小学教师何明涯办理。一时间，生意搞得风生水起，很有名气，连香港、石狮等地许多公司都纷纷前来洽谈业务，镇委书记林时声、镇长鲍克明给予接待，在镇政府会议厅秦屿农工商公司与港方签订并投资联合成立旅游车队的意向书。奈因1986年初，因各种原因，公司宣布注销解散。

福鼎县秦屿农工商供销公司运营时间虽然只有短短两年，却是当年秦屿人民在党和政府的支持下，敢为人先、家国情怀的历史产物，为秦屿私营企业的发展开了先河，为以后民间自主创业提供了借鉴作用，为帮助农村产品外销，促进农民的脱贫致富做出了一定的贡献。意义很大，影响深远，值得文史留载。

文教卫生

石湖书院

✎ 冯文喜

石湖书院坐落在太姥山麓的潋城村，背靠纱帽峰，是宋代理学家朱熹讲学的地方。有溪流在村前交汇，形成一个小湖泊，即石湖潭。朱熹曾在书院题一联："溪流石作柱，湖影月为潭。"

石湖书院现在仅存一块遗迹，为小间斗方的砖构建筑，门前立一碑："宋代朱熹讲学遗址。"遗址在潋城沙吕线旁，福宁高速公路从它背后穿过。旅客坐在车上，倏忽就过去了，根本留不下什么印象。可就是这么一座不起眼的寓所，曾是古代了不起的书院，朱熹在这里把它的理学火种播散给当地学子，其中最著名的算是潋城杨楫。石湖书院有一碑记，是明成化庚子（1480）杨塽所撰，记叙朱子讲学石湖书院一事："至宋嘉定十二世祖右侍郎杨楫公者，少登科第，居朝不阿，言行政绩，灿著辉煌。常从朱文公游，称为高弟。当文公寄迹长溪，公履赤岸迎请至家。乃度其居之东，得地平宽，厥位面阳，爰立书院。"杨塽是杨楫的后人，立书院碑当是朱熹逝世200多年后的事情了。

自唐以来便有杨氏先祖在潋城一带繁衍生息。到了宋朝，尤其是朱熹理学在这里得到传播，陶冶了民众，文化氛围浓厚起来。

传朱熹在石湖书院讲学期间，去了太姥山，并在璇玑洞讲学批文。除此，他还去了黄岐、日澳、屯头等地。他去的这几个地方都留下一些传说。相传朱熹路过黄岐时，就投宿到一户农家，晚上在灯下注释《中庸》，写到后面就没有纸张了，左思右想后，抽起床板写在上面。长溪知县知道这件事，便派人把床板运送回县衙。

南宋庆元五年（1119）朱熹回到武夷山考亭。这是他生命中的秋天，多年的流离漂泊，已近垂暮。杨楫感念恩师情重，又赶到考亭侍学。杨楫作《朱晦翁〈楚辞〉集注跋》，他说："先生平民教学者，首以《大学》《论语》《孟子》《中庸》四书，次以六经，又次而史传。"朱熹在宋淳熙年间，集注《大学》《中庸》《论语》《孟子》四书，一生穷理并行其道，授徒讲学，石湖书院仅是他立说行道的一张书签。这张书签已被世风沉浸800多年了。

岁月变迁，石湖潭已经消失，石湖书院也成了理学史上一个小小的逗号。

龙门书院

佘燕文　丁振强

龙门书院创办的历史背景

秦屿在明朝之前就是一个贸易繁华的集市。

经济发达后，秦屿人民热衷于文化教育事业，兴办学校，最早可以追溯至唐咸通年间，赤岸人林嵩在屯头里澳北山（原名灵山）筑草堂读书，此处成为福鼎域内最早的书院。南宋庆元年间，理学家朱熹因避朝廷禁"伪学"，由古田取道长溪，在霞浦赤岸驻留。朱熹弟子秦屿潋城人杨楫（字通老，进士）前往赤岸将他迎到家中，在潋城石湖观创办石湖书院，设帐收徒讲学。朱熹在石湖书院讲学期间，还周游邻地，在太姥山璇玑洞讲学批文，到黄岐、日澳、屯头等地传播理学思想，陶冶民众。在宋代，受书院的文化熏陶和教育，潋城杨家就出过多名进士。

清乾隆六年（1741），政府极力倡导兴办书院，再加上几百年前中原文化逐渐南移，优越的地理环境，厚重的历史文化积淀，为秦屿造就了不少文人名士，这些人在文学、艺术上颇有成就，其文采风范对秦屿人民产生了深远的影响，在广大民众的心中播下了渴望文化教育的种子。就在这弥漫着浓厚的文化氛围时，秦屿的龙门书院开始兴办起来。

初创及变迁

根据秦屿三槐王氏宗谱中《皇清贡生王君东岚墓志铭并序》记载，龙门书院与这个王氏有密切关联。清乾隆六年（1741）王氏后裔王遐春会同族人王锡龄（乾隆丙午科举人，字乔松，号虚谷），在秦屿积石山北面龙门峡创办龙门书院（书院因建在龙门峡而得名）。书院用茅草盖顶，土坯围墙，极其简陋。后来经过多年艰苦办学，该院又移教于清嘉庆十五年（1810）由王锡龄、黄钟瑜等人创建的文昌阁内（今秦屿中心小学原大礼堂阅览室，2006年毁于"桑美"台风）。

文昌阁依照关帝庙的定例，奉行春秋致祭，由烽火营参将主持祭祀，文昌阁极

太姥山

230

具明清建筑风格，为四合院加一天井构筑，砖瓦结构，坐南朝北，抬梁式，硬山顶，面阔五间，进深四柱。中为天井，长近十八米，宽近九米。井沿以青石造砌，井中以三合土筑。左右为两厢，两两对称。前为二层楼房，窗明几净，雕梁画栋，古香古色。建筑面积100多平方米。参照文献记载，书院分置"徽道""横舍""堂筵""室几"等部分。文昌阁的风格和规模，是体现以"先圣生辰，忌辰设祭，皆学中为政"的孔庙建筑为宗旨，具有祭祀、教学、藏书以及社会教育等功能，是当时秦屿文化教育活动的中心。整个建筑华丽而又不奢侈，古朴而又不简陋，是一座让人倍感肃穆、庄严的书院。

教学情况及办学经费

龙门书院最初是民办的，教学形式是私人设帐授徒，师徒面对面席地而坐，学生人数少，教学任务主要是以启蒙教育为主，重在普及教育。龙门书院最初招收的生徒年龄在8—15岁之间，15岁以上的人大多自谋营生，帮助家庭干活，很少上学。刚开办几年，每年一般只有十几名生徒。入学仪式很庄严，书院教室正面墙上设孔子牌位，前置香炉，入学生徒先拜孔子，焚香行叩礼。入学时间是在每年元宵节后，闭学时间在腊月下旬祭灶前。没有礼拜天和寒暑假，坚持全年上课，只有端午、中秋、重阳各放节日假12天。在春耕、秋收季节，年龄大的生徒放农忙假10天至1个月，帮助家长干农活。龙门书院起初授课方法是采用单个授法，以读书、习字、作文、算术为基本教学内容，课程有《千字文》《百家姓》《三字经》《五方杂志》《珠算》《整数四则运算》。没有留级，不论生徒年龄大小，都可入学。后来，生徒人数日渐增多，书院声誉远扬，龙门书院由清政府接管变为较正规的官办学院。其教学任务也发生变化，重在普及和提高。由官府拨给学田，以助办学，不断扩大办学规模。书院有一套严格正规的管理章程：要求生徒专心读书，老师尽心教诲。山长（书院院长）由官府任命，聘请举人或贡士为师。书院招生对象有童生、生员、监生等。招收的生徒都必须具有学习儒学论著的基础，学额不限。清政府为巩固中央集权制，强化科举制度，以儒家学说思想来教育学生，除学习儒学内容之外，还要学习《幼学琼林》《唐诗三百首》《古文观止》。

自从龙门书院由官府接管之后，教学方法也发生变化：

读书　老师根据学生的年龄、文化基础、资质和接受能力，决定教读的数量。由于当时生徒程度不同，教学进度不一，只有十几名生徒的书院，书籍可多至几十种。生徒早晨上学，自己先温习旧课和继续完成昨日未竟的作业，然后将书呈送老师座席，请老师用朱笔在书上逐句圈断，这叫"上书"或"点书"。接着回到座位大声朗读，一直读到会背为止。最后再到老师席前背诵，得到老师认可后再给"点读"，不会背的不教新课，识千字以下的不作讲解。学到《论语·学而》篇，老师才开始讲解，称"开讲"。老师很重视朗读教学，几乎要求每篇课文要会背诵，教学朗读很讲究情感的投入，当老师读到文中精彩句段时，往往会摇头晃脑、抑扬顿挫地吟诵起来，生徒情不自禁地受其感染也摇头晃脑。老师对多音字、多义字的教学很认真，要求生徒在多音字上按该字在文中的声调位置用红笔勾一个半圈，俗称"圈破"。讲解时，老师讲什么生徒听什么，讲多少听多少，生徒不敢多问。

习字　每天下午，都要习字半个时辰，生徒初入学，先由老师教执笔方法，并手把手地教生徒基本笔画，俗称"运笔"。以后是描红、影格（写垫字）、临抬头（俗称"字头"，老师习字本第一格写上示范字，让生徒临摹）。生徒有了一定的临摹基础，就开始临帖练字，并送给老师评阅。

作文　识千字以上开讲，先讲平仄、音韵，后练习缀词、对"对子"、折枝吟（俗称"打唱"）、作文、作诗，逐步加深。老师很注重加强作文的训练，一般读一篇古文，由老师命题，三天之内写一篇文章，老师逐个当面批改讲评。龙门书院的作文教学，主要写八股文，选读历代八股文范本，学习八股文写作。

算术　生徒先是学口算，再学珠算，在熟练掌握口算、珠算的基础上，最后教学笔算。生徒学习方法是以自学为主，集体听课。教学之间也开展学术研究，互相切磋教艺，学习气氛很浓厚。

龙门书院有严格的学规，要求生徒不许迟到、早退、逃学，尊师爱友，专心听讲，刻苦学习。生徒若有违反学规，轻者罚站或罚跪；重者用竹、木制成的戒尺打手心、打屁股、敲脑袋，正所谓"手提一片无情竹，打你蒙童书不读"。生徒当天规定的背诵、写字如果达不到要求，中午、下午就要"关学"（推迟放学）。家长出于"望子成龙"的心理，相信"竹鞭之下有高徒"之说，大多拥护，甚至喜欢把子女送给严厉的老师教。这种近乎苛刻的"师道尊严"，似乎不近人情，甚至有些残酷，但是在当时很普遍，的确不失为一种培养优秀人才的有效办法。

龙门书院也有严格的考试制度，起初由山长讲解经书，批改或讲评习作。后来每月举行两次课考，一为"官课"，二为"师课"。官课，由地方官员命题、主考、评卷；师课，由山长命题、监考、阅卷、评讲。课考及格者可以得到膏火银（伙食费），考试成绩获前三名者还能得一份奖赏银。

清政府极为注重学生的思想品德教育，把书院作为学生思想品德教育的阵地，大都以儒家思想为教学中心内容，向学生灌输忠君尊礼思想，把修身与谈经置于首位。

232

人王拔贡。清乾隆末年，王家还在秋溪办过私塾，曾聘游光泽（霞浦人）任塾师。后来游光绎到福州鳌峰书院任教，是林则徐的老师。秦屿城内王姓的"扫叶山房"，为王氏家族培养不少人才，如王学贞，曾任龙岩县训导，与其父王遐春共同编著《麟后山房文丛》，如今收藏于福建师大图书馆，对文学、历史的研究很有价值。文渡江氏家族的"绿榕谷"也颇有名气，清乾隆年间开办，招收家族弟子，也培养了许多优秀人才，如江会准（字从如）历任福州府学兼鳌峰监院、江毓梅例贡、江系农岁贡、江肇乾拔贡、江本侃岁贡等。这些私塾办学规模较大，有些私塾一直办到解放初期。

私塾的发展，在很大程度上解决了广大民众子弟上学的困难，为社会培养了许多优秀人才，推进了太姥山镇教育事业的发展。

福鼎最后的私塾

○ 王亦临

　　秦屿玉池街原林氏宗祠后面是福鼎市最后的私塾——秦屿慎庐国学班旧址，遗憾的是目前已被水泥楼房所替代，主人张剑农也像他学生出的对句"燕接池头水"一样，成为匆匆过客。师恩难忘，他的关门弟子们说，每当漫步到此，往事总会涌上心头。

　　"文革"前，这里是鱼池头的张姓祖宅，坐北朝南，为幽静的城郊四合院，门前蜿蜒的小路旁有口大鱼塘，离八都桥一箭之地，顺风时，路过的行人，都能隐隐约约听到从这座宅院中传来带着本地方言的琅琅书声。授课老师，就是秦屿民间受人敬仰的国学先生张剑农。

　　张剑农，中等身材，理平头，甲字脸，架一副近视镜，常年戴着清代的八瓜帽子，身着长袍，手持戒尺，给人一种饱学之士的感觉。他原名张振蒲，学名志蒲，字引端，号剑农，又号见农，别号国光，福鼎县高等学校旧学制毕业生，清拔贡王镜波高足，国民第三小学跃鲤小学校长。他生于1896年，卒于1977年，享年82岁。

　　张剑农一生热爱国学教育事业，古文造诣颇深，治学风格严谨，为人低调、生活俭朴，性格宽柔，和蔼可亲，谨遵"天下良谋读与耕"的古训，甘当园丁培育桃李。解放初，旧的国学校取消，他对普通话不熟悉又害怕政治运动，不能继续舌耕只好回家读书务农，住在宅院简陋的后厢房。他称宅院为"慎庐"，把此房称为"陋可轩"，自号"陋可轩主人"。他过着艰苦的田园生活，如他五言律诗《倚枕听雨》写的："风翻似浪吼，夹雨洒窗前。宿雾四山障，长天一水连。晨炊柴缺乏，野味菜新鲜。远涧流泉急，潺潺到枕边。"由于他是当地著名的国学先生，解放后大家依然非常敬重他，群众对他的教学水平非常认可，许多学生家长特地把自己的孩子送到他家里，要孩子称他为"先生公"，恳求他个别开课。为了生计，在家长们要求下，他又重操旧业，于1952年将自己居住的陋可轩腾为简易教室，接收家长自愿送来学习国学的学生，这些学生年龄不等，有的是政府部门识字不多的干部，如当时的区长丁世昌；有的是各单位、部门的国学爱好者，借节假日和晚上来学习的；有的是在校生，家长希望提高国学水平，借假期送来补习的；大部分是专门来读古文的孩子。每个

……授

……，各人的

……，用戒尺在你的手

……认真，在每本上会用毛笔

……，让你加深理解。那些布置的作

……、榜眼、探花、卢、甲、乙、丙、丁等级

……以下的级别就要你站着背书或者重写几遍，直到

……地促进你的学业提高。如果没有书本，而且是刚上学的，

……本四言杂字或者五言杂字给你读、背、写。他的这本手抄本内

……以本地地名、物品、实用文字为主，一学就会用，在政府开展扫盲"运

……时期，很受学生和家长欢迎。

先生倾心国学，手不释卷，深居简出，甘守清贫，与世无争，正如他《无字》诗所写："寻闲遍扫绿苔痕，日落西山庭角昏。秫种满畴充口腹，书藏盈箧课儿孙。曾探归隐卧龙地，不羡当官驷马门。寄傲南窗无所事，埋头披阅蠹鱼魂。"

见山楼

王世昌

见山楼，俗称"仓楼"，是秦屿城一座王姓私塾。它坐落在秦屿古城北路16号，占地720多平方米。整个书院坐北朝南，围墙正门楣上镶有"见山楼"石刻和"莲川世泽长、书楼家声远"的楹联，因见山楼前面是一片开阔地，上楼打开窗口，前面的远山近水一览无遗，尽收眼底，可谓是开门见山，因而得名"见山楼"。

院内中央建有一幢七榴面高7米，深10米的双层木质结构主楼，主楼中间是书院大厅，也叫学堂，是学子上课场所。大厅两侧底层是谷仓，存放王氏宗祠的公粮，至今仓内墙壁地板上依稀还能看到当年涂有防虫蛀的白石灰痕迹。楼上左侧是先生休息处，中间大堂是文人墨客登高望远、饮酒作诗休闲处。当年，秦屿"八君子"曾在此开赛诗会。

楼上大堂右侧是藏书楼，大量收集当地名儒及家族名人的著作，其中著名的有王孙恭的《太姥山续志》《寄草庐集》《无聊集》《榕阴书屋集》《熊山学吼》《星溪集》，王锡龄的《春秋三家经文同异考》《周易十家集解》《水源泉木本录》《虚谷诗文集》，王绍言的《先儒言行录》，王守锐的《迟云诗抄》等。

主楼后面是后花园。园中四面建有一座三榴面单层砖木结构朱子祠，内供有朱熹神像。朱子祠建筑风格精致，青砖灰瓦，两旁勾翘檐角。祠前左右有两棵榕树，右旁还有一口鱼池，防火用，左旁假山种有奇花异草。整个书院布局古朴典雅，是个习文修身养性的好地方。

秦屿城里王氏于明末清初始迁，传第五世王子仁（字安卿，号敦斋），于乾隆八年（1743）孝取都痒十二名，补郡增贡生，福州府教授。乾隆十五年（1750）五月，王子仁在题兰亭书舍中说："余祖分自太原，递传而盛于闽东，越明季播迁，余太公遂营于长溪邑下。"嘉庆十一年（1806），王子仁孙王锡龄于蚤闲斋撰写《锦城王氏族谱序》："始祖陇前功业贩盐由福清沿海止福宁州水澳，再迁今福鼎县秦屿。"

见山楼是秦屿清代举人王孙恭、王锡龄于乾隆五十一年（1786）倡建，历近二年始成规模。王家是秦屿望族，历代儿孙谨遵诗书、孝悌传家祖训。书院建成后，先后聘请全闽名师来教学，有林则徐老师的游光绎，还有台湾府教授郑兼才及名儒陈寿琪、谢金銮等，一时文风盛行，人才辈出。从乾隆二十五年（1760）至光绪年间，王室家人考中举人贡生21人，国学生、秀才88人，曾一度出现"父子公孙六举人，叔侄兄弟五拔贡"的传奇佳话。他们即王子仁（乾隆八年增贡生）、王孙恭（乾隆二十五年举人）、王家宾（乾隆四十二年拔贡、举人）、王锡龄（乾隆五十一年举人）、王绍言（乾隆五十四年举人）、王圣保（道光十七年拔贡）、王祖望（道光十七年举人）、王守锐（道光二十九年拔贡）、王守愿（道光二十九年拔贡）、王起钧（同治元年举人）。

目前，见山楼面目全非，只剩下三榴残破木屋，大部分被拆解改建其他宫殿庙宇，实在可惜。

太姥山镇现代教育发展概况

佘燕文　丁振强

学前教育

人生百年，立于幼学。0—7岁是人生的开端，为儿童一生成长奠定了最重要的基础。发展学前教育对国家、民族、地区以及个人的发展意义重大，"学前教育就是为国家构筑财富"已成为全球共识。

太姥山镇自20世纪80年代以来重视学前教育，取得了可喜的成就。截至2021年，太姥山镇共有秦屿中心幼儿园、金贝幼儿园、太姥山第二中心幼儿园、金太阳幼儿园、蓝天幼儿园、小风车早教园、贝贝星幼儿园、启明星幼儿园、海川幼儿园、金博乐幼儿园等10所幼儿园，充分满足了适龄儿童入园需求。

小学教育

太姥山镇中心小学

太姥山镇中心小学历史悠久，前身为"龙门书院"，1938年更名为"秦屿中心小学"，2011年后改为"太姥山镇中心小学"。现校园占地面积13.7亩，建筑面积7711平方米，有35个教学班，近2000多名学生，教师107人，中师以上学历占95%，其中本科学历89人，各级各类骨干教师18人。近年来，学校不断完善校园建设，优化育人环境，以学生发展为本，重视学生知识、技能、体能、道德、心理等方面的和谐发展。学校创办了闽东农村小学规模最大的图书馆、阅览室，增添设备齐全的语室、计算机操作室、仪器室、实验室、劳技室、音乐室等，办学水平得到各级领导的充分肯定。为促进教育公平，坚持"划片招生、就近入学"的原则，秦屿中心小学原则上招收积石街、金灵街、玉池街、孔坪村、竹下村、太姥洋村、仙梅村、方家山村、瓜园村、牛郎冈村、蒙湾村、东星村、樟岐村、巨口村以及洋里村地区的学生。

新时代以来，学校积极推进素质教育，树立"质量立校、科研兴校、依法治校、特色荣校"的办学理念，以"课堂教学培养学生创新精神与实践力"为研究课题，

太姥山镇中心小学（太姥山镇中心小学 供图）

深化课堂教学改革，不断提高教育质量，大力开展教科研活动，办学成效赢得社会各界人士的信赖。近年来，有 20 多位教师在市级教学优质谋评选中荣获一等奖，有 120 多篇论文在刊物上刊发。学校积极营造适宜创新人才健康成长的良好环境，让学生投入丰富多彩的各项活动中去，培养兴趣爱好，锻炼独立思考和动手能力。促进个性充分发展。有 41 名学生作品在第 12 届"双龙杯"全国少儿书画大奖赛中获奖，13 人荣获金、银杯奖，学校荣获集体一等奖；学生制作的"飞机风洞试验"科技作品参加省小学生科技制作展览荣获三等奖。学校在社会上享有较高的声誉，先后获得全国少先队红旗大队、省级文明学校、省农村示范小学、省少先队工作金奖学校、省体育工作先进单位等殊荣。2009 年 9 月，获由国家人力资源部、教育部颁发的全国教育系统先进集体奖项。

太姥山镇第二小学

太姥山镇第二小学于 1973 年创办，原为秦屿第二小学，其招生范围在康湖街、寒碧街、秦海村、彭坑村、太阳头村、吉坑村、国营农场（茶塘）、下尾村、屯头村、斗门村、日澳村以及小箅笪村。

20 世纪 70 年代初期，国家各项事业开始恢复正常，太姥山镇教育事业获得进一步发展，秦屿中心小学已不能满足当地适龄孩子的上学需求，加之，寒碧街的学生因路途遥远，上学极其不便。针对这些困难，地方政府在 1973 年决定增办一所小学，当地人俗称"二小"，把康湖街、寒碧街的学生规划二小，初步解决了当地适龄儿

太姥山镇第二小学（太姥山镇第二小学 供图）

童入学难的问题。

　　2008—2009 年度秦屿镇政府和福鼎市教育局规划了秦屿第二小学的新校区，新址选定在原秦屿镇建国村鱼塘，即现福鼎四中操场的北面，水井头工业园区的南面。2010 年 5 月秦屿第二小学新校区一期工程正式启动。2016 年福鼎市人民政府鼎政综〔2016〕294 号同意设立太姥山镇第二中心小学，将学校从秦屿中心小学分离出来，2022 年 5 月学校成为独立法人单位。学校成立 50 多年来，为社会培养了大量优秀人才。学校一直本着制度与人文相结合的管理思想，积极探索办学之路，大力打造书香校园，不断壮大师资力量，办学质量蒸蒸日上，成为每年宁德市评价良好的学校之一。

太姥山镇第三小学

　　随着社会经济的发展，太姥山镇人口及外来务工人员增加，太姥山镇原有的两所小学招生压力逐渐加大。为保证外来务工的子女能够平等享受教育，当地于 2019 年 9 月 18 日动工建设太姥山镇第三小学（现更名为福鼎市秦屿中心小学南校区）。该小学规划用地面积 30233 平方米，总建筑

秦屿中心小学南校区（李秋容 摄）

面积 26800 平方米，主要建筑包括两幢综合教学楼和教学楼一幢，风雨操场一个，2020 年 9 月，秦屿中心小学南校区正式投入使用。目前在校教师 97 人，学生 1975 人，教学班 40 个。教师中本科学历的有 82 人，各级各类骨干教师有 6 人。

中学教育

福鼎市第四中学

福鼎四中创建于 1958 年 9 月，原名"秦屿小学附设初中班"，1959 年 3 月，福鼎县人民政府正式命名为"福鼎县第四中学"，1995 年更名为"福鼎市第四中学"。初建时，师生临时在秦屿后岐临水宫上课，当时仅两个初中教学班，100 名学生，6 名教职工。1949 年以来，福鼎四中学校规模不断扩大，教学质量不断提高，1970 年设置高中部，自 1977 年恢复高考以来，该校考上高等院校的学生累计上万多人，1978 年即被列为宁德地区十七所重点中学之一，1998 年即评为省三级达标学校。2002 年起每年高考上本科线学生均超过 100 人，2009 年四月被确认为省二级达标高中。截至 2019 年 9 月，校园占地面积达 67942 平方米，校园布局科学、环境优美，分为教学区、运动区、生活区。学校建有行政办公楼、实验楼、正利楼、聚贤楼、图书馆、综合楼、知行楼、学生公寓、学生食堂、艺体馆共 10 幢主要建筑，建筑面积总计 27969 平方米，运动场面积达 30000 平方米。该校共有 40 个教学班，学生总

福鼎第四中学（福鼎四中 供图）

数 1951 人，其中高中 25 个教学班，高中学生 1206 人；全校教职工总数 195 人。目前教学班 40 个，其中初中 16 个班，高中 24 个班，学生 1991 人（其中初中 809 人，高中 1182 人），教职工 193 人（其中专任教师 166 人）。教师队伍学科配套、结构合理，专任教师学历达标率 100%，取得高级中学教师资格证的占高中教师总数的 98.08%。学校已具有思想、政治、业务素质较高的师资队伍，形成"敬业、爱生、博学、善诱"的教风，为社会主义建设事业培养了大批优秀人才，出现了博士生导师、博士等国家高级人才。

（1）艰苦创业时期（1958—1966）

旧时太姥山镇交通十分闭塞，福鼎四中建校之前，当地学生上中学要步行几十里乃至上百里，远到桐山或霞浦、白琳就读，求学之路异常艰辛。中华人民共和国成立之初，百废待兴，人们温饱难求，无力顾及子女教育，当地能够到外地上中学的人屈指可数。当时就连小学教师，也多是来自福州或桐山的。因此，在当地办中学成了全镇人民的迫切愿望。

1958 年秋，福鼎县教育局委派周天培、张序陵筹建"秦屿小学附设初中班"，招生范围覆盖秦屿、店下、硖门、嵛山，招收 100 名新生，设两个教学班，校名为"秦屿小学附设初中班"。当时校舍未建，便将后岐临水宫的第一进两间厢房暂作为教室，第二进两间厢房用木板隔开成了学生寝室，楼上作为教师宿舍，其艰苦程度不言而喻，福鼎四中便在这样艰难的环境下诞生。

新校舍建立之时，由于人手不足，师生们便配合建筑工人在临水宫门前靠南的海滩地里清淤挖泥，移石填土，搬砖运瓦，先建起了一幢四间的简易教室。1959 年夏季，校舍基建工作全面铺开，靠北的海滩地上也建造了另一幢四间教室，供秋季开学后使用。同时，还计划在南北两排教室之间的东侧再建一幢办公楼，然后将三个校舍连成一个"U"形的整体，于是形成了传承至今的南侧教学楼的 U 形建筑结构。

这期间学校教导主任是杨哲生（原秦小副校长），他工作严谨，注重抓好教学方法的研究，促成了良好的教风。当时教师虽来自不同层次，有的是中专或高中毕业生，有的从小学抽调来，但多数教师都有着高度工作责任心和进取心，能认真钻研业务，提高教学质量。广大学生也都有正确的人生观和崇高的理想，他们学习勤奋、精益求精，涌现出了一大批优秀学生。

由于国家三年经济困难，学生不得温饱，大量被迫辍学。至 1962 年夏季，学校仅剩 3 个教学班，学生仅 83 人。近半数教师被下放小学。1962 年，在党的"调整、巩固、充实、提高"的八字方针指导下，学校贯彻落实《中学五十条》，纠正了工作失误。随着国民经济的复苏，从 1963 年起，学校步入发展阶段，又逐渐恢复了生机，

又

驶

学生

（

粉碎

福鼎四中的

良同志事业心

校学生已增至

教研组逐步健全，

1979 年至 1984

中恢复三年制，至 19

生总数 1037 人。这一时

这七年的拨乱反正，

新的活力，为以后的发展积

（4）改革进取，面貌一新

1984 年至 1986 年，在当地

学楼一座、简易教师宿舍加层 363

新建教师小膳厅一间、扩大操场 5 亩

都相继得到改善、更新或添置，使师生

1987 年，学校规模发展至 24 个教

德地区十七所重点中学之一。这时期，学校

太姥山

学校除建有 1280 平方米的实验楼和 1000 平方米的学生宿舍楼以及购置并改建 377 平方米的图书馆外，还在 1996 年投入 145 万元建设面积为 2350 平方米的综合楼，1997 年征地扩建面积为 15000 平方米的 250 米跑道的田径场，1998 年投入 12 万元向周边群众征宅基地 420 平方米，1998 年至 2000 年投入 142.6 万元征地扩建面积为 2821 平方米的教工宿舍楼，并且绿化、美化了学校环境。

这十五年间，由于校领导锐意改革，开拓进取，学校规章制度不断完善，教师队伍不断充实，学校规模不断扩大，教育质量不断提高，学校跃居为宁德市重点中学和省三级达标学校的行列，并且为福鼎市教育系统培养和输送了许多优秀的领导干部。这一时期学校生机勃勃，出现了前所未有的崭新面貌。

（5）砥砺奋进，再创佳绩（1999—2019）

1999 年春，学校筹建建筑面积为 6000 平方米的综合大楼，新增绿地 320 平方米，绿化美化了校园环境，先后设置了校园电视网络、多媒体电脑网络教室和多媒体电教室，为发展高中创造了良好的硬件环境。1998 年始建的建筑面积为 2821 平方米的教师宿舍楼也投入使用，基本上解决了教师的住宿问题。

2003 年，总投资 600 多万元，建筑面积达 5678 平方米的，集理、化、生实验室和多功能教室于一体的综合实验楼竣工并投入使用；2006 年，由校友吴正利先生捐资 200 多万元建造的 2415 平方米的正利楼亦已投入使用；2008 年，校友郑国裕先生捐资 60 多万元建造学校新大门；2014 年，筹资 170 万元征地 60 亩；2015 年，创建福建省一级达标高中，上级拨款 400 万，建设 400 米塑胶跑道，筹建艺体馆，按省一级达标学校标准购置的理化生仪器设备、多功能教室的设备、计算机教学设备、天文观测台等设备。

21 世纪以来，学校确立了"深化管理改革，强化育人措施，美化校园环境，争创文明学校"的办学目标，坚持"以人为本，着眼整体，注重个性，开发潜能，发展特长"的教育理念，建立健全规章制度，重视教育教学常规管理，注重教师队伍建设，努力推进素质教育，逐步形成"实字为本，勤字当头，竞为机制，精为目标"的校风。为适应教育形式的发展，学校重视教研教改工作，承接了中央教科所德育研究中心"九五"规划国家级重点课题"整体构建学校德育体系"之子课题"德育活动课和学生良好道德形成的研究与实验"，其《结题成果材料汇编》分别在全国第三届、第四届德育工作学术研讨会上被评为优秀成果二等奖。学校还引进中国科学院心理研究所开设的"高效率学习方法与心理素质训练"课题实验、省教科研开设的"张思中外语教学法"课题实验和洋思中学"先学后教，以教导学，以学促教，当堂训练"的课改模式。除了学校承担的国家级、省级课题外，各教研组和教师个人，还根据自身特点和需要，开展了不同类型的课题研究，也分别取得较为显著的成效。

在师生的共同耕耘下，学校办学效益斐然，先后荣获"全国德育先进实验校""福建省第七届、第八届文明学校""福建省农村学校体育工作先进单位""福建省党政工共建先进'教工之家'""宁德地区教学常规管理先进单位""宁德地区普通中学校园建设年先进校""宁德市校务公开工作先进单位""宁德市师德建设先进集体"等称号。全校师生正朝着学校发展战略目标，为把学校办成一所管理规范、实力雄厚、教学质量优等、办学质量好、办学水平高的一流中学而努力奋斗。

福鼎第十七中学

福鼎第十七中于1992年秋季创办，1994年迁到太姥山镇积石路，现有校园面积近60亩，教学班25个，学生1160人，教职工116人，其中高级教师职称13人，中一职称37人，宁德市级骨干教师12人，福鼎市领衔名师3人，福鼎市首届名教师2人。在上级党政和教育主管部门的关心支持下，办学规模逐年扩大，基础设施飞跃发展，教育教学质量稳步上升，社会声誉日渐提高，近年来承担着太姥山镇初中义务教育60%以上的招生任务。

福鼎十七中以"让每个学生在校有所为"作为学校的办学愿景，依托德育系列活动为载体，引导学生从学习、生活的点滴小事做起，培养学生良好的行为规范和道德品质。以教育教学工作为重点，树立"以学定教，少教多学"的课堂教学理念，通过校本培训、校本教研、校本课程开发，促进教师专业化成长，不断提高教育教学质量。

2002年以来，十七中教师在《福建教育》等中文刊物上发表论文16篇，获省、地、

福鼎第十七中学（李秋容 摄）

市先进荣誉的教师 28 人次，学生参加各级各类学科竞赛获全国二等奖 2 人次，省二、三等奖 6 人次。2002 年宁德市数学奥赛和英语奥赛，学校施建建同学和王国昌同学分别获得两项竞赛的一等奖，2004 年王小倩同学又荣获宁德市数学奥赛的一等奖。2005 年李家信老师指导学生陈家缵参加全国应用物理知识大赛，获得宁德赛区一等奖，王建艺参加"爱我中华，心系祖国"读书征文活动获得宁德市一等奖。近几年来，十七中校在体育、音乐、美术等各类竞赛方面也都获得不少优异的成绩。该校教师积极参与教科研活动，2004 年该校《农村初中英语任务型教学的研究》和《农村初中数学互助学习的研究》两项课题总结，分获宁德市 2004 年度教科研课题一、二等奖。2004 年在市教育局举办的优秀课改案例评比中，王诚燕、范金莲等多位老师获得一、二等奖；在宁德市语文优质课评比中，王诚燕老师获一等奖，其制作的课件获二等奖；在宁德市教学说课比赛中，林菁老师获二等奖。

　　近年来，太姥山镇党委、政府高度重视学校的办学情况，努力改善学校的办学条件，每年，镇相关领导多次莅临学校检查并指导各项工作。2010 年以来，总投资 840 多万元建筑面积 5480 平方米的教学楼、投资 350 多万元建筑面积 2700 平方米的两幢学生宿舍楼和投资 332 万元建筑面积 2547 平方米的学生食堂相继竣工投入使用，大大增加了校园建筑面积。2011 年在迎接"双高普九"工作中，校园的基础设施、功能教室、设施设备有了根本改善，修建了校园主干道、不同功能围墙、标准灯光篮球场，改造了学生阅览室、舞蹈厅、学生餐厅、厨房，配置了班班通、理化生实验器材、劳技器材体美音器材、学生电脑、学生图书、寄宿生太阳能装置。2012 年学校通过多方筹措整修了报告厅，添置了电子显示屏，种植了绿树草坪等，校园更美了。

太姥山镇民俗文艺集锦

～佘燕文　丁振强

藤牌舞

藤牌为盾牌的一种，旧时称"干"，原为一种武器，藤牌兵一手执牌，一手执刀，进能以刀砍杀，退能用牌抵挡，运用灵活，攻守自如，是古代战斗中常见的兵种。秦屿的民间舞蹈"藤牌舞"因以藤牌为主要道具而得名，发轫于明末年间，驻扎在太姥山镇的陆军烽火营会操检阅时的舞队表演，后经过改造动作、步伐、阵形和赋予情节逐渐演变成为一种舞蹈，经常在民间节庆和祭祀中献演，集娱乐健身于一体。过去太姥山镇正月"迎神"或城隍庙、忠烈祠、康湖毓麟宫和九使庙等重要庙会上时有献演，演出场面犹如战场般气势恢宏，深受当地民众的喜爱。

历史渊源

嘉靖年间，戚继光为了抵抗倭寇侵犯，曾在福宁府（包括福鼎、霞浦、福安、宁德一带）练兵操练藤牌。据其军事著作《纪效新书》中载："干（盾）古有圆长二色。以藤为牌，近出福建……"戚继光根据闽东一带海岸线曲折，多为淤泥质海滩及倭患进兵特点，将所创立的鸳鸯阵藤牌操，训练士卒，传教乡勇，用藤牌逐渐代替皮牌及其他防御武器。藤牌的坚、大、轻适用于沿海淤泥质地，在陆战、水战、车战中得到了广泛使用。"余乃因蹶思使以败求胜，乃精放鸟铳之法以代矢，矢不及铳……狼筅钯棍皆倍刀之长，藤牌捍身而进，刀枪不可入，是以幸而屡捷。此后百战未有一挫。"戚继光用铳代矢，用狼筅等长兵器和藤牌破倭有法，百战百胜。当年老百姓纷纷涌入校场观看戚家军练兵，对观音坐莲、鸭步进等藤牌动作喜爱有加。于是，在当地乡勇的传教下，以练兵操基本套路为雏形的民间健舞——藤牌操开始在秦屿民间流传。同秦屿城隍庙和忠烈祠供有戚继光（少保）的神位一样，藤牌操在庙会和祭祀活动中献演，即为了纪念抗倭名将戚继光，又达到去邪保太平的作用，意指戚家军一到，倭寇荡尽，天下太平。

清乾隆年间，秦屿藤牌操在民俗活动中得到不断充实，完善。由于人们相信打藤牌有去邪保太平的妙处，藤牌操也像舞龙"耍狮"打鱼灯一样，从庙会上表演变成向住户人家献演，盛极一时，至今秦屿城隍庙和九使庙的正月"迎神"仍遗留着当年迎神打藤牌的威风。游行队伍前面是"高脐锣"和"号排（长号）"开道，随后是左右阵列"啸静、回避"四牌，中间有一员副将手捧"帅印、令箭、战表"，走"丁字"步壮行；接着，由一面大旗前导，后跟八面队旗，藤牌手抡牌使刀，走"引牌"步伐，雄赳赳气昂昂地在队伍中间；后面是枪、矛、戟等长兵器队，称"打八将"，还有扮成黑白无常、小鬼等人物随行；最后还跟着抬香案的帮衬，浩浩荡荡足有百人。游行队伍杀声阵阵，威武雄壮，锣鼓喧天，热闹非常。虽然历经"文革"禁演，传统的藤牌舞套路未经整理展示，如今的藤牌手只会粗略的动作，但观者对"藤牌军"的顶礼膜拜却不减当年。家家张灯结彩，沿街爆竹声声，扶老携幼，点香焚纸钱，迎接藤牌军到来。

另一说，秦屿藤牌舞在道光年间最为盛行。据20世纪50年代秦屿卢本泉（1889—1960，曾为秦屿烽火营水军士兵）介绍，清道光年间，秦屿校场经常集中会操，目的在于鼓励部队加紧锻炼，以保卫海防，抵御外辱。其间，桐山也有陆军藤牌参加会操。会操时，不单是藤牌，有藤牌队、长矛队、杂械队、马队、双叉双刀队等。会操时，先马队、长矛、然后藤牌表演，有司令旗、纛旗开场，战鼓、大号助威，知府、总督、巡按坐在将台上检阅，指挥藤牌是用红色令旗（长矛用白旗、杂械用五色旗）。会操以秦屿烽火营的藤牌操最精，曾于光绪某年参加全省会操得奖一次。在官方部队轰轰烈烈会操的背景下，民间藤牌舞也由烽火营的本地清兵和团勇进行了精心的改编，而成为盛行于民间的民俗文化表演。

道具、服装、乐器和舞曲

秦屿藤牌舞的主要道具有纛旗、藤牌和刀。纛旗分指挥旗和大纛旗，是走在最前面的两位旗手右手所持道具。指挥旗仅有一面，为方形，长二尺、宽一尺五寸，颜色为红色、花线边。大纛旗有四面或八面，也是方形，长五尺左右，宽三尺二寸，颜色为橙色，中有一狮头标识。藤牌为圆形，直径二尺寸左右。藤牌原来用藤缠绕，外涂画铜质狮头或虎头或龙头，内置一木手柄，一个小圆圈，可以让左手通过圆圈握住手柄。银色大刀是藤牌舞中的最具武术特色的道具，道具刀全长二尺五寸，其中刀柄长五寸左右，刀叶宽一寸五分，刀柄上有上下护手钩。

秦屿藤牌舞的演员服装有中军和藤牌手之分。中军上身着蓝色短靠衣，下身着蓝色长裤，系绑腿，头扎蓝色包头巾。藤牌手分为两队，一队代表陆军，为红色装束，上身着红色短靠衣，下身着红色长裤，系绑腿，头扎红色包头巾。一队代表水军，为蓝色装束。两队的绑腿均为黑色。鞋为黑色搭白线条鞋，原来是双鼻鞋，用云头鞋亦可。两队的演员都头戴方巾，服装皆为紧袖对襟特色，彰显战士们善战、干练、利落的特点。

秦屿藤牌舞使用的乐器有打击乐器和弦管乐器。打击乐器有怀鼓、京鼓、战鼓、大锣、小锣、高脐锣、大钹、小钹。弦管乐器有大胡（二把）、高音二胡（二把）、板胡、唢呐。

秦屿藤牌舞的乐曲有前奏"急急风"（打击乐）、曲一"风入松"（E调，2/4拍）、曲二"五锤""三锤"（打击乐），曲三"平四锤"（打击乐），曲四"藤牌手舞曲"（三不合，E调，4/4拍）。

舞蹈动作与表演过程

"藤牌舞"为男性舞蹈，旧时在太姥山镇，每逢重要节庆和庙会，舞队队员都会在村中具有威信的长者主持下组织表演。秦屿藤牌舞分为海军与陆军两个部分，古秦屿藤牌舞是以陆军动作为主。现存的陆军动作有预备动作、半跪矮马、穿跳刺刀、包刀一看，刁刀平马、老虎伸腰、转身右马、落马平刀等十二步。陆军套路有击牌边、收牌、砍牌、抵牌、反牌盖刀、提脚、交刀、平刺、闪刀、踢牌、反牌等动作组成16个步骤。海军套路有穿跳、刁刀、显马成点立、弓马、收刀、砍刀、收牌、抵脚、砍脚、提脚、双刀上跳趟脚、交刀等动作组成14个步骤。

原来藤牌舞步数，据卢本泉介绍，水军有头排、二排之分，共60步。据高瑞妹（福鼎桐山人）介绍，陆军藤牌俗称"七步藤牌"，实际有15个动作，如今这些完整的动作已失传。后来，根据回忆和挖掘整理，现存的海军动作有预备动作、箭步敬礼、转牌收刀、虎跳、平马、左开弓下刺、右开弓下刺、收脚抽刀、存刀、穿跳下前刺、倒弓式、旋刀退、鸭步进、月爿扫、舞步前进、观音坐莲、穿山甲倒滚式、矮步等18步。陆军动作有预备动作、半跪矮马、穿跳刺刀、包刀一看、刁刀平马、老虎伸腰、转身右刀、落马平刀、砍刀显牌、弥勒显腹、落刀一看、收刀复原等12步。对打基本动作中，秦屿藤牌舞原来是水军阵法，但部分已失传。后来所编排的藤牌舞是把遗传的水军、陆军的步数合并，不变其原有的风格特点，再进行加工美化。它的表演基本可分为出旗、队形变化和对舞击刺三个部分。第一部分为开场，前奏音乐后，首先是辕门出旗式，即旗手出场，并由台前退至台后固定位置。接着是旗牌官出场式，即旗牌官以箭步走到右侧，再垫步转身到台中，然后在原地拉成开弓，成弓马黑旗敬礼式，至发令止。第二部分是藤牌手出场式，即藤牌手出场做"箭步敬礼"和"转牌收刀"后，首先展示海军动作，即藤牌手虎跳式开始，藤牌手以"前后""左右""对角"等穿插移动，使队列模拟阵形作"八"字形、方形、左右平行四边形变化，在队形变化中，依次完成海军基本动作。接着是旗牌官、旗手跑辕门式过门，即旗牌官和旗手以碎步跑辕门到原来位置，姿势同前；继而，展示陆军动作，即藤牌手作陆军预备姿势开始，藤牌手以分散、聚集、左右、前后或弧形互换穿插移动，使队列模拟阵形作背对双弧形、方形、菱形、X形、弧形变化，在队形变化中，依次完成陆军基本动作。整个舞蹈形象地表现了藤牌阵的四角阵、长蛇阵、八字阵、黄蜂阵、龙门阵等阵法的变化。藤牌手在亮相每一个动作时，和着乐曲，"噼啪"作响的单刀扣牌和动作中的停顿、转换所迸发的"哨""嘿"吼声，不断提高廊牌手的亢奋激动的情绪，而逐渐将整个舞蹈推向高潮。第三部分是在旗牌官、旗手跑辕门式过门后，队列迅速展开数排两人出阵对舞击刺的队形，按曲顺次分别作海军、陆军对打基本动作，历时有一百零二拍，这是藤牌舞所展现的勇武精神和藤牌手冲锋陷阵、杀敌制胜的激情得到最彻底的释放，动作要求勇猛、有力、利落。紧接着打击乐乱点开始，旗牌官和旗手以碎步跑辕门到原来位置，藤牌手紧接后面跑到敬礼位置作"箭步敬礼"谢幕。

艺术特色

秦屿藤牌舞是男子群舞，步伐以"丁桩步""矮桩步"和"碎步"为主，显得动作沉稳、坚实，兼用"平马""弓马式"等桩步。队形以横、竖、斜、圆的粗线条为主，变化灵活、破显雄劲。配乐高低起伏、轻重缓急错落有序，彰显中华民族不惧强敌、英勇善战的英雄气概。该舞蹈不仅在内容上具有厚重的文化意蕴和鲜明的民族特色，还具有较强的艺术表现力。其表演仪式、形式、套路、技艺精湛繁复，集武术、舞蹈、音乐、杂技、美术之大成，具有丰富的民俗学价值，是太姥山镇重要的文化名片之一。

打鱼灯

鱼灯是一队鱼、虾、蟹、龟等组成的鱼灯队，编排出"鲤鱼含珠""墨鱼吐烟""鲤鱼跳龙门"等按鱼类特性和生活情景组成的队伍和舞姿。太姥山镇依山傍海，渔业发达，鱼肉是当地人赖以生存的食物之一，在长期的生产生活中，太姥山镇人赋予了鱼丰富的吉祥文化内涵。当地流传"鱼灯打到哪里，那里就有平安"这句话，在春节期间，当地都会迎来一场打鱼灯，表达人们对美好生活的憧憬。

鱼灯发轫于清初，兴盛于清乾隆至民国年间，在福鼎地区广泛流行，太姥山镇鱼灯因制作工艺精湛、阵容强大而倍享盛誉，无论是沿海的太姥山集镇和日澳、屯头等村，还是孔坪、竹下等山区村，每逢节庆或迎神庙会时都少不了打鱼灯习俗。

秦屿鱼灯制作工艺考究，需要工艺者具备极大的耐力，主要有四道工序，即盘扎鱼身、衔接头尾、裱皮上彩以及装点灯光。

鱼身盘扎　　首先选取 1 条 1.3 米长的木棍为手柄，在木棍顶部横架两支约 50 厘米的撑竿，两撑杆间的距离依鱼身宽阔而定，构成"干"字形的灯架。其次选取两条较粗阔的竹篾依鱼身比例尺寸裁出，分别固定灯架的上下横杆上，定型成鱼背和鱼腹的形状。然后，再按外观形状进行编扎成鱼身，编扎时竹篾经纬应尽量符合鱼体结构，尽量考虑竹篾少而承力。鱼灯盘扎工艺多讲究色彩艳丽、灯光透亮、结构灵活等技巧。

衔接头尾　　依颈、尾段和鱼身的口径尺寸、大小盘扎鱼头和鱼尾以及背鳍、胸鳍、尾鳍。鱼头、鱼尾和胸、尾鳍依靠弹簧或橡皮筋与鱼身绑扎相连，并留有一定的活动空间，使鱼灯飞舞时灵活自如。

裱皮上彩　　盘扎好的鱼灯骨架需要裱皮上彩，裱鱼灯多选用一种薄而稀的纱布或透光性较强的丝帛类布料。过去裱鱼灯是将裱布依骨架绷紧后固定，再用棉线缝在骨架上，这样不但费事费力，而且容易会出现褶皱，从而影响美观。如今多采用胶贴的办法，将鱼皮裱得平整紧绷。裱后上色则采用透明染料，这样透光性能好，更能体现鱼灯的靓丽色彩。色彩和图案依鱼的种类和其文化寓意而定。为了对鱼灯色彩进行固定和保护，艺人们最后都要对上色后的鱼灯涂刷上一层透明的保护膜。过去用一种叫"洋燕"的食物煮成糊状后在鱼灯上涂刷，待其干后不仅形成透明薄膜紧附在鱼皮上，还因其先让鱼皮布"吃水"再干后更使鱼皮紧绷，达到美观的效果，太姥山镇艺人管这"糊"称为"劲"。现在则采用透明油漆喷涂，更加光彩亮丽。

装点灯光　　最初是在完成好以上制作过程后，在鱼灯的腹部或较为隐蔽的地方开一道窗，然后在鱼身内固定安上铁线制成的"烛脚"，表演前将一种特制的蜡烛"铜烛"点好插上即可。由于鱼灯在飞舞过程中烛油四处飞溅影响鱼灯清洁或因为铜烛发生"脱脚"现象，经常会造成鱼灯被烧毁，后来改装用干电池和灯珠，但这种灯光光效较差。现在的秦屿鱼灯的灯光多采用电子发光管等现代电子产品，亮度高、光效好，而且色温柔和自然、安全清洁。因此，这道工序如今在鱼灯制作中也相应提前到裱皮上彩前完成。

鱼灯制作尤以太姥山集镇最为考究，据说，当年的民间艺人在盘扎鱼灯时，在考虑尽量减少鱼骨架用篾同时，精细得用细青篾丝盘扎成鱼鳞，逐鳞逐片而扎，使其在点灯后远观而玲珑剔透，如一只只透明的鱼儿，在夜海中飞跃。还有在动感上讲究，如虾身能伸弹，飞鱼能张开带刺的背鳍，海螺能伸出一个漂亮的海螺姑娘，蚌、蛤能张合，内中还有珍珠姑娘等等。现在秦屿鱼灯更讲究特技制作，如墨鱼能吐烟，鳌鱼能喷焰火，鱼、蟹、龟、鲨能吹泡泡等等。随着现代科学发展和工艺进步，秦屿鱼灯制作不断提高科技含量，如电子灯光、遥控技术的运用，还有从土制烟雾和焰火到舞台喷泉的改进等等，使得鱼灯越发精巧、美观。

鱼灯表演一般由三部分组成。前面是牌灯或牌旗，牌旗有如古代的帅旗，上绣有鱼灯队的名称、祝词和精美的图案。牌灯多以龙门形式构建盘扎，门的两边是与鱼灯表演内容或鱼灯队相关内容的对联，门楣是鱼灯队名称。牌灯多以厚纸板镂空雕刻文字或图案后，裱贴上不同颜色的"玻璃纸"或涂刷形成透明有色的"劲"，然后再在其上按不同顺序排贴细玻璃"藕丝"。点上蜡烛，灯光闪烁，民间把这灯叫"藕丝灯"，也是一件相当华丽的工艺品。牌灯或牌旗是鱼灯队的形象标志，秦屿民间艺人林谷田和刘金鼎以及后来的江源昆等都是牌灯和鱼灯的制作高手。接着是鱼灯队，每队鱼灯至少在12人以上，前后是两盏"青赤鳌鱼灯"，称为"鳌头鳌尾"。

其次是"红黑鲤鱼灯"，称为"金银双鲤"，这4盏灯是每个鱼灯队必不可少的，其间再穿插其他不同种类的鱼灯，有金鱼、鲈鱼、鲳鱼、墨鱼、鲨鱼、黄鱼、红鲷、白鲷、鳜鱼、飞鱼、刀鱼、鲂鱼、鲟鱼、海豚、河豚、马鲛鱼、马头鱼、马面鱼、桂花鱼、石斑鱼、白历鱼、金线鱼、安康鱼、老虎鱼、大眼红鲷、淡水鲈鱼、虾、螺、蟹、蚌、龟、鲨……总之，每队鱼灯都以偶数对称排列行进，并配以红色的鱼珠领队，以鱼珠动作为指令，组织各"戏文"舞法。最后是乐队，随队行走的乐班多以锣鼓和唢呐为主，旧时常奏"拾锦""水龙令""将军令"等，艺人有时还自己创作曲目，配合鱼灯表演。

传统鱼灯表演的戏文舞法多达30余种，有"鱼结群""鱼板白""鱼编笆""鱼找珠""鱼抢珠""云里月""祝太平""上天太极""下地太极""双鳌寻珠""鲤鱼跃龙门"等。

鱼灯戏文舞法内容传统上多贴近生活原型，但也有反映特定时代的内容。如20世纪60年代，鱼灯队根据当时的"反帝反霸权主义"的政治形势，创作了一出戏文："在鱼灯队中穿插了一只恶鲨鱼灯，扰乱鱼群的平静快乐的生活。在鳌头鳌尾的带领下，群鱼形成合力同恶鲨作殊死搏斗，终将恶鲨击败溃逃。"最后，以鳌鱼口吐"世界和平"的条幅和鱼珠张开飞出"和平鸽"等特技手法作为结局。

鱼灯表演是太姥山镇的特色民俗活动，节庆里一盏盏五彩斑斓、活灵活现的鱼灯在大街小巷穿梭，无疑更增添了一份喜悦。鱼灯每经过一家门口，只要户主鸣放鞭炮，鱼灯队就舞到他家，在其家中穿梭飞舞，拜"灶君"，祝"吉庆有余，连年有余"。2007年，寺前、秦屿、翁江三个鱼灯队，同时参加"第七届中国·太姥山文化旅游节暨首届中国白茶文化节"大型民俗文化踩街活动，表演阵容强大，令人赞叹不已。

提线木偶戏

　　福鼎提线木偶戏是用木偶来表演历史故事和传统演义的偶戏艺术形态，是闽浙地区传统木偶戏的一种，以木偶道具制作精美、表演技法娴熟、艺术风格独特、融合多种传统戏曲手段而享有盛誉。该剧种体现了福鼎地处闽浙交界、海西东北翼区域的特点。

　　福鼎提线木偶戏的艺人操纵线长1.6米至3米的木偶，在戏台上表演剧情。木偶头戴金冠，身着五色龙、凤袍，脚穿各种皇家靴、云头靴、布底鞋、花鞋。根据不同剧本扮演生、旦、净、末、丑，演绎历代帝王将相、才子佳人和平民百姓的故事。

　　木偶头制作精美，讲究雕刻艺术。特制的木偶头内设机关，通过丝线控制，使眼、鼻、口、舌活动。木偶头脖子部分上尖下细，由两根线与腹笼相连。腹笼用竹篾编织而成，胸部、臀部稍大，腰部稍细。木偶双手用木料雕刻，其掌指关节与腕关节通过丝线控制，可做执剑、挥刀、持杯、把盏等动作。脚有"靴脚"和"旦脚"之分，均用木制，后又给木脚套上鞋靴，更显逼真。线牌头用竹制，中间有竹枝挂钩。制作木偶时先用丝绳将四肢与腹笼相连，再用青黑色丝线的上端连接线牌头，下端连接身首四肢。丝线根数不一，视角色动作需要而定，基本线通常为7根，头部2根，背部1根，左手2根，右手2根，因此称为"七条线"。现在，木偶一般有十几根线，有的多达三十余根，主要用于进行特技表演的木偶。提线木偶头部2根线和背部1根线非常重要，3根线将木偶头与腹笼连成一个整体，既能使木偶稳定，保持平衡，又可操纵木偶，使木偶能做前后俯仰、左右摆动等动作。

　　木偶戏表演可分为前台和后台，前台为提线演员的操纵表演，后台为音乐伴奏的表演，乐器有司鼓、大小锣、钹、京胡、二胡、月琴、三弦、笛子、唢呐等。木偶戏艺人身怀技艺，吹、拉、弹、唱俱全。木偶戏的配音可由提线演员及后台演员根据角色配音，口白一律由提线演员口述，提线演员一般能讲五六种方言。戏剧内容由剧中人物"麻鼓长"口白介绍，使用本地方言，通俗易懂。木偶戏有神话戏、武打戏、文戏、审案戏、寿戏等。木偶艺人在长期的舞台生涯中创造了许多特技，如木偶人表演飞刀、划船、抬轿、拾币、喷火、斩头、剖腹、脱衣、变脸等，动作十分逼真。有的艺人能双手提5个木偶人翻筋斗混战而不缠线，令台下喝彩、称赞不绝。

　　提线木偶戏主要在乡村进行表演，于春节期间，或民间传统节日、神明祭祀时请木偶戏艺人在宫庙中表演。一般情况下多在村中开阔地或古戏台表演。剧目多为历史演义故事，并与民间祭祀相结合，融入了民间信仰习俗，如开场就要"打八仙"，以谢神明，就是一个典型的表演方式。

木偶戏班对木偶人物的设置，通常是文堂8身（五色袍6身，分黄、红、蓝、绿、白、黑，红官、蓝官2身），武堂7身（五色靠5身，白、红战袍2身），七生、八旦5身，师爷（俗称王乞老）1身，陈靖姑娘娘1身，其他人物8身（院门、家院、短打等），共30身。其他特定人物（如孙悟空、猪八戒等）不计在内。一般36身谓一堂木偶。木偶的服装需刺绣的大部分由专门的戏剧服装刺绣艺人承制。此外还有其他各种演戏需用道具100多件，包括用（有）线70多件、摆（设）30多件（如杯、壶等）、一些飞禽走兽（如龙、蛇、狮、虎等）和十八般兵器（刀、枪、剑、戟、斧、钺、钩、叉、镗、棍、槊、棒、鞭、铜、锤、抓、拐子、流星）。木偶戏的演出剧目主要是神话戏和历史戏等传统剧，神话戏有《封神榜》《妈祖宫》《八仙得道传》《华光大帝传》《临水平妖传》等，历史戏有《隋唐三十六瓦岗寨》《罗通扫北》《薛仁贵跨海征东》《乾坤印》《七侠五义》《再续小五义》《金台传》《天宝图》《地宝图》《洪武剑侠》《燕王剑侠》《七巡下山东》等。

福鼎提线木偶戏有固定剧本，但没有固定唱词，演出形式为路头戏，一个剧本往往演出十多天甚至个把月，演出时注重特技表现。福鼎提线木偶有个祖师爷，人称田都元帅，俗称"麻鼓长"，即"戏鼓之长"。麻鼓长为丑角，他站在哪边，哪边就是好人，另一边就是坏人。道麻鼓长口白用土语，同时麻鼓长时时分析剧情，使群众不但能听懂剧情，还倍感兴趣。这使得京调的木偶能根植于福鼎民间，成为群众喜闻乐见的剧种。

打拾锦

"拾锦"是福鼎特有的一种民间民族器乐合奏乐，亦唤作"打八音"。"八音"即金、石、土、革、丝、木、匏、竹这八类乐器。拾锦合奏的乐器，实际上是以曲笛、竹节胡、中胡、大胡、二胡、三弦、月琴加锣、鼓、土长号等合奏，由曲笛、竹节胡作为主奏。拾锦源于昆腔，而昆腔在福鼎的盛行则缘于"溪岗戏"。清代福鼎桐山频发洪灾，当时的地方官员都以保修溪岗坝为第一要务，因当时社会条件所限，人们遇到自然灾害时都会想借助神灵的庇护，以求天时地利。在每年七八月当地都要请浙江温州的昆剧团或京剧团在溪岗的神台前连演一个多月，祈求神灵庇护，时人称之"溪岗戏"。溪岗戏在桐山兴盛了200余年，成为当地有名的社戏，深受人们喜爱。

清代桐山南门施家是福鼎名门望族，施家子弟酷爱昆曲，每年都请来福鼎"溪岗戏"的昆剧团艺人和乐师到施家教习昆腔，并成立家族专门乐队杂取昆腔中的优美曲牌，加上锣鼓组成一套独特的民间民族器乐合奏曲，取名"什锦"。相传因选取十种昆腔曲牌，又称"十锦"，写作"拾锦"。施家打拾锦制八音，乐器以横笛为主，辅以板胡、二胡、中胡、高胡、三弦、月琴、琵琶和锣鼓等，音韵古雅、节奏明晰、松弛有致、曲调悦耳，奏八音以御八方邪风、祈求一方平安，成为福鼎民间一绝，称"施厝昆腔"。

清末民初，潋城著名木偶戏民间艺人潘国新，习得"施厝昆腔"。他在长期的表演过程中溶入本土音素，对施氏拾锦进行传承创新，修编曲目演艺而成的"潋城打拾锦"作为村中诸宫庙神明出境巡游乐队的伴奏乐曲，潋城打拾锦，沿用传统的工尺谱，目前保留曲目有《想当初》《佛前灯》《黑麻子》《赶渡》《莫不是》等。2008年，福鼎打拾锦列入福鼎市第一批非物质文化遗产。

竹竿舞

每年农历的二月初二又称"会亲节"，是畲族仅次于春节的传统节日，福鼎各地的畲族人都会举行会亲活动，其中就伴有竹竿舞与迎客舞的表演。竹竿舞又称竹杠舞，持竿者姿势有坐、蹲、站三种，变化多样。在有节奏、有规律的碰击声里，跳舞者要在竹竿分合的瞬间，不但要敏捷地进退跳跃，而且要潇洒自然地做各种优美的动作。竹竿舞的表演一般为四根竹竿或十根竹竿，两根直放，两根横放。四人分成两排，二人一排，一人手拿两根竹竿，与对方相对操作。跳舞时，竹竿先上下打打，再两竿对打，所以当地人又称"打竿舞"。当音乐鼓点响起时，竹竿一开一合地来回打着，跳舞的人随着音乐与节奏，有序地跳在张开的竹竿空洞里，同时，快速地把脚拔出。才堡村畲族也有竹竿舞，但已经过改编。舞者不再用竹竿，而是用手掌大的小竹板系在手掌，作为手上的击节道具，脚部则仍保留了前述竹竿舞的节奏和舞姿。迎客舞的舞蹈较为简单，主要有"请茶""引路""行礼"等迎客动作，所用道具可以是花，也可以是茶杯或者彩带。

肩膀戏

肩膀戏俗称肩头坪，因小演员站在成年人的肩膀上表演而得名，是从古代民间迎神庙会妆台阁演变而来的，源于福建沙县，在太姥山镇潋城村多有流行，每逢神明巡游或民间重大节日、活动时都会惊艳亮相，深受当地群众喜爱。

肩膀戏中扛着孩子的成年男子俗称"掏膀人"，其必须身强力壮，浑身皆白，即身穿白衫白短裤，腿扎白绑腿，脚上穿草鞋，肩垫白毛巾。表演时身托小演员，双手紧握小演员小腿，行走时，脚掌撑地，膝盖略曲，脚步稳健而又富有弹性节奏，保持身体平衡，使小演员能平稳地站在双肩上，熟练生旦的科步动作，和谐地配合小演员进行表演。小演员因要站在大人肩膀上，所以不宜过大，一般以7—10岁的小孩为宜，分小生、小旦、小丑，号称"小"。唱腔多为民间曲调，经常用的有"花鼓调""补缸调""小放牛"等。他们装扮成戏剧或民间故事传说中的各种人物，身穿戏服，根据所扮演的角色，手执折扇、手帕或马鞭等轻巧道具，神情自若地站在成年男子的肩膀上，脚步不动，只靠两手和上身，做各种舞蹈表演。在锣、鼓、钹、唢呐等民间乐器的伴奏下，孩子们稚嫩圆润的唱腔，有板有眼的动作表情，把戏曲角色演绎得惟妙惟肖；成年男子演员边唱边舞、声情并茂。一路吹吹打打，唱唱跳跳，整个画面生动活泼、欢乐喜庆。

肩膀戏在潋城村的演出一般是先在本村各户门埕表演保平安，然后到其他各村门埕表演，外埠各境如有头人前来要求也会外出表演。演出曲目大体有《打四门》《穿五门》《鲤鱼跳龙门》《长篱笆》《圆篱笆》《蛟云》《回龙》等。由于它是由小演员和成年人紧密配合表演一种角色，在表演上只能是较简单、粗犷的动作，这就给它继续提高和发展带来严重的局限。

丁氏回族提灯

据说清乾隆皇帝曾降旨，收集天下名灯闹元宵，与民同乐。泉州丁氏回族精心制作的回族提灯小巧玲珑，晶莹剔透，皇帝见了龙心大悦，遂令众宫女提灯伺候左右，并下旨封回族提灯为御用宫灯，赏黄马褂一件。

2007年在福鼎市民族文化踩街活动中，秦屿丁氏回族提灯表演队让当地百姓留下了深刻印象。表演期间，120名丁氏回族男女青年组成的宫灯队、花灯队以及南音队参与表演，服饰、道具及表演形式均传承于丁氏回族的发祥地泉州的花灯文化。

丁氏回族提灯还多次参加过活动；比如2014年中央电视台第四套《中华一家亲》海峡两岸各民族欢度三月三节日的活动，在太姥山迎接复评太姥山世界地质公园的联合国官员活动，第九届太姥山旅游节的大型表演活动等。

孔坪香樟根雕工艺

根雕是利用树根的自然生长的特点，依形度势、象形取意而雕刻的一种工艺。

根雕工艺在我国有着悠久的历史，发轫于战国时期，形成于汉晋时期，成熟于明清时期。

太姥山镇孔坪香樟根雕的原料系太姥山古木森林系香樟木，其历经几十年风雨锤炼甚至几百年岁月侵蚀，具备自身纹理细腻、色泽稳朴等特点，是根雕工艺不可多得的上好原料。孔坪香樟根雕工艺是太姥山镇民间传统美术的一大特色，其树根造型中有意象、抽象，也有具象的性质。传统体裁主要有人物、自然、山水和戏剧等，技艺上能别出心裁地运用方、圆形构图，以及镂雕、透雕、拼镶等各种技法创作，工艺精湛。作品具有新奇、朴素、大方、富有韵律和自然之美。

孔坪根雕技艺现已是弥足珍贵的瑰宝，至今鲜有人知，以当地池氏家族最为有名。池氏根雕历史悠久，起源于北宋时期的福鼎根雕池氏第一代木艺传人池得源，至明代，第二十四代传人池国纯携家眷迁入温州平阳，其第四子台山来到福鼎秦屿修建王氏古民居，举家迁至孔坪。到了池氏第三十代传人池步青时，因其木匠雕刻技艺精湛，在当时声名远扬。之后，池步青还给祖屋雕刻了《八仙过海图》，工艺精湛、动态逼真，现保存完好。此外，他还传艺给女婿孔坪村的余氏、林氏和陈氏，使得池氏木匠雕刻技艺世代相传、绵延不坠。1987年正月十四日，池长主拜池氏传人陈明康为师，成为池氏第三十五代传人。1992年正月，他正式进入根雕行业，创办福鼎第一个根雕工作室——福太根艺工作室，有作品在全国性大展中斩获大奖。2013年1月，太姥山孔坪香樟根雕工艺入选第四批宁德市非物质文化遗产名录。

秦屿台阁

🖋 佘燕文　丁振强

秦屿台阁与沙埕铁枝相似，在人抬杠的基础上搭建亭台楼阁，但一般设两到三层，用木材搭设，因形似亭台楼阁，故而得名。台阁是以人物为造型、具有故事内容的一种民间群体性文艺表演，以沿街巡游为主要表演形式，具有轻便、易流动和精巧等特点。随着时代发展，秦屿台阁融入了多种民间艺术载体，表演形式发展为灯光布景效果，更加添色生辉。

秦屿台阁的历史脉络

秦屿的风俗与福州较为相似，秦屿台阁的来历与当地先民的由来和"福州方言岛"的形成有着一定的关系。秦屿台阁的历史脉络虽缺乏文字记载，其保存着十足的"榕腔榕韵"，可见秦屿台阁清乾隆至民国年间较为盛行，深受当地群众喜爱。据已故民间艺人李仓老先生回忆，1923年在福鼎点头镇举办台阁比赛时，由被聘的秦屿技手设计制作的台阁因其技巧、制作和演唱绝妙而引来观众，把游行路线堵得水泄不通，导致表演一度无法正常进行，那时有围观群众自愿争着趴下以背当琴架，让琴师踩其背上演奏，继续表演，曾轰动一时。

秦屿台阁其取材广泛，内容贴近百姓生活，具有鲜明的时代特色。1945年为庆祝抗日战争胜利，秦屿举办了台阁《岳母刺字》；1951年庆祝土改胜利，举办了台阁《男耕女织》；1966年至1976年间举办了《白毛女》《红灯记》等样板戏剧目的台阁；1982年举办了台阁《三打白骨精》；为反映改革开放后，秦屿呈现搞活经济、社会发展、各行各业欣欣向荣的景象，1986年举办了台阁《八仙游秦川》；等等。秦屿台阁在百年历史传承中，逐渐形成了传统的民间艺术形态和精妙绝伦的制作工艺，富有浓厚的乡土文化气息。从20世纪80年代后，随着社会经济进一步发展，人民娱乐生活的逐渐丰富，秦屿台阁开始濒临失传状态，随着非物质文化遗产保护的呼声逐渐加强，当地有志文化人士逐渐在中小学中推广秦屿台阁，再现其艺术生命力。

秦屿台阁的艺术特色

台阁又叫"抬阁"，秦屿俗称"扮平"，是融铁技、舞美、戏曲、杂技、绘画和民间剪纸、雕刻、彩扎、纸塑等多门艺术精华于一体的艺术。它寓舞台表演艺术的动感于铁技静态造型艺术之中，成为流动的舞台。按其装置有平阁、高阁之分。早期，是将人物装扮后扛在肩上表演，称为"肩头平"，而后逐渐发展为由人抬着游行的特制木桌上表演，其四周有称为"屏风"和"廊沿"的高低围屏，配以相应布景和设置铁架，儿童扮饰戏曲人物，分两层固定铁架上表演，一般高度在三至四米，称为"平阁"，又叫"台阁"。台阁上铁架被扮演者的衣彩、道具所遮掩、伪装而不露形迹，这一艺术表现手法称为"过枝"。从前由于受照明等多种客观原因限制，台阁适合于夜间游行。因此，秦屿台阁传统上非常注重"过枝"技巧和"屏风"的精工细作；高阁原称"铁枝"，适合于白天游行，因其铁架高度可达八米，儿童扮相后分三至四层固定其上，在层与层之间通过巧妙的"过枝"相衔接，让人物高悬并展示各种不同姿态或转动而凌空"飘色"，充分展示了铁工的"枝艺""枝巧"而得名，非单纯描述其结构分枝而称为"铁枝"。

随着工艺技术进步，现代秦屿台阁择取了高、平阁的特点、优势，独具匠心地将铁技艺术的"高、悬、巧"和台阁艺术的"精细、生动、靓丽"有机地融合在一起。秦屿台阁的艺术特征有以下四个方面：

题材新颖，富有创意性

秦屿台阁不局限于单一的、传统的剧目表演，它可以通过典故和民间传说，结合时事生活，经过作者再创作，做到与时俱进，彰显时代特色。2019 年新年前夕，福鼎市"放歌新时代"文艺演出舞台上，太姥山镇 18 名小学生演绎的"台阁"闽剧《八仙游秦川》，以浪漫主义手法描述了八仙赴王母娘娘蟠桃宴会，途经秦川湾太姥山镇的所见所闻，将改革开放 40 年来太姥山镇大到城镇面貌、经济，小至饮食、出行的变迁，用传统戏剧形式演唱出来，道出了太姥山镇人沐浴改革开放发展春风的欣喜，令老一辈感同身受、让年轻一代兴趣盎然。

过技巧妙，富有观赏性

过枝是秦屿台阁最精彩的部分，秦屿台阁高阁三至四层过技称"全枝"，平阁一、二层过技称"半枝"，还有"虚枝"即过假枝，"实枝"即过真枝，虚、实技交互，声东击西，留给观众猜想余地的称"疑枝"。过去民间赛阁，比过枝技巧是体现台阁制作水平的一项主要内容。过枝艺术要求精细利落、巧妙隐秘。历史上秦屿台阁有：巧如"头发过枝"，即细铁丝通过陈靖姑头发辫成束垂下，长坑鬼抓其发梢悬空摇荡；

细如"笛子过枝"即：韩湘子手执横笛，铁架从直径不足 3 厘米的笛子这头穿过另一头，上立何仙姑；精如"茶盘过枝"，即金龟托起薄茶盘，铁架从茶盘边角通过，太姥娘娘立于盘沿之上，而且还源源不断的向下斟茶；悬如"薄扇过枝"，即白猴手执薄扇，铁架从扇面而过，仙童立于薄扇沿顶并打起凉伞；还有如"锯子过枝""拂刷过技""水晶石过枝"等，都是巧妙过枝的成功之作，它留给观众无尽的想象空间。

演唱生动，富有戏剧性

秦屿台阁辖之以人物即所扮儿童在七八米高空的铁技上演唱戏曲，据说这是沿袭老福州的平阁做法而发展起来的，为其他地方铁技所没有，正是这一点体现了古闽都文化的典型特征。所以，秦屿台阁传统上以唱闽剧为主，其唱词都是台阁琴师根据题材剧情的需要进行再创作的。精简的唱段、易懂的戏文、熟悉的曲调、诙谐的道白和生动的表演都给秦屿台阁增添了强烈的戏剧色彩，为静态的铁枝造型注入了活力。

造型完美，富有艺术性

秦屿台阁的铁枝布局可以一竿到顶，也可以数竿并列或交叉排列，即使是高达 8 米也无须"保护绳"或"拉线"牵引。上枝的人物造型根据布局和过枝的要求定型，姿态各一，过枝的道具也有更严格的艺术要求，它必须与人物和题材相配套。这些都有另于其他地方的铁枝是"年年铁架皆原型，对称叠人立造型，一种道具重复用，换了衣衫又一戏"的简陋的世俗作品。所以，秦屿台阁是"一人一型一道具，一阁一戏一布局"，举办至今没有重复的布局、雷同的构图，不断推陈出新，极具艺术性。

秦屿台阁的制作工艺

秦屿台阁制作表演有 5 道工艺程序涉及 21 个环节。

题材选定

包括立意、确定内容、人物、道具四个环节。立意即台阁创作的主题思想；确定内容就是剧情创作；确定人物就是根据所确定的内容选定要上阁的人物，依人物才确定其应当使用的道具。

创作设计

包括人物造型、铁枝结构、总体布局和过枝技巧设计及唱词创作和音乐谱曲六个环节。过去设计者将总体布局画成轮廓草图，然后边制作边细化。秦屿很多的制作高手本身就是高明的设计师，如民国年间的民间艺人林清泉、解放初期的丁品、王穗年（哑巴）等台阁设计制作独具艺术特色，为世所重，对秦屿台阁创新发展有重要影响。如今秦屿台阁已发展采用计算机设计，设计者先设计人物造型、道具，再按造型安排布局，设计过枝技巧，然后再分解铁枝结构按人物比例设计铁架尺寸数据和逐项设计人物化妆、服饰、布景、屏风和舞台特技、灯光。唱词创作则依所选剧种的传统曲目或重新谱曲，根据台阁内容进行填词，可以有故事情节的段子，也可以叙说现实生活的人和事、所见所闻所感等等，如台阁《八仙游秦川》（1986年）的唱词就是代表作品，它选取闽剧传统曲目《自掏岭》《赏花》《打工皮》《看相》等为音乐曲调，以八仙过海的传说为故事背景，将途中畅游秦屿所见所闻所感的情节进行填词，描述了十一届三中全会后秦屿发生翻天覆地的变化。词中有富庶之地、物阜民丰、社会繁荣的世外桃源景象和八仙发出"人间赛仙境"的由衷感慨的描写，唱白和快书联璧，脍炙人口。唱词不仅精炼突出台阁的思想，而且有广泛的娱乐性。20世纪50年代初，秦屿方世忠、危隶卿等老一辈民间艺人都是台阁唱词创作的行家里手，在当时为庆祝解放、土改胜利和歌颂社会主义新生活等宣传活动中写了不少的优秀文艺作品，家喻户晓，传唱至今。

选拔演员

包括演员筛选和教唱两个环节。秦屿台阁称演员为"子弟"，足见对演员是何等的看重。所以选择演员的基本条件是十岁以下有一定音乐天赋，而且身体素质较好、不恐高、能受苦的儿童。选出的演员按其相貌、音色特征分配角色，由琴师进行为时个把月的戏文教唱，教唱阶段的同时经过上枝训练适应过程再对演员进行筛选。

制作调试

包括铁架、道具、假肢、屏风、布景、服装制作，灯光安装、上枝调试八个环节。铁架制作是秦屿台阁制作的中心环节，它要求制作人员首先必须按人物的数量、重量、倾斜度计算受力，合理选取铁件的材质和粗细，其次严格按设计尺寸截取、焊接、弯曲铁件，并使其成为立体造型，再安装转动结构及其传动机械。

道具制作极具技术性和艺术性，它是铁枝上不同人物间的景色过境需要，彻底体现过枝技巧，所以必须以隐蔽铁架、转动机械等为目的，要求小巧玲珑。有人曾这样总结：道具宁小勿大、宁短勿长、宁细勿粗、宁薄勿厚，尽量选用人们熟悉的日常物件，让观众容易接受；尽量采取真实物件加工，而不用仿制，使之"真作假时，假亦真"。其实这句话还对假枝制作而言。因为道具多数通过假手、脚与上下人物衔接，用真物件作道具可以扰乱观众视觉感观，混淆假手、脚的真实性，"以真乱假"，达到过枝更加隐蔽、巧妙的目的。所以，秦屿台阁的假肢制作十分认真，不允许有丝毫含糊包扎的"残肢断腿"替代，更不允许对假肢无法隐蔽的"露铁"部分采用黑胶布等包扎"蒙混过关"的粗糙做法。

"屏风"即台阁的背景，低于屏风顺台阁边沿圆周的围屏称"廊沿"，秦屿台阁屏风和廊沿制作十分考究，过去屏风和廊沿上的图案和文字都是请当地权威的书画艺人绘画和书写的，然后再摩到厚纸板上镂空，在镂空部分交叉重叠平铺粘上叫"藕丝"之类的细玻璃丝，再敷以彩色的透明纸制成灯牌称"藕丝灯"。藕丝灯上写有与这台台阁有关的对联叫"灯联"。夜晚点上蜡烛，整个屏风、廊沿的图案、文字通过玻璃丝的烛光在微风中摇曳闪烁，煞是好看。秦屿民间艺人林谷田便是藕丝灯制作的高手，享誉至今。连着廊沿之下的是围着台阁底座四周的彩布叫"围裙"。围裙上绣有这台台阁的戏文并配以故事绘画和图案，这些本身就是上好的民间艺术品。随着社会发展，现代秦屿台阁的屏风和廊沿制作借助彩灯、闪光灯、荧光灯、电子灯、LED发光管等先进灯光加上透射、折射、反光、散光、聚光、泛光等现代光学技术手段，越做越华丽。

布景制作完全展示彩扎、纸塑等民间工艺，秦屿台阁布景制作发展至今还加以泡沫塑料的雕塑和吹塑剪贴等等，使台阁布景更加形象逼真。

服装制作包括衣冠鞋袜、首饰制作，共分为两个步骤。第一次先按人物身材结合上枝后能遮掩铁架应扩展的尺寸量取服装尺寸并裁剪缝制、装饰后备用，同时制作鞋袜并随同假脚直接缝制到铁架上，然后再制作首饰、冠帽。第二次在上枝调试阶段将已做好备用的服装在铁枝上进行试装，对碰到铁架或道具无法穿着时，对其进行拆解。打扎，再重新缝制成活动的缝合口，成为台阁专用服装。

秦屿台阁的灯光照明过去比较简单，就是在迎台阁表演时，台阁两旁各有数人肩扛灯架，上点几盏的煤油汽灯作为随行照明而已。随着现代照明灯具的发展，秦屿台阁不断引用先进的灯光照明，从最初的电灯到碘钨灯（新闻灯）增加了亮度，而后发展为高低色温协调的碘钨灯与高压钠灯并用，使灯光更加接近自然光，如今改进使用不同色温的低压泛光射灯不仅使灯光更加高亮柔和，而且对点直射可以提高光效、便于舞台灯光色彩布置而大大降低大量热度和强光的刺激，同时采取低压供电不仅安全而且节能。这样一来台阁制作工艺自然而然就多一道必不可少的灯光安装环节。

上枝调试是台阁制作的最后一道工序，主要是服装试装与更改、灯光调试，还有就是人物造型配合和坐姿舒适度调整。秦屿台阁在铁技上固定演员的设计制作折射人性化理念。所有小演员在铁枝上都是坐在柔软的座垫上，取自然舒适之姿，用安全带固定，加上表演过程的唱戏投入，个人都精神焕发、神情自然、表情丰富。没有因强制性的捆绑束缚而困苦呕吐、哭泣或无聊瞌睡。

游行表演

秦屿台阁表演一般由三部分组成，前面是牌灯，又叫"骨牌灯"。牒灯上分别写明这台台阁的主办者和题名，并由2—4人扛着。接着是乐队。旧时乐队随队行走时常演奏拾锦、十番等打击乐喜庆热阔。只要哪户人家放鞭炮迎接时，台阁就在哪家门口停下表演一场。表演结束后，户主就会端出糕点款待答谢，而且还按铁枝上的人数，分别给每个小演员一个"红包"，称之为"赏"。这样传统以来每到迎台阁的节日，秦屿就会家家户户张灯结彩，放鞭炮"留"台阁，猜"过枝"，热闹非凡。最后是台阁的供电设备。秦屿台阁从设计制作直到游行表演结束，"过枝"始终是保密的。其中有两大原因，一是留给观众悬念和猜测的空间；二是制作者自谦雕虫小技，以避班门弄斧之嫌。近年来，秦屿台阁不断借助现代科技手段，在改进灯光和动感效果的同时，充分发挥舞台优势，不断增强舞台效果，如烟雾、焰火、水泡以及上下升降铁枝和活动变换布景，甚至使用遥感技术和电子显示装置等等，越办越精彩，深受广大群众喜爱。

秦屿台阁制作工序复杂、演员教唱严谨、作品工艺精良，作品完成一般要耗时近两个月，所以尽管没有年年迎台阁，但如《陈靖姑度长坑鬼》《岳母刺字》《钓金蟾》《男耕女织》《智取威虎山》《红灯记》《白毛女》《哪吒闹海》《三打白骨精》《八仙游秦川》《龙女牧羊》《刘海戏金蟾》《仙都茶会》《天下第一山》《盛世中华迎奥运和谐秦屿展新姿》等等传世佳作灿若星辰。

太姥山镇医疗卫生概况

佘燕文　丁振强

医疗卫生事业是实现全民健康的重要保障，也是我国全面建成小康社会的迫切需求。太姥山镇设有医院1所，村级卫生所（室）26个，村卫生所覆盖率100%，保障民众病有所医。太姥山镇还大力推动镇内养老事业发展，至2019年，太姥山镇卫计办联合福鼎市第二医院为辖区内65岁以上老年人提供免费健康体检，提高老年人身体素质和生活质量。

福鼎市第二人民医院原为秦屿中心卫生院，1983年太姥山镇中心卫生医院开设了五官科，能够收治一些简单病例，同年还配置了心电图仪器，设立专室。1992年底，经当时福鼎县人民政府批准改为县第二医院。该院自成立以来，始终坚持“质量第一、服务第一、病人第一”的宗旨，为广大伤病员提供优质服务，连续8年被福鼎市人民政府授予文明单位称号。福鼎市第二人民医院医疗服务范围广，辐射范围有店下、硖门、嵛山以及霞浦牙城等乡镇约20万人口的医疗服务群体。2006年医院总占地面积为4329平方米，其中建筑面积5147平方米，业务用房4500平方米。在医疗设备上，

福鼎市第二医院

医院拥有日本原装进口 KarinoCT 机、数字胃肠机、美国进口全身彩超、全自动生化分析仪、18 项三分类血细胞计数仪、尿十项检查仪、电解质分析仪、进口美国 GE B 超、500 毫安双床双管 X 光机、24 小时动态心电、多普勒脑彩超、日本产奥林巴斯胃镜、脑电图及脑电地形图、激光治疗仪、心电监护仪、综合麻醉机、呼吸机等先进医疗设备。截至 2009 年，医院在职人员 176 人，在职人员中卫技人员占 70% 以上，其中中级及以上职称 16 人，大专及以上学历 40 人，床位编制 100 张。1997 年通过一级甲等医院和爱婴医院评审，目前正在创建二级医院。2002 年开始与福建省闽东医院开展全面技术协作，2006 年 3 月 18 日与福建医科大学附属第一医院建立协作关系，福建医科大学附属第一医院及闽东医院各科专家定期来院开展诊疗活动和技术指导。2016 年 4 月 14 日，福鼎市第二医院中医馆正式开诊，馆内中医文化氛围浓郁，设有中医内科。中医外科、中医妇科、中医骨伤、中医皮肤、针灸理疗及康复等科室设置，为全镇人民提供了更优质的中医服务。2018 年 3 月 28 日，福鼎市第二人民医院又开始建立新院区，按二级综合性医院标准建设，规划总床位 300 张，总建筑面积约 30514 平方米。

附：太姥山镇各村卫生室

序号	卫生室	所属村（镇）	主要业务
1	太姥山镇中心卫生院	太姥山镇	
2	太姥山镇秦屿村八都桥卫生室	秦屿村	
3	太姥山镇建国村钱墩境卫生室	建国村	
4	太姥山镇太姥商住楼卫生室	太姥山镇	
5	太姥山镇建国村卫生室	建国村	
6	太姥山镇瓜园村牌坊下卫生室	瓜园村	
7	太姥山镇秦屿村铁树兜卫生室	秦屿村	
8	太姥山镇秦海村卫生室	秦海村	居民健康档案管理、健康教育、预防接种、0—6 岁儿童健康管理、孕产妇健康管理、老年人健康管理、高血压健康管理、2 型糖尿病健康管理、严重精神障碍患者管理、肺结核健康管理、中医药健康管理、传染病及突发公共卫生事件报告和处理、卫生计生监督协管、免费提供避孕药具、健康素养促进。
9	太姥山镇洋里村卫生所	洋里村	
10	太姥山镇牛郎冈村卫生所	牛郎冈村	
11	太姥山镇东埕村卫生所	东埕村	
12	太姥山镇巨口村秋溪卫生室	巨口村	
13	太姥山镇樟歧村卫生所	樟歧村	
14	太姥山镇彭坑村卫生所	彭坑村	
15	太姥山镇仙梅村卫生所	仙梅村	
16	太姥山镇潋城村卫生所	潋城村	
17	太姥山镇日澳村卫生所	日澳村	
18	太姥山镇巨口村卫生室	巨口村	
19	太姥山镇东埕村盐场卫生室	东埕村	
20	太姥山镇太阳头村卫生所	太阳头村	
21	太姥山镇屯头村卫生所	屯头村	
22	太姥山镇斗门村卫生所	斗门村	
23	太姥山镇才堡村卫生所	才堡村	
24	太姥山镇方家山村卫生所	方家山村	
25	太姥山镇秦海村水井头卫生室	秦海村	
26	太姥山镇下尾村卫生室	下尾村	

20世纪四五十年代秦屿医药简况

✍方钰祖

　　20世纪50年代之前，秦屿镇从事医药的店家有益春堂、宝和堂等。

　　益春堂药铺（店址在今横街头杨家巷口）的历史可追溯至清代。据兰溪方氏家谱记载，兰溪下诸葛镇下方村方春烈（1800—1847）于嘉庆年间偕妻诸葛氏"始迁闽中鼎邑之秦屿"。据方家后裔追忆，方春烈迁秦即从事医药业，这与其妻高隆今诸葛镇诸葛氏不无关系。这一系诸葛家族秉承先祖诸葛亮的教导，"不为良相便为良医"，他们精心经营中医药业，所制良药畅销大江南北。这一系诸葛家族，女子多出嫁医药之家。诸葛氏随夫迁居秦屿，则是为了扩大诸葛家族医药的销售网店。但方春烈始到秦屿时，经营医药业绩平平，到了第三代，则出了两位名医，一是春烈的长孙方鼎炎（1851—1890），其工书法，后医业愈精，断生死不失毫厘，人称"大红仙"；二是春烈的四孙方鼎荣（1856—1935），工诗文（省图书馆藏有其诗稿），精医术，人称"二红仙"。由于方家先后出现两位名医，益春堂药铺生意兴隆。过去，人们寻医治病，主要凭靠中医药，一家药店要经营好，首先要靠当地有名气的中医坐诊；其次店老板或伙计要有"一把抓"（即听取顾客简述患者病情后能对症抓药，抓取"柜头方"）的实力；此外，还要有中药材的加工实力。三者缺一不可，否则生意就清淡了。所以，1935年"二红仙"病逝之后，益春堂生意逐渐不振，于1945年停业了。

　　在20世纪四五十年代，秦屿的中药店有王穆年和王初年的宝和堂、高颜卿的德仁堂和吴寿兴、林代铭等人的中药铺。

　　20世纪40年代以后，秦屿镇著名的中医有吴庆吾医生，人称"才堡仙"，其中医理论和临床经验在福鼎县很有名气。林代铭医生的针灸医术在当地也很有名气。20世纪50年代以前，秦屿的西医影响力不大。经营西医西药的有黄信基先生、张明先生，他们有一共同特点，就是信仰天主教，他们的医药知识和天主教的布道有一定的关联。

首创全国乡村卫生一体化管理模式纪实

✎ 王亦鸣

秦屿镇于1986年在镇委书记叶梅生、镇长张序相的强有力领导下，根据当地各村卫生所发展不平衡的实际情况，大胆突破传统的管理模式，任命武装部长兼宣传委员倪守银为分管领导，秦屿镇农村卫生协会会长王亦鸣为中心主任，对村卫生所实行村办镇管和镇办镇管的全方位联合的改革，建立了全国第一个乡村卫生组织一体化管理机构——秦屿农村医疗卫生联合中心，有力地巩固了农村三级医疗保健网建设，形成了集体办医统一管理的新格局，促进了农村防病灭病工作的开展。《健康报》以《乡村卫生改革新尝试》为题，专题报道了秦屿农村医疗卫生联合中心首创全国乡村卫生组织一体化管理改革模式。《福建卫生报》"宁德专刊"赞赏秦屿农村卫生改革给全省带了好头。山东、吉林、湖北等省的许多卫生局、卫生院纷纷来信索取资料，并说秦屿模式很好，对他们的卫生改革有借鉴和启发的实用价值，要求来秦参观、学习。宁德地区卫生局于1987年11月由徐锦敦局长亲自主持在秦屿召开全区各县卫生局局长、卫生协会主任参加的卫生工作会议，组织与会人员参观秦屿农村医疗卫生联合中心和下属一体化卫生所，部署推广秦屿一体化管理经验。

全面整顿卫生所

1986年以后，随着农村联产承包责任制的推行和农村卫生领导体制不健全等因素，原来集体举办的卫生所和合作医疗未能得到妥善处理，有的农业大队把卫生所当成企业单位，要抽取"三金"，有的承包给个别人经营，所内的其他乡村医生生活无从着落，有的乡医不安心工作而弃医经商，或打工等，造成农村再度出现缺医少药状况，直接影响了农村卫生保健任务的落实。因此，加强卫生所的管理已成当务之急，秦屿镇农村卫生协会把它列入重要的议事日程，一方面主动向镇、村领导汇报商讨，一方面研究制定了管理方案，报请镇政府审批，在镇、村两级领导的重视支持下，认真按照镇政府批转的《卫生所管理方案》的规定和要求，从1985年9月开始到当年底，用近4个月时间，组织力量深入农村，结合农村整顿扶贫工作，分期分批对全镇卫生所全面进行了整顿，逐个进行药品、资金、财产盘点，清理，人员审查、鉴定、调整、登记，帮助建立各项管理制度和解决一些实际问题，挽救了一些濒于倒闭的卫生所，同时恢复建立了瓜园、樟岐、小筻笃、吉坑4个村停办的卫生所。在整顿的基础上成立了乡村医生管理委员会，由镇委副书记张忠晓担任主任，农村卫生协会会长王亦鸣为副主任，并吸收乡村医生参加，作为卫生所临时管理机构，为第二步卫生体制改革做了充分准备工作，奠定了坚实的组织基础，《健康报》在1986年2月5日为此做了报道。

改革诞生新体制

整顿只是治标，不是治本，还不能有效地解决卫生所赖以生存和发展的问题，仅以医管会的临时机构对卫生所平面管理，秦屿镇农村卫生协会对卫生所的管理体制，也适应不了形势发展的要求。办医形式和经营方式等问题再度进行了充分的调查研究，提出了"横向联合，集体办医，按所核算，统一管理"的新构想，经过广泛征求各方意见，反复讨论酝酿和民主协商，按照"自愿互利，共同发展"的原则，从1986年1月份起，将全镇卫生所引导横向联合的道路. 并由镇委，镇政府和县卫生局批准，成立了联合体实体机构——秦屿农村医疗卫生联合中心（简称中心）。建立了中心宏观控制，卫生所微观搞活的二级管理新体制，在农村卫生体制改革上进行一次新尝试。

组织机构独立　　中心归镇政府直接领导，属有法人资格独立核算的镇直单位，下辖21个卫生所和门诊部的人事、财务、药品及医疗业务、卫生防疫、妇幼保健、计划生育等工作，凡在册的乡村医生、合格卫生员和中心管理人员均为中心正式职工，通过职工代表大会民主选举，产生了中心管理委员会，由镇政府行文任命中心主任，实行主任负责制。建立了药品仓库和财务办公室。管委会下设行政管理、医务、防保三个组和福利基金会，由日澳卫生所、秦屿卫生所、东埕卫生所、孔坪卫生所等七个委员兼职，分工负责。同时，为便于管理，按地理分布情况，把全镇卫生所划为四片，成立秦屿、东埕、茶塘、孔坪四个中心卫生所负责包片管理。改方家山、才堡为少数民族卫生所，孔坪、竹下、太姥洋为老区卫生所，以争取政府倾斜政策和各界的资金扶持。

实行二级管理　　在中心统一管理下，各所实行"集体办医、独立经营、自负盈亏、按劳分配"的管理原则和"五定一奖"（定人员、定防保任务、定业务指标、定积累比例、定药品基金和超额提奖）的技术经济目标管理责任制，并签订责任制书面合同，定期考核，奖罚兑现。各所按纯收入15%提留公积金，10%为福利基金，其余75%作为卫生所人员工资、奖金，业务开支等费用。各所设现金保管员负责市款收缴，按时上交中心出纳，各所支出由所长签字，经管组批准后，向出纳报支。中心会计按所入账，按月结算，按季盘点。各所资金集中中心统筹使用，在"不搞平调"的前提下，所与所（之间）可以有偿调剂。

改革用人制度　　实行卫生所长聘任制和卫生人员聘用制，所长由村委会推荐，中心批准聘任，各所人员根据地理、人口和所内业务收入等情况进行适当调整和核定后，实行定人、定岗、定责，签订为期一年聘用合同。

统一工资标准　　贯彻按劳取酬原则，按技术水平、工作年限和实际能力，统一评定乡村医生和卫生员工资。工资结构分为：基础工资和劳务工资两部分，基础工资分三类，乡医42元，合格卫生员35元，一般卫生员30元；劳务工资分五级，每级相差6元，最高30元，最低6元。经济效益高的卫生所，允许享受地差、洗理费和书报费等补贴。评定结果，平均每人每月工资可达60元以上，比原来工资平均提高40%，并同意各所可以把工资和奖金与各所经济效益和个人劳动成果挂钩，上下100%浮动，以体现多劳多得。

药品统一调拨　　药品由中心仓库负责多渠道采购，按各所核定药品基金，内部统一，转账调拨，减少购药耗费，保证药品质量，使品种齐全和药价合理。同时，药品资金可以有偿调剂，解决了穷所无钱购药的困难。

健全管理制度　　在规定值班、考勤以及门诊日记、病历、处方、收费发票、现金日报表、财务账册和卫生所标牌六统一外，还制定了《防保任务责任制》《中心各项工作管理条例》等，使卫生所有章可循，同时由九人组成中心各项工作考核小组，按片对各所定期组织考评，监督检查，并与医德医风挂钩，实行奖优罚劣。

改革收到的效果

实践是检验真理的标准。中心成立10个月的事实证明，改革给农村卫生所带来了生机与活力，使基层卫生工作发生了可喜的变化。

健全巩固了农村卫生网　　全镇17个村、社共有20个卫生所，卫生人员67人，技术人员得到合理的聘用，秦屿镇第十届人民代表大会的政府工作报告中，对中心坚持以防为主，加强了医疗保健组织，真正担负起全镇80%人口的日常防治任务，给予很高的评价。

理顺了各方面关系　　有了医疗卫生联合中心，使卫生院集中精力抓好医院的自

1988年太姥山镇农村卫生工作会议现场（太姥山镇党建办 供图）

身改革和对卫生所的技术指导，更密切了卫生院与卫生所和卫生所之间的关系。村镇领导通过中心对卫生所管得着，也更关心卫生所建设。

提高了社会效益和经济效益　　实行了按所目标管理责任制，调动了乡村医生的积极性，出现了早上班、晚下班、坚守岗位、热情待患，为群众提供方便的好现象。

解除了乡医后顾之忧，稳定了乡医队伍　　实行了职工劳保、福利、退休规定，使乡医享受到与全民、集体一样的福利待遇。填平了乡医与集体工差别的意识鸿沟，使乡医树立起新观念，消除了集体工有劳保，阿赤哥没出头的自卑感，坚定了在农村工作的信心。

推动了精神文明建设　　卫生所之间开展了创文明红旗竞赛活动，各所容貌有很大改善，普遍建立了卫生宣传栏和贴报栏，订有报刊，乡村医生良好的医德医风也逐步树立起来．仙梅乡医王祖梅还被群众选为人民代表，为乡医争来了荣誉。

促进农村卫生防疫、妇幼保健工作的开展　　各所都有防疫员分片包干防保任务，地区计免考核组抽查，建卡率100%，四苗覆盖率比去年同期提高了61.9%。省电视台分别在4月26和6月3日的福建新闻节目中，向全省播放了中心这两项的活动实况。

提高了乡医的业务素质和技术水平　　中心着重智力投资和设备投资，选送乡医到中医院、县医院进修，到卫校或学院深造，激励乡医刻苦钻研，使各所业务学习热情高涨，医疗质量逐步提高。大部分所建了简易病床，镇政府还计划在孔坪建立120平方米的中心卫生所，对四个中心卫生所逐步做到人员、技术、设备三配套，镇政府准备在政府对面建农村医疗卫生中心大楼，使中心在医疗市场竞争的过程中立于不败之地。

民俗风情

太姥山镇的年味

佘燕文　丁振强

　　春节是一年中新旧交接的盛大节日，太姥山镇的春节历时一个月，从腊月十五日的"扫堂"（做卫生）开始，期间有祭灶、奉年（祝福）、除夕、新年、"人本命"、"上载"等，一直持续到正月十五元宵节才落下帷幕。太姥山镇人非常重视亲情伦理，对春节是格外重视且讲究节日仪式感。临近春节时，当地大街小巷到处大红灯笼、中国结高高挂起，一片热闹祥和的新年气氛。从腊八开始，太姥山镇的家家户户便开始置办年货。玉池路、金安路以及金麟路上大街小巷里的年货可谓琳琅满目，春联红烛、祭祀用品、农副产品、生活用品、特色小吃、盆景花卉等等可谓应有尽有，人们走街串巷地挑选年货，温情而又惬意。

"扫堂"——春节的准备工作

　　太姥山镇的百姓从腊月十五开始，家家户户开始"扫堂"（北方人叫"扫尘"）。这一习俗寄托着人们破旧立新的愿望和辞旧迎新的祈求。家家户户都要打扫环境，清洗各种器具，拆洗被褥窗帘，洒扫庭院，清除蛛网，营造干干净净迎新春的欢乐气氛。旧时农村家家户户都有大灶，灶烟筒一年积满"烟膛"，人们就做了一支长柄的扫帚，打扫灶烟筒，俗称通烟筒、扫烟塘等。在"扫堂"的同时要将家中灶神、祖宗神位的香炉清理，拔掉香脚，这时小孩往往拿"香脚"来玩，俗称"玩香脚"。"扫堂"之后就开始贴春联、换灶联，门前、厅中贴年画、窗花等，寓意一扫旧年的秽气，干干净净地迎接新年。

祭灶日——春节的序曲

　　灶神是旧时民间公认的一家之主，其神位安置在厅堂或厨房。传说中腊月二十三或二十四是灶王爷上天向玉皇大帝面奏本年人间善恶事的日子，对于人们来说灶王爷的汇报关系重大，因此，这天人们会恭敬地祭拜灶王爷。太姥山镇祭灶的一般在腊月二十四，当地人称呼"尾牙"。是日，家家户户都把灶神神龛装扮一新，贴上大红帖子，一般的帖子正中间写着"本家司命"，下右侧是"定福灶君"，下左侧是"增寿夫人"的文字，两旁还有诸如"上天言好事，在家保平安"之类的对联，横幅是"赐福"或"奏善堂"之类的文字。如今，不少新房子的灶龛装饰是用写好文字的玻璃嵌进去的。祭灶时候会准备"祭灶糖"，涂抹在灶王爷的嘴上，寄愿灶王爷"上天言好事，下地保平安"，祭灶糖黏性很强，现在条件好了也有用蜂蜜或者巧克力。不仅如此，还要准备丰盛的祭祀用品，虔诚地跪拜。

在太姥山镇方家山、孔坪村、才堡村的畲族同胞，祭灶日也是腊月二十四这天，畲族祭灶要备上茶酒和"五果"（糖、豆、花生、橘子、栗子之类），并烧纸钱与灶神饯别，希望他"好话传上天，坏话丢一边"。往后，发丁发财。同时，传说炉灶上烟囱烟尘是灶神的记事本，他平日凡是听到灶主的恶话，都要记在那里。因此，畲家主妇都要赶在灶神回返前，把烟囱烟尘打扫干净，以便恶话一笔勾销。扫烟尘时，把一束清洁的毛竹枝条用藤绑紧而后把里外打扫得干干净净，准备祭灶，迎接新年。

必备年货——春粿

腊月二十五、二十六日，太姥山镇家家户户都要舂米制作年粿，也叫白粿、年糕，打年糕可谓是当地人制备年货的重头戏。年糕与"年高"谐音，蕴含着对老人"年高"长寿和小孩"年年长高"的祝福，另外还有"年年高升"之意，期盼来年风调雨顺、五谷丰登。年糕分为"粿"和"年糕"两种，当地人一般习惯性地将二者统称为年糕。粿是用粳米制成，质地较为粗糙些。年糕则是用糯米制成，质地较于白粿更为松软、黏糊。太姥山镇人对于年糕的制作比较讲究，对于粳米与糯米的比例能够根据家人的口味拿捏较准。旧时，粿由于颜色不同又分为白糖粿和红糖粿，舂粿可谓一项"浩

糖粿（太姥山镇党建办 供图）

白粿与红糖粿（太姥山镇党建办 供图）

大工程"，男女各有分工，男人负责制作白粿，用上好的粳米磨成粉状蒸熟，有的不磨粉直接用蒸熟的粳米饭，放在石臼里舂。打白粿非常耗体力，要挥动几十斤重的石杵子使劲砸，因此每隔一段时间就要换人。女人们则忙于制作红糖粿，转动石磨，将糯米磨成米浆装进布袋里，然后用大石头压着，挤干部分水分，加压呈糊状。在蒸笼里铺上一层宽大的良姜叶，把加了红糖的米浆揉匀，在上面撒上红枣，放入蒸笼蒸熟，这种糖粿为太姥山镇特有。

畲民打糍粑

每逢重要节日，畲家人都会用糯米打糍粑，春节作为一元复始的重要节日，畲家人自然少不了糍粑这一美食。从农历十月，畲民就开始准备糯米酿制过年酒，用粳米、灰碱水做年糕（糍粑）。畲乡有诗句："糯米做糍圆又圆，香麻伴糍甜黏黏"，表达了畲族人盼望春日时（糍）来运到、生活年年（黏黏）甜的美好心愿，还有合家团圆之意。糍粑的做法先是把糯米蒸熟，然后置于臼内舂成团，搓成月饼大小的饼子。然后放入炒熟磨好的花生仁、芝麻、番薯干粉内沾至不粘手为止，再晾干，可

畲族糍粑（太姥山镇党建办 供图）

以烤吃或蘸红糖和芝麻粉吃。糍粑食用时必须趁热吃才有香甜细软的口感。

随着工业技术的发展，春粿、打糍粑大多已经由机器代替人工，高效便捷，无须再像旧时那般耗费力气去打。但是机器制成的年糕，当地人总感觉不及传统的古法打出来的味道，少了一丝嚼劲与米的香味。更重要的是，人们难得体会旧时一家人打年糕时的温馨，品尝当时的年味。

奉年祝福

临近除夕时，人们又忙着"奉年"了，这很像鲁迅小说《祝福》中写的，人们准备了丰盛的菜肴，摆满了一桌，较宽裕的人家，往往摆上猪头、一整头大公鸡（熟的）、大鱼等，摆上香案，供奉天地。这事多半在夜间进行，于是到处又响起噼里啪啦的鞭炮声，使人觉得大年到了。

除夕

　　一年的最后一天是除夕，也叫大年三十，当地百姓将除夕称为"廿九暝"，是家家户户庆团圆的日子。俗话说："有钱没钱，回家过年。"这天晚上，人们无论多忙都要放下手头的工作与家人同吃年夜饭。年夜饭可谓是一年中最幸福温馨的时光，年夜饭由八盘荤八盘素菜和五碗汤组成，经改良后，现在主要包括扣全鸭、红烧鱼、真高丽、芋泥鱼、八宝饭、白炒鱼、扣肉、香菇炒笋、太平蛋、油条香菇、猪肚鸡、澎海燕、田鸭萝卜。年夜饭中大家彼此要讲祝福的话，忌讳讲不吉利的话，用餐完毕，碗里要留些剩饭，取"食足有余"之意。太姥山镇百姓家的年夜饭从傍晚天未黑就开始，持续时间较长，有的人家一直要吃到深夜。除夕夜里，人们还要将居室好好布置一番，烘托节日氛围，表达对新年的美好愿望。例如夜间要在家中贴上新年画、春联，将房屋布置一新，取"辞旧迎新"之意；所有居室均要通宵达旦地点灯，俗称"照年"，借此希望来年光明顺遂；灶上要焚香燃烛，摆放糖、橘子等供品，取"糖甜桔圆"之意，希望来年日子甜蜜、合家团圆；灶膛里要埋放火种，取"烟火不绝"之意；往墙壁上钉钉子，希望来年家中"添丁"、人丁兴旺；在器皿上张贴剪成"喜"字、"寿"字的红纸，以示美好期盼。除夕夜里，旧时各家各户都要"鸣金伐鼓、放纸爆"，谓之"辞年"，以热闹非凡的方式来辞别旧日，迎接新年。现在除夕在临近12点时，家家户户仍然是开大门，点大香放鞭炮烟花，响声不绝，空气中弥漫着浓浓的烟雾，让人感受到浓浓的年味。

　　除夕守岁是除夕夜的重要习俗，人们无论睡意多浓都要尽力不眠以待天明，迎接新年的到来。守岁寓意着有对逝去岁月的留恋以及对新年的美好愿景。儿孙在除夕夜守岁有祝愿家中长辈健康长寿之意，长辈要给晚辈压岁钱，工作了的儿女要给父母包红包。红包的金额要为吉数，随着互联网技术的飞速发展，电子货币的普及，也有人家是用微信、支付宝给长辈或是晚辈发红包，这样节约纸张、方便快捷，避免了现金包零钱的不便，也为在远方的游子给亲人表达心意提供了便利。但是为了讲究过年的仪式感、照顾老人不会使用电子货币，大部分家庭还是会取出现金包上精美的红包发给长或晚辈。

　　为"聚财""享清福"，除夕夜在扫完"过年地"倒好垃圾后，搬来一只专倒脏水的大缸，放在天井里，以免脏水洒泼在地上；同时烧好"过年饭"，并把初一需动刀加工的菜肴全部切好备用。畲族人称除夕为"卅晚"之夜，畲族同胞在除夕夜，各家都挑选一根碗口粗的楮柴头，放入灶膛烧后焐起炭火，留作正月初一的火种，畲语称之为"焐年猪"，也有叫"隔年火种"，火种一定不能在第二天煮早饭前熄灭，不然便认为是不祥之兆。待到年夜饭后，各家还要在村头路口插一支蜡烛，点上三支香，烧一些银箔、纸钱，用以济施无主孤魂和残废鬼灵，称为"烧路头纸"。除夕夜里畲民也和汉族一样有守岁习俗。在这个漫长的夜晚里畲民安排的有条不紊，前半夜走家串户，互相祝贺；后半夜点燃香烛、鸣放鞭炮，迎接新年的来临。

大年初一

俗语道："一餐吃斋，四季无灾；一天吃斋，灾祸不来。"太姥山镇人在正月初一这天要一律吃素，象征一年中福寿绵长，太平如意。当地亦有说法，大年初一吃素是为了"清理"肠胃，因为之后几天都会大鱼大肉，初一吃的简单才能更好地享受后面的美味。早餐当地人都要吃年糕，寓意"年年高升"。与此同时，大年初一的禁忌颇多，旨在为新的一年讨个好彩头，如大年初一不出远门、不讲不吉利的话、不动刀、不泼水、不洗衣、不扫地、不倒垃圾称"聚财"，也称"积福"。这天也不再做饭，只吃除夕夜剩余的菜肴，寓意"年年有余"。人们认为初一是开年的第一天，第一天只吃不做享清福，以后就会天天享清福。

大年初二

人们开始走亲访友，互贺新年。按太姥山镇的传统习俗，这一天要"请新女婿"。"娘爸送年仔送节"是福鼎地区春节的特色习俗，即已出嫁的女儿要给父母送新年礼物，父母也要相应回礼。太姥山镇的女儿出嫁后的第一个新年，女儿送给父母亲的新年礼物会格外丰盛，一般都会送上猪蹄、烟酒之类的礼品。同时，娘家的重要亲戚还要轮番设宴款待这对新人。如在斗门村，新婚的女儿和女婿初二到初五3天内要住在丈人家里，主要是为了方便全族的人请这对新人，更重要的是让全族人认识新女婿，以便更好地融入女方家庭中。在太姥山镇，大年初二是拜寿日，大人带着小孩，到亲戚家拜寿去（一般是60岁开始，逢十做寿），分红包，喝寿酒，热闹非凡。

大年初四

各家要在家中准备好祭品"接神"，意为将去年恭送天上过节的神仙请回家中。如若家中有新丧，还要在五更设奠举哀，通知亲戚好友前来祭奠，称为"拜新灵"。做生意的人家在初五之后才开业，"五日内为节假，市不贸易"。新年的头几天，当地人还会设宴款待亲友，拿出去年年末酿制的新酒款待宾客，称为饮"春酒"。

大年初七和大年十一

初七当地人称是人日，叫"人本命"，少不了炒些小菜（主食是年糕），庆祝一番。正月十一，当地人叫"上载"，意思是新的一年的工作开始了。这天照样要准备几样菜肴，小吃一顿。

送花添丁闹元宵

佘燕文　丁振强

正月十五元宵节，又称"上元节""元夕节""灯节"等，是中国人非常重视的民俗节日。"闹"是元宵节最大的特色。吃元宵、游灯、放"花树"是元宵节的特色习俗，是日，大街小巷锣鼓喧天，唢呐阵阵，太姥山镇举行猜灯谜、赏花灯、舞狮等各式各样的民俗活动热闹非凡。

"送花添丁闹元宵"是太姥山镇的元宵节特色风俗，独具地方特色，源于明朝永乐年间，距今已有600多年的历史。明朝永乐六年（1408），在太姥山镇康湖山（今福鼎四中后山）建成"临水宫"，供奉的陈靖姑陈夫人，是"救产、护胎、佑民"的"妇女儿童保护神"，民间亦称为奶娘、注生奶娘、顺天圣母，清乾隆皇帝赐封为陈太后。奶娘殿前石柱镌有一副对联"驱邪缚魅号法界真人，育幼扶危为人间慈母"，当地百姓对其信仰虔诚，认为陈夫人可保佑家庭人丁兴旺、幸福平安，人们多前往宫内祈求子嗣。

送花之俗在初婚无子和婚后有子的情况下，有着不一样的习俗。

在当年添了新丁的人家，会在正月十四或者正月十五送花包去临水宫里，感谢顺天圣母娘娘的庇护，将祝福传递给下一户人家。花包的制作颇为讲究，花包由白面馒头制成，可以是实心也可以带有芝麻、花生馅儿。供奉的花包需由三个花包拼成，分为上下两层，下面两个包要写上"寿"字，上面一个包要写上"福"字，代表福寿，蕴含了希望家人平安吉祥的愿景。

当年新婚的人家送花包习俗更是别有一风情，男方的朋友要去临水宫求得一个花包，若想要男孩，花包上的中心位置要插一朵白花，

秦屿花包（太姥山镇党建办　供图）

钉"五子钉"（福鼎广播电视台 供图）

白花可以是白梅花也可以是颗花菜，若想要个女孩子则要在花包上插红花。在花包下面两侧要分别插上一根红蜡烛，最上面的花包要插上三炷香。朋友求得花包后，要雇一个男童手持托盘，放上求来的花包、象征着多子多福的五子钉，将两盏花灯放在托盘两边让男童握住，走的时候要点上香。男童后面要跟乐队，乐队一般五人组成，寓意五福临门，乐队中一般为敲大军鼓、敲小军鼓、吹唢呐、吹笙的、打铜擦的，他们一路上演奏着欢快喜庆的乐曲。乐队的后面朋友则分散两边，手持烟花棒，并不时燃放烟花，整个队伍喜气洋洋。新婚家人看到送花队伍的到来时，要在门口燃放烟花恭迎队伍，男童则要将花灯小心翼翼地送进新人的新房里。之后大家便聚在新人房（即原洞房）内，用当地方言念《添丁诗》，将仪式推向高潮。

念添丁歌时，朋友将盘子内的五子钉拿出来，一枚一枚地钉到新房的木梁上面，每钉一枚，就要用当地方言念一句添丁诗。添丁诗的寓意都是祝福新婚人家早得贵子，唱的时候，朋友中推荐一人主持，每钉一枚"五子钉"，就得配唱一首《添丁诗》，其余的齐声喝彩道"好呀"。《添丁诗》旨意祝新婚人家早得贵子，句式无拘，但求韵味，用当地方言诵唱，可谓"韵味十足，余音绕梁"。"添丁诗"的内容一般如下：

主唱：添丁添一丁呀！

众友：好呀！

主唱：新人（新娘）生仔貌观音呀！

众友：好呀！

主唱：添丁添左（音：枣，意同早）呀！

众友：好呀！

主唱：添丁再添丁啊！

众友：好啊！

主唱：家庭幸福万事兴啊！

众友：好啊！

主唱：添丁添五子啊！

众友：好啊！

主唱：五子登科上北京啊！

众友：好啊！

主唱：夫妻恩爱同偕老呀！

众友：好呀！

主唱：添丁添右（音：耀）呀！

众友：好呀！

主唱：添丁又添丁呀！

众友：好呀！

主唱：多子多福共多寿呀

众友：好呀！

主唱：添丁添五全呀！

众友：好呀！

主唱：男耕女织家业兴呀！

众友：好呀！

主唱：五子登科美名扬呀！

众友：好呀！

若如愿"麒麟应瑞，喜得贵子"，家人则于来年正月十四至十五乐备花包摆满一盘贡菜还愿。送花习俗六百年绵延不绝，自成当地人不可缺少的庆元宵的一道独特的民俗风情。

太姥山镇畲家春俗

✎佘燕文 丁振强

立春

太姥山镇畲族同胞很重视立春这个节日，过节有许多讲究。立春的前一日，男人必须上山砍来一根尾部连枝带叶的笔直笔直的毛竹，折来一大把椿树叶。妇女打扫庭院，杀鸡宰鸭、煮猪头，备祭品，剪一朵朵红花粘贴在椿树叶上，不识字的人家请人在五指宽、尺把长的红纸上写"春到大吉"之类的吉利话，并用红线将它缚在竹尾上。

立春前夕，男人把那根毛竹竖在正对厅堂的大门外，叫作立"春旗"。要一直立到元宵节。元宵这天要烧香点烛，三拜之后放倒，再将这根毛竹破篾做成鸡笼。如果一切顺利的话，就是六畜兴旺的好兆头。

立好春旗，把贴上红花的两大枝椿叶摆到厅堂香桌的左右两旁，在大门前面当天设祭坛，坛上也要插一枝椿树叶，每扇门、灶神位前、猪栏、鸡鸭舍都要插一枝椿叶，同时贴上对联，表示家里处处充满春色。

立春时刻，祭坛摆上三牲、米粽、三杯红酒、三杯茶、果品。厅堂，灶神，天坛都点一对红蜡烛、三炷香，各扇门插一枝香。立春时刻一到，就大放鞭炮，以迎春神驾临。祭春时加酒三次。酒过三巡，约半小时左右，烧一大堆纸钱送给春神，以留春永驻。然后再放一串鞭炮，欢送陪席的诸神归去。

立春这一天，畲族人民之间相敬如宾，兴说吉利话，大人教小孩要尊老爱幼，懂礼数。此外，在畲家立春还有一个习俗：即傍晚时节，一家或几家在坪地上烧一大堆火，叫孩子们围着火蹦跳。孩子边跳，大人边加入艾草、紫苏、樟树枝、芝麻秆等干草。人们说一切邪恶都怕火，孩子们跳火可去邪、得平安。这与旧时医疗条件不发达有关，因为春季温度适宜，利于病菌的繁殖，小孩抵抗力弱容易生病。

二月二

二月二又称"龙抬头"，其最初形成于干旱少雨、视水为命的北方，后来才逐渐传播到了其他地区，现已在我国广大地区流行。二月二这天，太姥山镇农户会备上酒菜、香烛元宝、天金到山上或庙里敬请土地公，保佑庄稼苗苗壮成长，农业生产有好的收成。

"二月二"是畲族的会亲节，是畲家仅次于春节的传统节日。所谓"会亲"，是由于畲族族支繁衍，子孙散于浙南、闽东各地，省亲路远，探亲无期，便约定在每年春耕前的农历二月二为"会亲节"，迄今已有200多年历史。在解放前闽东地区的畲民大多去福鼎双华乡聚集参加歌会，每年的"二月二"来双华会亲的畲族同胞都有几千人。这一天，家家都有客人，少者二三桌，多者八九桌，畲家好客，来客越多，主人越觉光彩。"二月二"要活动三天，初一开始，初二正日，初三结束。他们身着艳丽的畲族服饰欢聚一堂，不分男女老少都唱起古老的"山哈调"，花田间，山头上，马路旁都回荡着美丽的歌声，顺着春风荡尽人们的心里。特别是夕阳西下，夜幕降临，松明火照耀得如同白昼，增添了节日的热烈气氛，歌会进入了高潮，人们引吭高歌，嘹亮的歌声在山野回荡，越唱兴致越浓，通宵达旦，热闹非凡。在解放前，福鼎双华镇会亲节的活动主要有演戏、迎神、提灯游村、盘歌。

二月二在太姥山镇还有着另外习俗。由于农历二月是农村芥菜收成的季节，当地人在农历二月二这天有着吃芥菜饭的传统。芥菜具有解毒消肿、明目利气、清热利尿、平肝凉血、治疗便秘等食疗作用。农村有俗语"二月二吃芥菜饭，一年不长疥疮"，太姥山镇人都会在这天吃芥菜饭，借此祈祷全家一年中都健康平安。

芥菜饭（太姥山镇党建办 供图）

三月三乌饭节

三月三原是畲民敬天地、祖宗的节日。畲族人还奉三月三为米谷生日，畲民要给米谷穿上衣服，故涂上一层颜色，祈祷五谷丰登、兴旺发达。是日，畲族人都要阖家共吃"乌米饭"，办歌会山歌盘答。是日，畲民会出门踏青，采集乌稔树叶，将其和糯米一起制成乌米饭。畲民认为，三月三食用乌米饭可使虫蚁不作，人上山

乌米芥菜饭

方家山第六届畲族"三月三"歌会（李姗姗 摄）

下山不怕虫蚁。三月三正值暮春，食用乌米饭在畲家有准备春耕，迎接丰收的象征意义。

畲族是能歌善舞的民族，歌舞是旧时祭祀的主要形式。随着时间的推移，三月三的歌舞祭祀演变成为畲族青年男女的歌会，变成了畲族的一项娱乐性节日。

太姥山镇方家山村当天举办隆重的"三月三畲家歌会"，每年的这个时候，畲族人民都会着民族盛装聚在一起庆祝自己的节日。旧时三月三的歌会畲民大多聚集在田间对唱，自然而又随意。在田头、路边或是山上，遇到乡亲歌兴来了，就"拦住"对方盘歌，只要女方肯开口唱就能对歌，画风自由活泼、热情奔放。如今随着国家对非物质文化遗产保护工作的重视，2014年开始方家山村的三月三歌会成为一项有组织的大型歌会，歌会节目可谓精彩纷呈，有舞龙表演、畲歌对唱、民俗舞蹈、丁氏回族提灯、魔术表演，女声独唱以及原生态畲歌演唱等。到2017年该歌会举办到第四届时，还成立了福鼎市方家山畲寨生态白茶合作联社，大力推动了当地白茶产业的发展。2018年方家山三月三畲族歌会又增加了白茶故里文化节。在活动的现场还会为游客准备畲族特色食品乌米饭、糍粑、粽子、汤圆等美食免费品尝，提高畲族特产的知名度。随着时代的发展，三月三这一畲族同胞的传统节日被赋予了新的时代内涵，该节日俨然成为当地的一张文化名片，为推动当地茶业发展、乡村振兴起到了重要的作用。

四月初八牛歇节

四月初八牛歇节是畲族的传统节日，牛歇顾名思义要让牛歇息，平日里牛为了人类农事辛勤劳作，任劳任怨，因此这天人们解缰卸犁，让牛休息一天。除了让牛休息外，人们还要精心"伺候"牛。清晨村民们便赶着耕牛到山上吃露水草，回来后要给梳洗身子、祛除污垢，为牛打扫牛棚，铺以干草。不仅如此，在饲料上也要比平时更精致，通常人们以泥鳅鸡蛋泡酒或用米粥、薯米粥等精饲料喂牛，以酬其耕作之劳。喂牛食时，为了显示节日的喜庆氛围，要在牛的头上系上红花，牧童还要唱牛歌："牛角生来扁扁势，身上负着千斤犁。水牛做饭给人食，四月初八歇一时。"这一节日充分反映了畲族人对动物的关爱之情。

关于牛歇节的传说，畲族主要流传这样的两种说法。其一，相传古时田里只生五谷不长杂草，人们劳作负担轻，于是玉皇大帝担心人类过于清闲易生事端，便命牛王到人间按一定距离撒放杂草籽，让人们有事可做。不料牛王图省事，一下子把所有草籽全洒落人间，结果杂草丛生，庄稼颗粒无收，人们困苦不堪。玉帝得知震怒，在四月初八这天将牛王贬到人间戴罪服役，为人类驮犁耕作，以草为食。后来人们便以四月初八牛王下凡之日，作为牛王生日。其二，相传在春秋时期，楚国有两位歌王，一个名叫钟子期，一个名叫钟仪。楚国乐师伯乐弹琴的曲调"大喝"和"小喝"，意在高山、志在流水，唯有钟子期能和其腔。钟子期死后，伯乐将琴摔掉，从此再也不弹琴。钟仪本是楚郧公，被郑国推荐献给晋国，晋王要他弹琴唱歌。钟仪接过伯牙和钟子期弹唱的技艺，"与之琴、操南音、操土风"。晋王听了大高兴，重用他，封他为礼部侍郎之职。后世是为了纪念春秋时期畲家两位歌王钟子期、钟仪，四月初八都要举行歌会，并把这一天作为畲族"歌王节"。

太姥山镇清明习俗

佘燕文　丁振强

　　清明节亦称"扫墓节"，在民间号称三大鬼节之首。福建人宗族观念十分浓厚，在旧时，太姥山镇各地还往往以清明前后作为宗族合祭的日子，举行大规模的祠祭活动。清明节当天，家家户户提篮担盒、携纸带烛前往墓地祭奠先人，彰显当地百姓深厚的宗庙祭祀观念。当地清明扫墓习俗是，先打扫墓地，而后在烛前压银箔、烧纸钱，在当地名曰"挂纸"，扫墓从清明口起至夏日止都可进行。有的家族还会办"墓酒"，将家族人员聚集一堂，借此机会缅怀祖先、教育下辈。

　　太姥山镇的扫墓习俗颇为讲究，扫墓时间一定要在上午，过了 12 点就不扫墓。旧时扫墓要挑墓担装祭品，一篮装祀土地公的祭品，如鸡、猪肝、蚕豆、笋、豆干等五盘，一瓶酒，大金，香，烛，炮等；另一篮装银仔，纸钱，锣，鼓，墓饼。墓担去时途中不能停，可由两人轮挑，先祭土地上香烛，接着祭祖宗。土地烧大金元宝，祖宗烧银仔纸钱。最后放鞭炮，发墓饼。墓担回来一定要摘松枝压担，并将松枝插在家门口，这是当地扫墓特殊的风俗，与福州相似。

　　在太姥山镇，清明还要食用清明粿，因用鼠菊草制成，又叫鼠菊粿。鼠菊粿呈深绿色，既有鼠菊草的香味，又有白粿的软化香甜。清明节吃鼠菊粿，一来是时令的使然，清明时节鼠菊草最嫩，食用的最佳时节；二来是因为清明时节后福建地区常潮湿、多雨，鼠曲草有祛风湿的功效，为保健食品。

才堡村的谷雨节

佘燕文　丁振强

　　谷雨是二十四节气中第六个节气，有"雨生百谷"之意，意味着雨量增多，寒潮天气褪去。虽然谷雨在太姥山镇的大多地方只将其视为一个节气并不当作正式的节日，但是在才堡村却有着独特的节俗。

　　才堡村的谷雨节由来已久，2000多年前的才堡村外还是一片汪洋大海，由于该地背靠太姥山，依山伴海，是人们生产生活的佳地，元末明初之际，因不断有外族迁入，人口规模不断扩大，出现了围海造田的创举。喜忧参半的是，这里海盗猖獗、不断扰民，村民筑墙抵御入侵。谷雨是春季的最后一个节气，是播种的最佳时节，为了在谷雨前播种完毕，各家请来邻村的亲朋好友帮忙。村民为了答谢亲朋好友，便在村长的组织下，谷雨节晚上在一空旷的地方点燃篝火，请来巫师作法，全村男女老少与亲朋好友一起围着篝火载歌载舞，祈愿风调雨顺、鱼谷满仓。从此便演变成谷雨节的习俗，一直延续至今。

端午送节与赛龙舟

🌿 佘燕文　丁振强

　　五月初五端午节时逢仲夏第一个午日，故名"端午"，又称"端阳""端节""重午"，又因"午"与"五"通，唤作"端五""重五"，为中国民间夏季一个重要的传统节日。太姥山镇的端午节习俗与其他地区大同小异，基本是吃粽子、系彩线、采艾饮蒲菖、饮雄黄酒以及赛龙舟等习俗。

　　太姥山镇人十分重视端午佳节，从五月初一开始，当地就开始忙着过节，家家户户都要在大门两旁顺插上用红纸条裹成束的菖蒲、艾叶。外婆要在每年端午给外孙送去红肚兜和香袋，一直送到外孙十二岁左右。香袋品种很多，常见以鱼虾为题材，用布料或色线等制作成小巧玲珑、生动形象、色彩艳丽的外袋，内置香料、雄黄等。肚兜的图案多以"吉庆有余""连年有余"富有吉祥寓意为题材，构思巧妙，做工精美。

　　送节习俗是太姥山镇端午节的特色习俗。送节分为两种，一种是女儿出嫁后的第一个端午节，娘家须送粽子给女儿分送亲友近邻，称"送头年粽"，又叫"新人粽"。其外壳是用青竹叶包裹的，逐个不仅要包得小巧精致，而且大小也要一致。新人粽二小串为一组，一串五个小粽子，共十个粽子，寓意五子登科、十全十美。送出时外加一个用竹壳包裹成长方块形的"枕头粽"，虽然外形欠佳，但是笋香独特。"枕头粽"内要包上红枣，寓意着"早生贵子"。除了送粽子外还需八件礼物：白力鱼2尾，寓意年年有余、有头有尾；酒2瓶、醋2瓶，寓意好孙；酱酒2瓶、线面2包，寓意长寿；红糖2包，寓意甜蜜；扇子2把，送公婆用；花采2个，即今称的红包。旧时送"头年粽"是婆家亲戚、朋友、邻居看你娘家体面不体面的一项"指标"，故深受重视。有些大户人家都会在礼品上贴上剪纸礼花，如鸳鸯双喜花、寿桃长寿花、年年有鱼之类的吉祥图案纸花，专门雇人用精美的礼担和礼篮挑着送去，如今该习俗有所淡化。

　　另一种是家里有人过世后的第一个端午节，自己家里不包粽子，由外嫁的女儿、姐妹和妻子或媳妇的娘家送来粽子，称"送孝节"。"孝节粽"和平常粽子一样，它的外壳是用竹壳包裹的。

　　太姥山镇依山傍海，赛龙舟是端午习俗的一大特色。赛龙舟在福建习惯称为竞渡，

太姥山镇头年粽（马树霞 摄）　　　　　　太姥山镇枕头粽（马树霞 摄）

太姥山镇用竹壳包的粽子（佘燕文 摄）

显然有竞赛、悬赏"抢标"之意。

太姥山镇的赛龙舟其有 5 个过程，即造船和维修起用、组织勇夫、龙舟竞渡、对唱龙船诗以及"激"戏等。

一是造船、保存和维修起用。旧时太姥山镇居民多沿海边而聚居，分后岐、小东门、马房、岭后、后澳 5 个澳头。各澳的头人每年组织端午龙舟竞渡活动前往往会造新船。各澳按统一规格，而色彩与龙名有别，自制一艘龙船。龙船制造颇具技术性和工艺性，船型庞大而且结实耐用。各澳在制作过程中，无不潜心钻研技术，改良船体造型以加快船速。因此，在龙舟竞赛前，各澳头就暗中较劲展开造船技术攻关竞赛。据岭后魏孵回忆，当年的龙船每艘长二三十米，宽两三米，可容纳 20 余人。若所造龙船不顺，或几次赛事都失败等，澳头便会将该船重新拆建，甚至当场焚毁，否则，龙船一般使用几十年都不见大修。当地龙船的龙头制作极具艺术性。龙头均为整块实木雕刻，与船体可做接榫装卸，便于保存。过去后岐澳龙船的龙头制作最为考究，当年艺人通过反复填补"碗灰"、裱"麻布"、打磨和上漆等多道精细的制作工艺，不仅使龙头形象生动，而且坚固耐用。据后岐毓麟宫许红弟介绍，制作于20世纪30年代的一只龙头，一直完好无损地保存于毓麟宫内，几年前才被送往海边焚化，由此，足见制作工艺之精妙。5个澳龙船的绘画也均有讲究，它们是按东、南、西、北、中和金、木、水、火、土进行分色。5种龙体的颜色分别为："东起红龙，五行属木"，船体朱红色，为东澳后岐；"南起赤龙，五行属火"，船体深红色，为南澳小东门；"西起黄龙，五行属金"，船体橙黄色，为西澳马房；"北起白龙，五行属水"，船体淡黄色，船枋白色，为北澳岭后；"中起黑龙，五行属土"，船体褐黄色，船枋黑色，为中澳后澳。其次是龙船的保存与起用。每年竞赛结束后，各澳龙船均由澳头自行负责保存。龙头拆卸后一般供于各自澳头的大宫庙内。翌年开赛前，各澳头再提前一个月左右对各自保存的龙船进行修缮、添补；而因故焚毁龙船的澳头也必须在翌年开赛前，补造一艘新船参赛。

二是选择和组织勇夫。旧时勇夫的选择和组织是澳头指定和自愿报名相结合。澳头头人对本澳青壮年男子的身体状况、左右手习惯、声腔喉音等都必须熟悉。来年竞赛前，各澳头对所有符合条件的对象和报名者进行严格筛选，从中选拔合适的艄手、锣鼓手、旗手、划桨手和替补。选中后，在五月初一上午，各澳头的头人必须把本澳宫庙特制的两个白面包送到选中者家中告知对方被选中了。

三是龙舟竞渡。五月初五中午，各自澳头的勇夫以及提前集合在宫庙里的人将入水的龙舟一起参加"祭龙"仪式，称之为"正水"。之后，5个澳将五艘色彩各异的龙舟集中到水，开始进行为期3天（初五至初七）的竞渡活动。每天比赛先在"后澳沙"即后澳澳口进行，而后，由于后澳澳口退潮较早，故又将赛场移到"岭后沙"即岭后澳口继续比赛，此时，观众就争先恐后地从后澳又赶往岭后看比赛。所以，太姥山镇流传着这样一则俗语："五月节看划龙船，跑都来不及。"参赛的各澳龙船龙首站立2名勇夫，一擎三角大旗，一擎大牙旗，旗上书各自的旗号，后岐澳书"见龙"，小东门澳书"飞龙"，马房澳书"金龙"，岭后澳书"魁龙"，后澳澳书"康龙"。龙尾插彩旗10面，后立掌艄长1名，中央帅旗下有锣鼓手2名、鞭炮手1名。各船上统一配齐40名勇夫，并按左右手习惯分列于龙身两旁。他们身着与本澳龙色相同的褙褡与短裤，褙褡的后背统一写上一个大"勇"字，头戴竹制铁甲笠，手握绘有龙鳞的划桨。太姥山镇称划桨为"扒节"，故首位的划桨勇夫又叫"拿头节"，过去，"拿头节"一般是整个划桨勇夫队伍中体魄最为强健、最具有号召力的。通常在"咚开、咚开"的锣鼓声专用信号的指挥下，划桨勇夫以"头节"为准，和着号子，奋力划桨。一路下来，鞭炮手一边放鞭炮助威，一边和旗手担任起啦啦队的角色。掌艄长是富有比赛经验的"老大"，初时，他既要以艄为舵，确保船体直航，又要以艄为桨，推波助澜，帮助划船，最后临近冲刺时，他则要掌握有利时机，及时将艄压起，在保持直航的前提条件下，尽量使船体减小阻力，完成冲刺。胜负以谁先夺得沙滩上所插红旗为优胜者。夺魁后，龙船的旗手会立即拔起代表本澳旗号的大牙旗飞舞，以示胜利。

四是对龙船诗。所谓的龙船诗，以七言四句为常体，格律随兴不拘，有诗歌的韵律；风格诙谐风趣，有渔歌的腔板；语言通俗流畅，有白话的格调。词里大量的口语、俚语和当地乡音，吟唱起来具有浓厚的乡土风味和生活气息。龙船诗大部分是即兴吟唱而成的，其内容是太姥山镇社会生活与民俗风情的真实写照，其中不失为有价值的文史资料。对龙船诗的程序是这样的，首先是发引子："左边打鼓右打锣，大闹龙舟闹嘈嘈。乡亲老友来听诗，小弟唱诗你包涵。"接着先唱"十碟果子"，如："头碟果子是宝圆（即桂圆），有道明君见龙王。奉旨江南访白济，三教斗法午朝门。""贰碟果子是李干，和绅藏放山海关。叫着马寿进山海，鹏举造反玉皇山"……还有李咸、白冰（糖）、樱桃、冬瓜糖、橄榄、老抛（柚子）、花生、枇杷等，像这一类以瓜果蔬菜、花鸟虫鱼为首句开端的，接着二、三、末句多是叙述历史传说。唱完了这"十碟果子"，另一方开始答对，同样先是客套的引子，接着也来"十碟果子"，但这时，"果子"可以相同，叙事的内容却不同。因此，龙船诗所涉及的内容极为广泛。双方对完了"十碟果子"，开始自由发挥。所对答的龙船诗的内容多以地方的山川、名胜、物产、古迹和社会百业、名流为首句开端，二、三、末句内容多体现当地或远近地方的风土民情、名优特产、时尚风俗、山川形胜、社会百业等。据说当年有对诗高手，可以从秦屿的"三山十五境"，一路沿海岸线，北唱到沙埕，南唱到福

小筼筜赛龙舟场景（李秋容 摄）

州城。龙船诗的对答方式是自由开放的，近似民歌对唱，却没有问答式的对歌，而是以内容较高低。龙船诗的吟诵唱腔原是仿秦屿旧私塾诵诗的腔调，多带有喜庆欢快的韵味，唱时有锣鼓伴奏的打击乐。而且，每吟唱完一首诗，周围的同伴都附和"呼嗨、呼嗨"的喊声，一面为同伴鼓劲，一面催对方快点对答，气氛热烈紧张。旧时，对龙船诗的地点先是在后岐宫仔兜和岭后城墙顶。后岐宫仔兜集中的是后岐澳和小东门澳的参赛者和群众，岭后城墙顶集中的是岭后澳、马房澳和后澳的参赛者和群众。龙船诗的时间在五月初五、初六晚上到五月初七下午，即竞渡活动的最后一天下午，所有龙船已经结束了竞赛，齐聚赛场。各澳头勇夫荡起划桨，来回巡划龙船于水面，在轻松缓慢的锣鼓声中，相互间悠然对着龙船诗，称为"洗港"。

五是"激"戏。经过3天的角逐，龙舟竞渡和对龙船诗获胜的澳头自然要请来戏班公演，以示庆贺，同时也展示澳头的实力。由此，"激"起其他澳头的不服，他们也请更好、更出名的戏班来唱"对台"戏，并因此产生唱戏比赛。据岭后魏孵回忆，当年岭后澳请来戏班"激"戏，演出地点在九使庙，由于节目精彩，容纳不下观众，只好将戏台搭在岭后澳的沙滩上，露天公演。这样"激"戏，往往要历时半月之久，而且好戏连台，热闹非凡。近年来，在国家移风易俗的号召下，赛龙舟的习俗逐渐简化，人们通过赛龙舟这种体育竞技，强健体格、陶冶情操。

潋城村古堡端午节长街宴
（太姥山镇党建办 供图）

与众不同的是，太姥山镇的潋城村、东埕村叶氏家族迄今还保留着五月初四、初五过"双端午"的习俗。

潋城的"双端午"源自"杨察院清剿国兴寺"的传说。相传在唐末宋初时，时局混乱，有股寇贼流至太姥山国兴寺并且霸占该寺，装扮假僧欺男霸女、无恶不作，使得地方百姓不安。宋朝监察御史杨国显在回潋城村省亲时得知此事，为攻打国兴寺擒拿恶贼，于五月初四召集乡勇，剿灭祸乱百姓的草寇。时有乡民说："今天初四，明日端午，今晚攻山如果失败就是死，晚上大家应该先过端午节，如果能够凯旋，明日端午再设宴庆功吧！"于是，五月初四晚，潋城全村举家设宴提前过端午节。可喜的是，翌日在杨国显的带领下讨贼大获全胜。乡亲们欣喜万分，为庆祝胜利又过了一次端午节。从此，潋城村一直沿用过双端午的习俗，其热闹程度不亚于春节。2019 年大型高清纪录片《中国影像志·福建名镇名村影像志》（第二季）的拍摄中，潋城村成为太姥山镇唯一的展示村，其中"特色双端午，邻里长街宴"的场景便被拍摄其中，各家在潋城村古堡内摆长街宴庆"双端午"，该特色习俗俨然成为潋城村的特色文化名片。

东埕村叶氏的双端午是为了纪念闽王王审知忌辰。唐朝的闽太祖王审知原为淮南道光州固始人，其与两位兄长及随闽王入闽 99 姓氏将士转战福建。后封闽王，闽同光三年（925）五月初五去世，因王审知三兄弟对福建发展贡献很大，随闽王入闽 99 姓氏将士及福建人尊称王审知为"开闽尊王""开闽圣王"或"忠惠尊王"。端午节有节日的喜庆，99 姓氏将士是日不忍心饮酒为乐，故次年把端午节移于初四日为节。久而久之，东埕村叶氏家族就有了过双端午的习俗。

斗门村保苗节

佘燕文　丁振强

　　我国是农业文明的国度，农业生产历来都是人们赖以生存的产业。祈愿禾苗茁壮、消除灾害、新年丰收是广大农民共同的夙愿，因此全国多地有着过"保苗节"的习俗，祈愿风调雨顺、五谷丰登。太姥山镇的斗门村在农历五月十五也会过"保苗节"，当地人又称五月十五节。

　　斗门村保苗节历史悠久，源于清乾隆年间，相传从前村里庄稼产量低，农田水稻等作物常常患虫害，自然灾害也多，村民常常忍饥挨饿。无奈之下，村民求助于神明，将五谷丰登、风调雨顺的心愿告知神明，以求神明的眷顾。斗门村信奉华光大帝等神明，在水稻抽穗时节，村民便会举行隆重的巡境仪式，当地人相信神明到达哪里，就会确保那里当年五谷丰登。

　　经过历史积淀，保苗节已经形成了完备的仪式。五月十四林氏家族的族长开始张罗，五月十五从大帝宫请出通天圣母、华光大帝、田都元帅三位神明出宫巡镜，主要经过三佛塔、东溪、清溪、阳头、亥窑、三门台、三墩、秋兜、下岚亭、海田、官村、佳湾等村。到了哪个村，由村头人接待，做好供礼接香，直至"归宫"。一路上队伍前呼后拥，彩旗飘动，锣鼓喧天，热闹非凡。巡境时由道师做道场一天一夜后才偃旗息鼓。十六做福，请四邻朋友亲戚会宴庆贺。斗门村保苗节的热闹程度丝毫不亚于春节，据当地村民林龙说，本村外出务工的年轻人，春节不一定回来，但是五月十五都会回来，可见当地人对此节的重视程度。

斗门村保苗节巡镜盛况（林存龙　摄）

太姥山镇夏时节俗

余燕文　丁振强

六月六

六月六天气进入初伏，三伏天是一年中最热日的时节，所以有谚语"六月六，晒得鸭蛋熟"，极言天气之热。因此，六月六的习俗多围绕着暴晒和避暑进行的，晒衣、晒书是这天最广为流传的习俗。太姥山镇六月六的习俗也大多围绕"晒"展开，这天，人们也会把自家的棉被、棉袄全部都拿出去晒晾，祛除潮气，晒完后存储好以备寒天再穿。在太姥山镇，当地人认为六月六这天是土地公晒银日，在这天大家出去走走会遇到财气。

七夕节

七夕节又称七月七，在神话传说中是牛郎织女鹊桥相会的日子，因此在古代七夕节是古人的情人节。七夕节这天，在太姥山镇一带的少女、少妇会拜"织女"，以祈求自己容颜越美、嫁的如意郎君以及婚姻生活美满等等。在乞巧前她们约好自己的亲朋好友联合举办，七夕前夜要斋戒一天。七夕之夜，参加者要沐浴更衣，准时来到主办人家里。在月光下设香案。焚香礼拜之后，便围坐一起，边吃花生、瓜子，边朝着织女星座，默念自己的心事。大凡少女都祈求自己越长越漂亮，或是嫁个如意郎君。少妇们则希望早生贵子，婚姻生活更加美满。20世纪80年代后，随着经济的发展，食品的丰富，如今多以饼干、水果代替。旧时七夕之夜妇女多在庭院陈设香案，参拜织女星。陈瓜果七盘，点香七支，用针七枚，取丝线七条，在月光下伏地穿针引线，穿得多且快的就巧。因此，七夕又称为乞巧节。随着时代的发展，七夕节在整体上已经淡出了人们的视线，不似旧时那般浓墨重彩，诸多富有情趣的习俗也只能在文献里见到。可喜的是，随着现在的社会经济的飞速发展，在这物欲纵横的年代下，婚姻的成本与日俱增，人们对真挚的爱情越发向往。此时，在这男女间的情感需要释放，关系需要协调的时代背景下，七夕节又重新回到人们的视线，又被赋予了新

首届"太姥娘娘故里"民俗文化节活动现场

的解释，再次焕发了新的生机。这也充分证实中华传统岁时民俗文化的强大生命力所在。

太姥娘娘是太姥山镇当地人的信仰之一，七月七又是太姥娘娘羽化飞升的重要日子。是日，太姥山镇信众都会自发组织隆重的太姥娘娘神像巡镜活动，场面宏大。出巡队伍一般由洒净先行，鸣锣开道，檀香引路，紧随其后的是太姥娘娘的法宝如意、玉印、旗帜和香亭，最后才是太姥娘娘的软身銮驾和日月掌扇。神像巡游的时候，沿途信众多捧香膜拜，祈求境内风调雨顺、四季平安。銮驾内的太姥娘娘像，仪态端庄慈祥，姿容亲切温婉。銮驾的造型古朴大方，图案精美华丽。銮驾上方一般写上"风调雨顺、国泰民安"八字。在长期的历史积淀中，太姥娘娘信仰形成了以立德、行善、大爱精神为核心，表达了信众渴望和谐、平安、幸福的共同愿望和美好追求。

才堡村是太姥娘娘的故里，当地的太姥娘娘信俗也极具地方特色。2019 年该村便在农历七月初七举办了中国·福鼎首届太姥娘娘故里民俗文化节活动，吸引众多信众。活动在开场舞《龙腾四海》、合唱颂歌《太姥娘娘》以及民乐合奏《打拾番》下拉开了序幕，庄重祭典仪式主要有敬献贡果礼、向太姥娘娘行三叩首、恭读祭文、主祭嘉宾行敬茶礼、协办企业行敬献鲜花礼等环节。此外，还有非遗文化行罡步斗、鼓舞敬献《鼓韵传芳》以及舞龙表演等特色文艺表演。在这盛大的节日里，才堡村及附近邻里相聚于此，一边欣赏文艺表演，一边共飨平安百家宴，共同感恩伟大的闽越始祖太姥娘娘，祈祷娘娘保佑国泰安康、生活幸福。

中元节

农历七月十五为中元节，又称七月半、七月十四、祭祖节、盂兰盆节、地官节。当地有句俗语："年没看，节没看，全看清明七月半。"足见太姥山镇当地对于此节的重视是不言而喻的。不同之处在于"惟清明墓祭、中元烧纸为重"。在中元节这天人们必备好菜肴果品、蜡烛、纸钱等等到祠堂或祖厅祭奠，东埕村的人还会附上钱票即"汇款单"。至夜晚，太姥山镇各家还要"具斋果、馄饨、楮钱，延巫于市上，祝而散之，家以施无祀鬼神，谓之'施食'"，此举意在布施孤魂野鬼。

太姥山镇中秋节俗

佘燕文　丁振强

八月十五中秋节是传统节日中的大节，又名"仲秋""清节""秋节"等。在太姥山人看来，中秋节是一年中仅次于春节的第二个传统节日，当地群众都称为"过小年"。

自古以来，中国人就重视亲情伦理，看重亲缘血亲，有着浓厚的家族伦理观念，民俗节日是人们沟通情感的契机。中秋月饼不仅仅是一节日食品，而且还是亲友间相互馈赠的过节礼品，称之为"送节"。一般送节要赶在节前几天，父母要给头年出嫁的闺女送"头年节"。外婆、娘舅爷要给未成年的外孙、外甥送中秋饼和柚子，有几个外甥就要送几份。所以在太姥山镇，外甥一到中秋节就盼望着舅舅来送月饼。中秋月饼各式各样，其中有一种比酥皮月饼大、类似饼干的"麻福饼"，无馅儿，外敷芝麻，也称"脆饼"。大小月饼的饼面都贴着一张装饰画，这种装饰画又称"饼花"，画面内容大多以戏曲故事的题材为主。八月初开始，制作月饼的糕点店就会把"饼花"张挂在店前，推销店内月饼。"饼花"色彩鲜艳，引来许多小孩观看，为节日增添了喜庆气氛。太姥山镇的月饼主要有三种：麻姑饼、五仁饼与麻晶饼。麻姑饼少油，上贴饼花，主要给孩童吃。五仁饼和麻晶饼制作更为讲究，馅料有精肉、冰糖、花生仁、冬瓜糖等，味道清甜，主要是孝敬老人。福鼎饼花是专用月饼包装的一门艺术，内容多为戏曲故事，福鼎饼花始创于清代，福鼎饼花的演变历经"剪纸饼花""手绘饼花""木刻饼花"三个阶段。福鼎饼花极具地方特色、观赏价值极高，人们习惯在吃完月饼后，将饼花贴在屋内以作装饰观赏之用。

中秋"祭月"，又称"照月"。太姥山镇上曾流传这样一首童谣："月光光，月圆圆，月饼柚子摆门前，月饼大如盘，柚子珠珠圆，合家照月庆团圆。"因此，"照月"的供品除了月饼外，四季柚是必不可缺的。圆圆的月饼象征着天上的满月，寓意着人间的团圆，而四季柚取其"四季平安"之意，寄托着全家人日子过得红红火火、团团圆圆的美好心愿。中秋夜家家户户吃了丰盛的节日晚餐，就开始忙着为"照月"做准备，打扫门前庭院，对着月亮升起的东方摆好供桌，三五成群的孩子高高兴兴地将月饼放在供桌上，并在柚子上插一炷香，坐在小凳子上等待月亮升起。当地"照月"

还有一个"不能用手指月"的说法，当月亮升起，要对月而拜，否则会遭月神割耳朵，这虽说是一种迷信，但却寓意着人们对月亮的自然崇拜。照月之后，才开始吃月饼，吃月饼时按尊卑长幼每人切一块，取合家团圆之意。

旧时太姥山镇的中秋夜，在当地还盛行大人抱小孩过城门的习俗。家里年满一周岁的小孩要淋浴更衣，由长辈抱着，手握一炷香去镇上的一处城门下过城门，意为"过关"，为孩子辟邪祛病，消灾免祸，保佑平安。当晚城门设坛做法，人来人往，热闹非凡。同时，镇上还要举办中秋赏月放花活动。放花主要集中在晚上月亮升空时进行，镇上富商大户集资雇请工匠在镇南城隍庙，用松木柴片搭起一座三四层高的花阁，上面纸糊"嫦娥奔月""月宫蟾兔"以及"月圆人寿"等吉祥图案，四周扎着各种颜色的花炮，插有彩色旌旗等装饰。当月亮升起，点火燃放，火旺时泼松香粉，引焰助威，啪啪作响。仰望天空，一轮明月伴着五光十色的焰火、颇为壮观，让人们领略到了中秋赏月的佳趣。值得一提的是，在福鼎地区，中秋节习俗还有一种奇葩的"偷"俗，"八月十五是中秋，男男女女出外游，有人想吃墙头果，柚子皮核满路丢。"这是人们欢度中秋的真实写照，一切的精华都集中在一个"偷"字上。原来福鼎人民庆祝中秋的方式便是"偷"柚子。除了"偷"柚子，还有人"偷"南瓜，并美其名叫"抱南瓜"，其实这种"偷"俗是民间一种"讨头彩"活动，并非真偷，只是讨个吉利。

太姥山镇的中秋特色习俗，代表了民众对美好生活的向往。

太姥山镇重阳节俗

佘燕文　丁振强

　　九月初九重阳节，也叫"重九节"。在福鼎各地，重阳节的习俗侧重各有不同，太姥山镇处于太姥山脚下，登高野宴是重阳节习俗的中心内容。重阳节登高除了舒缓情绪、缓解劳作压力外，更深的意义在于避免灾祸。登高为何又扯到避祸？因为旧时医疗条件落后，暮秋天气寒冷，人们容易感染风寒以及各种疾病，重阳就被古人视为危险的季节。重阳登高意味着更加接近天神，更能获得天神的庇护。

　　如今随着时代的发展，重阳登高已经完全变成一种放松身心的娱乐。重阳节也被人视为老人节，其意是健康长寿，崇尚尊老爱老，重阳节当天太姥山镇当地政府会在各地养老院、街道以及社区举行尊老活动。

　　每年重阳节，潋城叶姓和海田费姓人家都会摆酒会宴宾客，把酒言欢，晚上还要放烟花尽兴。该习俗背后有个英雄的传说，宋末元初，天下纷乱，东南沿海偏居一隅的水澳古城"官埕尾"之外，有一个名号"东京"的小岛国。该国踞岛而居，国内政局混乱，奸淫烧杀，无恶不作，百姓处于水深火热中，惹得天怒人怨。小岛国中有潋城村叶姓和海田村费姓的两位先祖在此为官。叶、费两位先祖为官清廉正派，深受民众爱戴，却为当局所不容，欲除之而后快。那年九月初八晚，太姥娘娘同时托梦给叶、费两位先祖，让他们次日清晨务必携家小一同前往太姥山烧香祈福。九月九，叶、费两家听从娘娘叮嘱，携家登太姥山焚香祈福。当他们登上太姥山山顶时，回望东边，只见东海海面狂风大作，巨浪滔天。须臾，东海复归平静，但昔日"东京"小国已沉入海底。这便是流传在闽浙边界"沉东京，浮福建"的传说。后来，叶姓先祖在潋城肇基，费姓祖先在海田安家，自此繁衍生息，代代传承。此后，每年九月初九，潋城叶姓和海田费姓的后人，为纪念先祖功绩，全家人带上锅碗瓢盆登上太姥山顶埋锅做饭，在山上度过一天，寓意消灾避难。后来逐渐演变成在家会宴宾客的习俗，旨在铭记祖先功德以及消灾祈福。

　　与众不同的是，才堡村畲族的重阳节习俗是以歌会及祭祀的方式来度过的。是日，全村畲族同胞们三五成群，放声歌唱，热闹非凡。同时畲民还会去"九使宫"中举办隆重的祭典仪式，全村男女老少戒斋 7 天，祈求风调雨顺，国泰民安。

太姥山镇冬至节俗

佘燕文　丁振强

　　冬至也称"冬节""长至节"。古人把冬至看作是一年节气的起点，对于节日的重视程度不亚于新年，正所谓"冬节大如年""冬朝大似年朝"。太姥山镇冬至习俗主要有搓圆团聚和祭祀祖先。在当地，冬至日各家备羊肉、猪脚、狗肉、鸡、鸭等滋补。搓丸子是冬至的特色习俗，明人王应山在《闽大记》中载："冬至日，粉米为丸，荐拜祠堂及粘门楣间，取其丸以达阳气，民间不相贺。"这种搓丸之俗有团圆求子之意。关于福建冬至搓丸子的细节，胡朴安在《中华全国风俗志》中记载更为详细："冬至节前数日，当地人用糯米磨粉，置日中晒之，俟冬至前晚，备烛一盒，橘十枚，橘上各插一纸花，箸一双，蒜二株，陈列盘中置桌上。然后将糯米粉（俗称为'粞'）用开水调成糊，合家老幼，用粞制成银锭、银圆、荸荠等形。当初作时，必先搓小丸，俗称搓丸。冬至早晨，将所制糯米食品，用红糖拌匀，祀神祭祖后，合家分食。"旧时太姥山镇乡村的新婚女子要在冬至日这天搓汤圆，寓意婚后生活圆满和谐。在东埕村，叶氏是该村的一大姓氏，该家族人在冬至日下午家家户户都会送一碗汤圆去地主宫祭拜，寓意让神灵先享用美味汤圆，自己才能享用，体现了该家族虔诚的信仰。在叶氏这一大家族的影响下，该俗逐渐演变为一个全村的风俗，该俗至今犹存。

　　随着人们生活条件的改善，现在已经很少有寒冬刺骨的体验，寒冬也不像旧时那样有致命的威胁，人们对冬至的重视程度有所下降，不似旧时那样有隆重的祭祀。但是冬至吃汤圆在人们心里依然根深蒂固。

太姥山镇的庙会

✍陈宗生　佘燕文　丁振强

　　庙会又称"庙市"或"市场"，是集祭神、贸易、娱乐为一体的群众性聚集活动，是以寺庙为依托，在特定时间举行的酬神、娱神、求神、娱乐、游冶、集市等活动的群众集会。在太姥山镇人心里，庙会赶集是非常有趣的事情，其承载着当地人诸多美好记忆。

秦屿威灵城隍文化

　　城隍又称"城隍爷"，是旧时冥界的地方官，民间信仰中守护城池的神祇，各地均有，并不指具体的某个人，但基本上都是与当地有些密切关系的忠臣或名人，生前有功于国，有恩于民，死后便被人奉为当地的城隍，立庙祀之，人们希冀他们的英灵能同生前一样，惩恶除凶，护国安邦，庇佑百姓。

　　秦屿民众信仰城隍文化始于明万历年间，迄今已有400余年历史。

　　秦屿城隍庙，又称威灵宫，位于玉池街集贤山（原属积石街管辖）。坐东朝西，面朝风景秀丽太姥山，紧临小南门"望海亭"，可远眺东海红日东升，左临"天仙宫"，右有"萨公纪念碑台"。

　　据嘉庆《福鼎县志》记载，威灵宫，在秦屿积石山西，内祀"江夏候、周德兴、士官陈登，巡检张绘，外祀平倭少保戚继光"。又云；城隍庙，在城内安平社。旧为芦门巡检司公所，清乾隆辛酉六年（1741）知县傅维祖奉建，里人李枝发等捐田资兴建。迄今有270年历史，规模恢宏的明清宫殿式建筑，光绪年间至民国初期均有重修。昔时，秦屿城隍庙正面宽为14米，直深30多米，正面殿左右两旁建有客、厨二便房，占地面积约3000平方米。前后建有前堂、戏台、天井、拜亭、大殿、三王殿及东西廊房、钟鼓楼等。主体建筑为砖木构架，灰砖青瓦，泥塑装饰。庙宇古朴典雅，集绘画、砖雕与木刻为一体，构件精雕细刻，画有人物、山水、花鸟，栩栩如生。宫殿上门前横楣书写有"城隍威灵宫"五字题匾，大门左边横眉上写有"别善恶"，大门右边横楣写有"寓褒贬"，大门前中左壁面写有"秦江保威灵公"六个大字。说起正殿大门横眉上"城隍威灵宫"五个字。在秦屿民间流传久远有一段历史传奇故事。相传清乾隆年间，秦屿后澳山居住一户张姓挑夫，他靠着一支扁担专门在海滩上给人家渔船担鱼货过生活，每天在后澳沙滩上等"潮水"涨潮时候渔船回港时担鱼货，渔船未回港，他就用扁担当笔在细软沙滩上练习写字，这样日久年深在沙滩上练出一手好字来。后来，城隍庙建好落成之时，大门横眉上"城隍威灵宫"五个大字需要请书法上乘先生写大字，当时庙宇里的人叫了这位挑夫作先生，古时秦屿地方没有大楷毛笔，挑夫他用棕壳(叶)剥开丝条后，将棕壳绑捆成一支大笔，写上了"城隍威灵宫"五个大字。因此挑夫写大字一时在秦屿传为美谈。后来秦屿"关帝庙"三个大字也出自这位挑夫之手。

正门右联刻有"举念奸邪任你烧香无益"，左联刻有"存心正直见我不拜何妨"。左右边门两侧柱刻有"任凭世事千般诈，难遁神天一鉴明"，"损人利己休来问吾，所行何事先去问心"。有多幅寓意深刻的警世名联，这些楹联富含哲理，耐人寻味，对为官为人都能起到警示作用。

正门进入前堂中厅为单层结构，设有小型戏台一座，戏台隔天井，面朝下堂(殿)，戏台顶部为八角藻井，绘画有人物、山水、花鸟等精美图案。天井两侧为东西廊坊，上天井台阶为正殿，正殿神龛中奉祀有威灵城隍爷、城隍夫人、长生爷，两边立有六曹官、宋曹官、辛曹官、严曹官、度善案、注福案、治强案。两侧的墙面，左侧画有温、康、马、赵、唐、葛、周、柳八大将军，右侧画有曹国舅、李铁拐、蓝采和、张果老、韩湘子、汉钟离、何仙姑、吕洞宾八仙，图案活灵活现形象逼真。

由正殿两侧台阶而上"三王殿"，殿中供祀有宣天王、南朝王、平水王，两侧立有显天上帝、真武上帝、袁天罡、桃花女神、福德正神、招财进宝和合利市仙官、左文班、右武烈。

据城隍庙史记载，每年逢农历十月初五，开展隆重的城隍祭典活动，俗称庙会。城隍出境巡游，十境五街，大规模游境，热闹非凡，以弘扬城隍除恶扬善，民族文化精神。娱神时抬出威灵公城隍爷和世子塑像外，还有人装扮黑白无常，牛头马脸，孩儿花女等，礼炮连天，彩灯华照，前后乐队伴奏，巡游队伍浩浩荡荡。

巡游队伍中第一排出游时有阴阳公、阴阳婆两夫妻代表阴阳和睦，民间太平，祥和意思。

第二排日、夜游巡神，日游巡神监督日间善恶之人，掌管民间善恶之事，夜游巡神掌管夜间作恶之人，并上报判定罪恶。

第三排七爷(又称高爷)八爷(又称矮爷)，司负除奸灭恶之职责。高爷姓谢，名必安，身高脸白，矮爷姓范，名无救，身矮脸黑(秦屿方言叫大大和二二)。

队列中有牛头马脸，为阴府掌管恶人受刑。城隍出境时有虎铡、狗铡，是城隍判处恶人死刑之刑具。城隍有一宝物叫"铁算盘"，寓意就是"算不由人，人算不如天算"。城隍文化越来越被大众接受，其原因还在于它"劝人为善"的警世作用。出境队伍中又有人双手被反绑者，穿红衣红裤，是因本人父母时运不佳，有生命垂危之急，儿孩为尽父母所孝，身扮处斩者。还有人装扮黑白无常，前面身着古装手执"回避""肃静"旗牌和刀、斧、棒、枪、剑等器械八大将军队伍。后面有"舞龙、舞狮、花灯彩旗"等表演队伍。十境五街信众齐涌上阵，朝拜祈求城隍从人意，赐予康乐福祉，表达了百姓追求和谐生活的向往。

1949年后城隍庙因缺乏管理，被破坏。2000年秋，在一批热心人士倡议努力下，发动当地信仰民众共同筹资把威灵宫迁移到原城隍庙后面山坡上，重建了城隍庙大殿、下殿、宿舍和厨房，2001年工程全部竣工。如今城隍庙坐东朝西。面向风景秀丽太姥山，建筑面积300多平方米，砖木结构，殿中神灵栩栩如生，庄严无比，整座庙宇金碧辉煌，流光溢彩，每逢初一、十五游人香客纷纷前往进香朝拜，祷祝永佑安康，风调雨顺。

天后宫庙会

天后宫位于太姥山镇积石路后澳，面朝睛川湾，左邻"观音阁"，右有"临水宫"。秦屿信仰妈祖文化始于明景泰五年（1454），迄今已有570多年历史。据史料记载，当时渔民张亦伍和陈宇南由闽南迁居秦屿，从湄洲岛妈祖庙香炉中分引出三炷香，把妈祖引请到秦屿后澳海岸上。这里的渔民就将妈祖神炉香火安放在山间岩石一处石窟内。清乾隆年间，秦屿乡贤、贵州镇远县令林品南，倡建妈祖庙。庙宇占地面积2000平方米，大殿正梁上题清乾隆年间建造的字迹至今尚存。

妈祖宫殿灰砖青瓦，泥塑装饰，砖木框架，古色古香。它具有独特的结构和艺术创意，集石雕与木刻为一体，飞禽走兽、人物、花草，精雕细刻，栩栩如生。宫前有青石浮雕之虬龙陛阶，形象逼真，妈祖旌表雄伟庄严。宫门前便是戏台，由四根柱子撑着八角项，顶上绘画图案，依稀可见：柱子的石盘座尚在。戏台前正面是正殿，内供妈祖娘、通天圣母等三尊神像。渔民信众把每年三月廿三日妈祖娘诞生当作最大节日，开展隆重的纪念活动。

1966年"文化大革命""破四旧"期间，原妈祖庙及神像被毁，庙宇被占为他用。1986年，为抢救历史文物，弘扬妈祖文化，促进对台文化交流，一批热心人士倡议重新修建天后宫。于是，在广大信仰者和渔民群众的支持下，原戏台旧址上重建一座300平方米砖木结构的新天后宫。

太姥山镇的海产

佘燕文　丁振强

蛏

蛏是太姥山镇常见的海产。它壳质脆薄，呈长方形，背腹缘近于平行，前、后端圆或截形，壳面披一层黄绿色或黄褐色的壳皮，宛似两枚破竹片。蛏栖息于河口或有少量淡水流入的内湾潮间带中、低潮区的泥沙里，以足部掘穴居住，深达10至20厘米，以水管进行呼吸和摄食。其肉黄白色，常伸出壳外。

蛏肉鲜嫩味美，为海味中的上乘食品。食用方法多样，捕获后，剥去外壳洗净，取鲜肉做羹或晒干为蛏干。

明《食鉴本草》载："蛏，味甘，温。无毒。补虚补劳，治冷痢。产妇宜煮食之。"

太姥山镇农贸市场贩卖的蛏（佘燕文 摄）

海蜇

海蜇属腔肠动物门，又名"水母""海蛇""石镜"，以肉质厚、水分含量多、手感软绵为佳。体呈淡蓝色，分为伞部和口腕两部。海蜇不经过处理不可鲜食，捕捞后将伞部与口腕部分离，用明矾或食盐除去大量的水分，制成海蜇皮与海蜇头，可长期保存。加工后，以鹅黄透亮、脆而有韧性者为佳。

太姥山镇市场上出售的海蜇皮，是用海蜇的伞盖加工成的，蜇头是用其触角部分加工成的，色呈米黄或棕黄。海蜇皮是一层胶质物，质地松软，海蜇头稍硬，二者营养价值相近。据秦屿《王氏宗谱》记载，福鼎人在宋元时期开始食用海蜇。在太姥山镇，海蜇皮还有一个名字叫"白玉板"。

　　海蜇有较高的营养价值。明李时珍《本草纲目》载，海蜇"气味咸温无毒，主治妇人劳损、积血滞下、小儿风疾丹毒、烫火伤。"福鼎沿海乡镇妇女坐月子时，要煮"海蜇血"滋补身子。当地渔民也常用它来治病，盛夏时期极易感染肠炎，适当吃点鲜海蜇就会有所缓解。

泥蚶

　　泥蚶又称"花蚶""血蚶"，是一种埋栖于沿海滩涂的双壳贝类，为我国四大养殖贝类之一。其壳质坚厚，贝壳前端较短，后方稍长，前后缘均为圆形。放射肋 16—18 条，极强壮。壳内灰白色，边缘有与壳表放射肋相对应的较强锯齿状突起。蚶以其肉质鲜嫩、肥满、血红、味道醇厚、营养丰富、颗粒大小均匀而驰名远近，畅销日本和东南亚各地，为宴席佳品。

　　泥蚶肉味鲜美，可鲜食或酒浸，亦可制成干品。

泥蚶（太姥山镇党建办 供图）

海蜈蚣

　　海蜈蚣因身形像陆地上的蜈蚣而得名，又名"海蚕""海虫""海蛆""海蚂蟥"。海蜈蚣有很多小脚，但很短，蠕动靠百足不断地爬动或上下翻钻。它以海藻、海草为主食，也吃小虾、小鱼。海蜈蚣全身软体，血液和分泌物透红，以穴居为主，一般生长于浅海海岸滩涂或瓦砾下，周围稍有响动便会迅速钻入洞穴中。太姥山镇人喜欢在海水退潮时，捕捞海蜈蚣作为海

海蜈（太姥山镇党建办 供图）

钓的诱饵。

海蜈蚣的味道极其鲜美，在烹饪时要少加或不加调味品，以保持其特有的鲜美口味。福鼎传统做法是将海蜈蚣与酸菜一起烹饪，鲜酸可口，肉质细腻润滑，富有营养，是一待客佳肴。太姥山镇沿海渔民还将海蜈蚣煮熟后晒干，制成海蜈蚣干，价格昂贵。

跳鱼

跳鱼习性好动，弹跳力极强，喜欢在潮水退后的海滩上跳跃，因身上有淡蓝色花斑，故又称为"花跳鱼""跳跳鱼"。成年跳鱼体长8—15厘米，头大略扁，双眼凸出，嘴阔，灰褐色的身体布满着花斑，腹部有吸盘，能附在礁石上栖息，喜欢钻洞穴居于底质为烂泥的低潮区或咸淡水交汇的江河口滩涂。《福鼎县志》中载其"登物捷若猴"，因此俗称"土猴"。

跳鱼（太姥山镇党建办 供图）

跳鱼肉质细腻鲜嫩，吃法多样，既可干煎、焖烧，也可油炸、做汤，味道很鲜美。太姥山镇当地百姓常见烹饪做法有酸菜烧跳鱼、干煎跳鱼、酸笋跳鱼汤。

跳鱼还被视为滋补的佳品，日本人就将跳鱼誉为"水中人参"。特别是冬令时分，跳鱼肉肥腥少，有"冬天跳鱼赛河鳗"的美誉。

吕洲关公蟹

🖋黄宗盈

在大小蒙湾出海口两股海流形成的漩涡不远处，有一道长的礁岩连着，屹立山顶俯瞰，活脱脱一个"吕"字现在眼前，当地人取名"吕洲"。每年农历七八月间，吕洲盛产一种人面蟹，叫"关公蟹"。说来也怪，这关公蟹的脸面造型，对照《三国》中关云长的图像，极其相似。你看，蟹壳上关云长威风凛凛的样子栩栩如生，一双丹凤眼高高吊起，一对浓重的卧蚕眉剑拔弩张，左右腮与鼻梁隆得很高，胭脂唇闭很紧致，三尺垂鬓也翘上了天，不怒自威。许多人看了，都拍案惊奇，连连叫绝。渔民一旦在海上捕捉到关公蟹时，便都放回大海，不愿伤害它，还默念几声关老爷吉祥祝咒，这大概出于敬重吧。

有趣的是，这关公蟹十分害羞，其蟹壳上总有一片树叶覆盖着，给人一种不好意思见人的羞态。据《三国演义》叙述，关公当年与年仅6岁的陆逊相遇时，逊乳牙未退，脱口说出一句："将军今后必殁于蒙面人之手。"旁人即给关云长提示，莫轻视此孩童，今后他将是你战场上的对手。关公冷笑不已，答曰："乳牙未换，岂可当话。"20年后，关公败走麦城，最终死于陆逊手中。临死前，关公终于醒悟。后来，有人编了故事，说关公被斩后心怀不甘，其头颅飞上天空荡荡悠悠的，飘至吕洲洋面血洒海疆，点点滴滴鲜血变成关公蟹。关公蟹与别的螃蟹习性不同，不动则已，一动总要抓一片叶子遮羞在脸上。这沿海一带渔民捞到关公蟹时就会捞到一大网的树叶，这是否是巧合呢？

（本文据丁锡昌、王连年口述整理）

太姥山镇特色农产

佘燕文　丁振强

四季香芹

四季香芹叶柄浓绿，形态优美，风味香脆可口，是上乘佳品，曾被评为宁德市名牌产品。经过多年选育，太姥山镇已选育出四季香芹一号和四季香芹二号两个品种。四季香芹不仅含有丰富的维生素及矿物盐，还含有挥发性芹菜油，具有奇香，能促进食欲，有降血、明目、祛风祛湿等作用。

秦屿芦柑

秦屿芦柑是太姥山镇的名优水果品种之一。果呈扁圆或长扁圆形，个头大，果皮橙黄色，酸甜适度，果皮易剥，果肉囊多瓣大，汁多味浓，脆嫩爽口，品质极佳。秦屿芦柑一般于 12 月上市，产量高，销量大。

晚熟荔枝

太姥山镇属亚热湿润气候区，气温较高，日照充足，雨量充沛，四季分明，无霜期长，适宜晚熟荔枝生长，是闽浙边界种植荔枝理想之地。晚熟荔枝经过科学改良、选种，具有皮薄核小、肉脆汁多、色泽晶莹、细嫩化渣、酸甜适度、芳香四溢的独特风格。该品种单果重约 20 克，可食率 65%，含糖量高达 26%，比一般荔枝高出 8% 左右。一般于 7 月初上市，到 8 月中旬都有出售，比岭南荔枝晚熟一个多月。因此，晚熟荔枝市场效益高、名声大，深受群众好评。

太姥白茶——绿雪芽

太姥山鸿雪洞旁的石缝中，生长着一株老茶树"绿雪芽"，它就是福鼎大白茶的原始"母株"。目前福鼎地区还没有发现其他绿雪芽原始母株，因此这株显得格外珍贵，是研制白茶的重要母本。树高6米多，树高6.2米，树幅5米，主干直径0.18米，最低分枝离地3米，至今仍然每年发芽抽枝。据说，现在福鼎白茶所采用的品种之一福鼎大白茶便是由此繁殖而来。早在明末清初，周亮工就在《闽小记》中提到"太姥山古有绿雪芽"。清代陆延灿《续茶经》载："福宁州太姥山出茶，名绿雪芽。"清郭柏苍的《闽产录异》也有记载："福宁府（闽东旧称）茶区有太姥绿雪芽。"民国卓剑舟在《太姥山全志》中诠释："绿雪芽，今呼白毫，色香具绝，而尤以鸿雪洞产者为最，性寒凉，功同犀角，为麻疹圣药，运销国外，价同金埒。"如今，这株绿雪芽古茶树已被福建省绿化委员会、福建省林业厅列入古树名木保护名录，是见证福鼎白茶生产历史的"活化石"。

太姥山的茶因为品质上乘，很快名扬四海。据《中国名茶志》考证，明代福鼎的太姥山绿雪芽就已是名茶了，与武夷山的铁罗汉、白鸡冠、紫笋、松萝等齐名。

槟榔芋

槟榔芋在福鼎地区广泛种植，其地域保护范围为东经119°55′—120°43′，北纬26°55′—27°26′之间，囊括福鼎17个乡镇，太姥山镇是其中之一。

福鼎槟榔芋形如炮弹，长30—40厘米，粗12—15厘米，表皮棕黄色，芋肉乳白色里夹杂着紫红色花纹，易煮熟，质地细、松、酥，浓香可口、风味独特。福鼎槟榔芋耐贮性好，鲜芋保质期达半年以上。

福鼎槟榔芋在烹调上可炸、煮、蒸、炒，做粮当菜皆宜。用福鼎芋粉为原料烹调的"红鲤藏泥""太姥唐塔""太姥芋泥""挂霜芋""芋虾包""菊花芋"等名菜，被列为北京人民大会堂和钓鱼台国宾馆的佳肴，受到党和国家领导人以及外宾的赞赏。鲜母芋可以雕刻成各异花样，蒸熟后即为色、香、味、形俱佳的宴上名菜；加工生产的"纯福鼎芋粉""奶油芋粉""多味烤干片""福鼎金元片""油炸芋片"等系列产品，畅销国内和东南亚各国，成为福鼎市主要出口创汇农产品之一。此外，槟榔芋还可制成各式各样的芋粉、干芋块、速冻芋泥、芋块，更是制作冰激凌、高级糕饼、香芋酥的优质原料。

福鼎槟榔芋先后荣获轻工部和福建省人民食品工业名优新特产品和工业品博览会优秀奖、武夷奖、铜牌和银牌奖。1983年在"全国出口商品生产基地、专厂建设展览会"上展出，受到国家外经贸部高度赞誉，并颁发"出口产品、品质优良"荣誉证书；1990年在北京人民大会堂召开的"福建省闽东老区扶贫成果汇报会"及

1991 年在北京农展馆召开的"全国菜篮子工程展销会"上展出，受到广大来宾的好评；1997 年在福建省农业名特优新产品展销会上，被评为"福建省农业名特优新畅销产品"；2000 年被福建省授予"福建省名牌农产品"称号。

太姥山镇特色小吃

佘燕文　丁振强　王丽枫

拗九粥

农历正月廿九日拗九节是福州特有的民间传统节日，又称"后九节""孝九节"和"送穷节"，是日，家家户户早上都煮"拗九粥"。太姥山镇亦有此俗。

关于拗九粥的来历，有一段感人的传说。相传旧时有一人蒙冤入狱，女儿每天去牢房给父亲送饭都被狱卒私吞，到正月二十八这一天，其父已经饿得奄奄一息。女子苦思冥想，上街买来原料

拗九粥（太姥山镇党建办 供图）

煮成一锅饭送进牢里。狱卒又想独吞这篮饭，但一看黑乎乎的，马上就问这是什么东西。这小姑娘从容答道："我家今天没钱买米，只好向邻居大婶讨来昨日的锅巴，熬碗粥给我阿爷充饥。"狱卒听后，捏着鼻子，歪着头，连连挥手喊叫道："走，走，走！快把这脏东西送进去吧！"此后，女子天天用这办法把"拗九粥"送进牢房，众狱卒连理都不理，直至父亲平冤昭雪出狱。

拗九粥用糯米、黑枣（或红枣）、桂圆、花生、葡萄干、黑豆加上红糖混合煮成，呈暗红色，质地黏稠。此粥虽然其貌不扬，但美味可口，其制作方法更有讲究，要经过四道工序。

第一道工序为浸泡糯米、莲子和花生。糯米浸泡 30 分钟，浸泡过的糯米更容易煮透且香味更浓。莲子和花生由于比较硬，需要用清水浸泡 1 小时，才更容易煮烂。莲子要抽取莲心，才不会有苦味；花生浸泡后应把上层皮脱去，吃起来不会涩。

第二道工序为蒸煮。首先将浸泡过的糯米捞起，重新淘洗后放置小蒸笼里，用旺火蒸 10 分钟后起锅，加上适量的水，再将事先准备好的红枣、葡萄干、桂圆干、莲子、花生、荸荠一同放入，均匀搅拌，用旺火煮五分钟左右。

第三道工序为加糖。当糯米开始呈现出黏性时，放入一定量的红糖板，此时应慢火煮3分钟。

第四道工序为搅拌。红糖板在糯米饭中全部溶解后，用饭勺轻轻搅拌，待糯米饭颜色变红即可关火，只需1分钟时间。这样，拗九粥就煮成了。

拗九粥黏糯滑软，香甜可口，因其所用材料均甘温补脾、益气御寒，所以适宜寒冷的正月食用。此粥营养价值丰富，有助消化，健脾润肠、补气安神、清心养血等功效，不仅可作为日常美食，还可给年老体弱或病愈后脾胃虚弱者滋补之用。

秦屿肉燕

肉燕因状似飞燕而得名，又因包起来的形状如含苞待放的长春花，又称"小长春"。肉燕是太姥山镇人逢年过节和待客必不可少的一道菜。在物资匮乏的年代，肉燕来之不易，只有在婚嫁、满月、周岁等重大喜庆宴会，才会用来招待尊贵客人。肉燕在当地又名"太平燕"，坊间有俗语："吃一口太平蛋，配一个太平燕，保你一生吉祥平安！"

肉燕本是福州地区特色小吃，相传是清乾隆年间福宁府知府李拔的厨师，将肉燕带到福鼎，随即在福鼎流行。秦屿人依据本地特色，将肉燕的制作手艺加以改进，使其更具福鼎的山海特色。

福鼎肉燕对于制作原料要求极高。所用的瘦肉，必须是刚宰杀的猪腿上那块精赤瘦肉，不带一丝肥肉。将肉制成肉泥的过程颇费工夫，敲打得糯、绵，直到整堆黏在板上几乎抓不起为止，并将根根肉筋剔除干净，加入适量精盐揉成肉坯。然后和上细筛过的管阳、叠石等山区产出的优质番薯粉。有的师傅制作的燕皮薄如白纸，光洁滑润。将肉燕放入高汤中煮熟即可，味道细而不腻，柔而脆嫩，味鲜适口，宛若燕窝，兼有荤素风味。

肉燕（佘燕文 摄）

珍珠丸

珍珠丸，白如雪，个头只有花生米大，因其外观像珍珠而得名。又因其制作时需要不停滚动，又被叫作"车圆""车丸仔"。从表面上看，它与市面上的汤圆并无异样，但其制作全都是手工完成的，里头藏馅料，外头用上等糯米粉裹着。特别是馅心，若是用机器加工，就会显得过于柔软，在滚动中易粉碎，而手工制作通常得耗费大半天的时间加工。

珍珠丸的制作可谓烦琐，首先将备好的花生仁、桂花、芝麻、白糖等馅料碾碎，放进油锅高温翻炒，直到凝结成一片，再盛起放在一旁降温。大约 4 个小时后，再将已完全凝固在一起的馅料切割成一粒粒花生米大小的馅心，放入一个直径为 80 毫米的筛子。接下来的工序尤为重要，把已准备好的糯米粉倒入筛子中，滚动筛子，带黏性的馅心很快便会吸附住白色的糯米粉。滚动中为防止过于干涩，造成糯米粉脱落，还得不停用糖水喷湿。基本上得保持滚动一回喷一次糖水，反复多次，直至馅心全都均匀裹上一层厚厚的糯米粉，形成一粒粒白色小丸子，珍珠丸的制作这才大功告成。将小圆球放入沸水中加热，待其全部浮上水面，便可捞起食用。煮熟的珍珠丸很有弹性，掉落在地上还能弹起老高，口味绵软有嚼劲。

锅边糊

锅边糊又称"鼎边糊"，因为太姥山镇当地人称锅为鼎，它是具有福州特色的汤点小吃，是从福州传入的。关于鼎边糊的来历，有一个故事，相传明嘉靖年间，倭寇骚扰我国沿海地区，大将戚继光率兵来到福州，福州人民积极支持大军。为了让子弟兵吃好战饭，人们用大米加清水磨成浓浆，摊在锅边，米浆在锅边烫成干皮后铲入正在熬的虾汤中，加芹菜、葱、虾皮、香菇等作料、煮制而成。其味道鲜美，食用方便，营养丰富，深受士兵欢迎。没多久，戚继光就将倭寇赶出了福建沿海。此种吃法也从福州向福建各地流传开来。

锅边糊（太姥山镇党建办 供图）

乌米饭

乌米饭是畲民的传统食品，可谓名副其实，吃起来连碗筷也被染成乌黑色。乌米饭的制法是将洗净的乌稔树的嫩叶捣烂后用布包好放入锅中煮沸，然后捞出布包将糯米倒入乌稔汤汁中浸泡9小时后捞出，接着放入蒸煮笼里蒸熟即可食用。刚出锅的乌米饭清香糯柔、细腻可口。由于乌稔树叶汁是"天然的防腐剂"，乌米饭极耐储存，在夏季常温下就可保存两天，冷冻条件下可储存两个月之久。冷却的乌米饭用猪油热炒，更是香软可口。乌稔饭还有很高的营养价值，具有开胃健胃、祛湿气等功效。畲民一般于三月三吃乌饭，这有很多传说，其中被较多人知道的与雷万兴有关。

相传唐代畲族有个英雄雷万兴，在反抗统治阶段压迫的斗争中，被关进牢房，他力气大，饭量也大，一顿要吃一斗米饭，其母送来的米饭常被狱卒抢吃掉。于是，雷万兴就叫母亲把饭染黑，狱卒见状再也不敢吃了。雷万兴吃了饭，养足了力气，恢复了体力，后来越狱，勇敢作战，于三月三日战死沙场。后来，族人就于每月三月三日染食乌

乌稔树叶（太姥山镇党建办 供图）

米饭以示悼念。另有一种说法是，有一年，雷万兴带领畲军抵抗唐朝庭南征官兵，被围困在山上断了粮草，只好以黑色的乌稔果充饥。胜利后，在三月三节日的酒桌上，雷万兴忘不了乌稔树果子的功绩，就吩咐士兵上山采摘。可是这三月时节，乌稔树刚开花，所以兵士们只采了些乌稔树叶回来。这时有人出了一个主意，把乌稔树叶与米一起煮，果然米饭变成了乌黑透亮的乌米饭，吃了之后，畲军士气大振，打了不少胜仗。为了纪念抗敌胜利和雷万兴的功绩，畲民每年三月三就采摘乌稔树叶熬汁煮乌米饭吃。

秦屿鱼饺

鱼饺因其皮用鱼肉捶成而得名，以取料精良、制作精细而闻名。秦屿鱼饺的主

要原料是草鱼、五花肉、香菇、葱白、冬笋、鸡蛋、地瓜粉等。其制作工艺要求较高，特别是对刀工的要求。制作时，将草鱼宰杀干净，连皮取下草鱼背部两面厚肉，以鱼皮为底边，将鱼肉块两侧修成等腰三角形，再切成厚约2毫米的连刀片，第一刀切至鱼皮而不断，第二刀切断，展开后成菱形，在连刀鱼片两面沾上地瓜粉，放入五花肉、香菇、冬笋剁末制成的馅丸，捏紧两边即成鱼饺。鱼饺可以水煮或油炸，吃起来有鲜无腥。

秦屿鱼饺（太姥山镇党建办 供图）

八宝芋泥

八宝芋泥是福鼎传统的甜食。太姥山镇芋头质松、肉香、味美，是制作芋泥的上乘材料，因此当地的八宝芋泥更为香郁甜润，细腻可口。它不仅以独特的味道脍炙人口，且寓意吉祥如意，是当地婚宴喜庆、逢年过节、家人欢聚的必备美食之一，在宴席上最后的甜点必定是芋泥。此菜制作工艺颇有艺术，把槟榔芋刨皮，切成数块，上蒸笼蒸熟，取出放案板上，用棍或刀面压成茸，

八宝芋泥（太姥山镇党建办 供图）

要压细无核块。再将芋茸放入大碗，加入白糖、猪油、打散的鸡蛋、熟油搅拌调匀，抹平碗面。上蒸笼蒸一小时后取出。另将花生、红枣、冬瓜糖、梅舌剁成小碎粒，与芝麻一并撒匀芋泥面上，因烹制过程使用八种辅料，美称"八宝芋泥"。

　　"八宝芋泥"有一个故事，传说某年中秋节前夕，戚家军大胜倭寇，遂依山扎营，进行休整，并准备庆贺胜利和欢度佳节。狡猾的倭寇却趁此机会把部队团团围住，企图困死戚家军。戚家军粮草不济，只好挖野菜、野芋充饥。戚家军中因多是北方人，对于野芋的芋性不了解，用水把野芋煮熟后发现野芋又麻又硬，十分难吃。后来伙夫以蒸代煮，野芋被蒸得烂熟，粉绵绵吃起来又香又易下咽。野菜、野芋帮戚

家军渡过难关，击败倭寇。蒸芋头的吃法经不断改进，遂演化成八宝芋泥这道小吃。

番薯饺

番薯饺顾名思义是由番薯制作成的，外观呈黄色，整体晶莹透亮。因其有3个棱角，呈三角形，故又称"三角饺"。番薯饺饺皮的制作是把番薯去皮蒸熟、捣烂，加上淀粉揉匀而成。番薯饺一般以花生、芝麻、猪油和白糖作馅，揉了一会儿后，将其捏成团并压扁包成三角形，然后放入蒸笼蒸熟。该小吃皮薄而有嚼劲，馅料带甜，咬一口清香流口，甜而不腻，慢慢咀嚼，花生仁香味布满口中，久吃不厌。

鼠曲粿

鼠曲粿是以鼠曲草和粳米或糯米为主要原料制成的一道糕点。鼠曲草在清明时节最为鲜嫩，又俗称"清明草""清明花"，因此是清明节里一道时令美食，福建、广东、江西、湖南以及安徽等地均有制作食用清明粿的习俗。

太姥山镇的鼠曲粿的做法比较简单，将浸泡洗净后的大米倒入机器，碾压成粉末状。接着，勾兑适量比例的水进行人工搅拌，待面粉颜色大致均匀后，与鼠曲草一起被送入蒸笼。讲究的人家还会用模具压模，制成精美的图案。经过十多分钟的蒸制，即可出锅享用。与广东的鼠曲粿不同的是，太姥山镇的鼠曲粿一般是不带馅的。

现在，为了在过季的时候也能吃到鼠曲粿，不少人还将鼠曲草碾压成粉末，进行密封保存，需要的时候再取出制作。通过碾压成粉末，鼠曲草至少能保存两个月，大大延长了这道时令美食的可食用时间。除了能够吃到的时间更长之外，鼠曲粿的食用方法也变得多种多样，可煮熟后蘸取白糖食用，也可加入红糖一起翻炒，软乎乎的却甜而不腻。不爱甜食的人，还可以煎炸后洒上椒盐品尝。如今为了适合市场需求，鼠曲粿有咸、甜及咸甜双拼三种馅，适合不同人口味。甜

鼠曲粿（佘燕文 摄）

馅以绿豆沙、乌豆沙为主,咸馅的主力是糯米香饭,佐以猪肉丁、香菇丁、花生末等。

立夏夏饼

福建的夏日酷暑难耐,立夏这天,太姥山镇的群众要用夏枯草煎汤喝,也必吃夏饼。

夏饼的制作方法也十分讲究,细细磨好泡了一晚的米,按比加入韭菜、鸡蛋、糯米、蚕豆,再撒进些许的糖,继续研磨成淡绿色的糊状,直至米糊细腻绵密,最后往米糊中放上一罐干净的冻冰罐子保鲜。淡绿色米糊子在油锅的加热中自然而然摊成饼状,随即翻着面饼以叠毛巾似的将面饼叠成方块,出锅即可食用。

如今随着农业技术的发达,蔬菜栽培技术的发展,蔬菜与时令的"不匹配"已是常态,夏饼也成为常见的街头小吃,没有了以往只有立夏时节才能吃的仪式感,立夏吃夏饼的风俗在年轻一辈中也逐渐被淡化。

夏饼(佘燕文 摄)

红龟

在太姥山镇人心中的红龟是一吉祥物,红龟的外表看起来像是一只红色的小乌龟,呈扁平、椭圆形状。在走亲访友、逢年过节或者家有喜事时,它常被选为礼品。如当地人家有添丁的,在满月礼上就要送给亲朋好友红龟,以示庆贺。

红龟主要分为两个部分,即表面的"龟壳"和内部的"龟身"。龟壳也就是表皮,

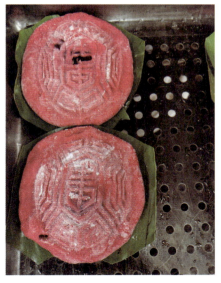

红龟（佘燕文 摄）

红龟模具（佘燕文 摄）

是用蒸熟的糯米粉和加入红色的食用染料，搓揉而成。而龟身也就是龟肉即馅，是用花生仁碎粒、蜜枣、冬瓜糖、芝麻、面粉等原料揉捏在一起，蒸熟后搓成团状或长条状，然后用刀切成一粒粒的，再搓成圆状当馅。随后将皮和馅包好后重新搓圆，放入有龟形模具中，印成龟形后，用良姜叶做垫底放入蒸笼蒸熟，摆在竹篾上面晾干即可。

小笼珍珠包

小笼珍珠包，原名"小笼三线包"，用猪后腿的瘦肉和三线肉配上虾仁、香菇等剁碎为馅，精粉为皮。接近一笼珍珠包，就会闻到一股香味：有些微甜糖粿的味道，夹杂着粽香和肉香。再看：一个直径大约20厘米的竹制小蒸笼冒着热气被端上桌子，蒸笼里几片翠绿的粽叶（学名月桃），粽叶上放着十个小笼包（一屉十个），油亮亮的淡灰色薄皮里隐隐透着粉色肉碎和绿葱花的馅，真像珍珠一样小巧、鲜香，忍不住夹一个放嘴里，嚼一口，感觉那皮有糯米的黏感，热乎乎的滑嫩又不黏口。

邱世强家的小笼包始创于1846年，由邱文灼创办。邱文灼，字景彪，号耀谷，生于清嘉庆十六年（1811），好学勤练，博采众家之长，研制各类小吃，一生中多次参加各种名小吃竞赛，获得过名次。他首创小笼三线包，将制作秘方流传后世。现在的"邱记小笼珍珠包"根据小笼三线包的制作秘方，经过多年反复实践，对工艺进行改良，结合了现代的口味需求，调配精致的佐料，并研究了完美的包装。他不但讲究口感，更是在原材料和工艺上层层把关、严格要求。邱记小笼珍珠包，已成为当地一道特色小吃，也荣获了"中华名小吃""福建名点""宁德市知名商标"等荣誉，2023年被列入福鼎市级非物质文化遗产名录。

土钉冻

林金宝

　　太姥山镇，海鲜小吃品种繁多，其中的"土钉冻"别具风味，特别在炎热的盛夏，品味土钉冻，实在凉喉爽心，回味无穷。

　　土钉冻是用一种生活于有淡水注入的海边浅滩咸草地里的小型星虫加工制成的。该虫体长约10厘米，呈圆筒状，似钉子，前端较细、表皮灰黑，故被当地人称为"土钉"，又称"泥丁"或"土笋"。

　　土钉整年都可采挖，尤其是到了重阳，秋高气爽季节，个体较大，海边人成群结队下滩采挖。人们凭着滩面留下的小虫孔，用特制的三角形虫锄，翻开表层的泥土寻找带粉青色泥土的虫道，轻轻浅挖，就可采挖到。

　　将土钉放在石板上反复揉搓，脱去灰黑的表皮，挤破内脏，清洗干净后虫体变白，然后按一定的虫水配比，放入锅内旺火煮开，再加入佐料，搅匀舀入容器静置于阴凉少震动的地方或冰箱内，冷却结冻即成了晶莹剔透的土钉冻。

　　旧时秦屿晴川一带滩涂广阔，水草丰盛，特别适合生长土钉。秦屿人善于加工土钉，花样百出，精巧无比，制出的土钉冻赏心悦目，因此远近有名。近年来，由于大批海滩被开发，土钉很少见了，实在可惜。

太姥礼饼甜又香

黄和平

太姥礼饼（佘燕文 摄）

礼饼在太姥山是历史悠久的传统糕点，因原料考究，制作精细，烘烤出炉后入口美味香甜，广受人们欢迎。

"桂花香馅裹胡桃，江米如珠井水淘。""海上仙都"的礼饼，不愧名列第一好糕点，果真又酥又甜好味道。

礼饼能位列众多糕点之首，除了食用功能外，还有"礼"的功用。在太姥山镇，遇有婚庆寿诞人家，人们是把礼饼作为一种有档次的礼物之一来赠送的，尤其是订婚的家庭，除了备有猪脚线面衣料等礼物送给女方家外，礼饼是一定要有的。无饼不成礼，有饼亲才订。

定亲聘礼送礼饼，在老家有许多讲究。除了造型方圆寓意团圆美满外，礼饼的表面上印有莲花图案绕饼外沿一圈，莲花与莲子同属一根，美好寄意不言而喻。而且，饼的中央印有的"囍"明确含有双方同喜和喜结连理的意思。

礼饼的款式造型有讲究，馅料也有学问。嫁女饼的馅料往往是色彩缤纷，颜色喜庆，相当讨喜。而男家在定亲或婚庆大礼当日，要先将礼饼放在礼盒内，数目不限但一定要双数，寓意成双成对，而且每款礼饼都各有寓意，白绫五仁酥馅寓意白头偕老，红绫莲蓉酥寓意红运当头，黄绫豆蓉酥寓意金银满屋，等等。无论哪种款式什么馅，凡是作为定亲或婚庆用的礼饼一定都是加了料精加工，因此味道格外好吃。

附录：

大事记
（1949 年后）

1949 年 6 月，福鼎解放，全县重新划为四区一镇，秦屿设第二区，辖原秦屿镇、店下乡、巽城乡和硖门乡，同年 11 月改为第三区。

1952 年，秦屿改为第五区。

1953 年始，建成一批二轻工业企业。1985 年最盛时秦屿二轻工业共有 13 个企业。

1955 年，秦屿区复为秦屿镇。

1957 年，建成首座 50 吨位的驳岸式码头。

1958 年 8 月，成立秦屿人民公社。

1958 年 9 月 4 日，12 级强台风导致秦屿损失惨重，高 15 米古建筑魁星楼被毁。

1958 年 9 月，在"秦屿小学附设初中班"基础上创建福鼎四中，后于 1959 年 3 月正式命名为"福鼎县第四中学"。

1958—1959 年，政府每日投入上万工的劳力修复官村、东埕、樟岐等老海堤。

1959 年 12 月，动工兴建吉坑水库，总库容 558 万立方米，于 1961 年 9 月建成。

1961 年 6 月，恢复秦屿区，秦屿区辖秦屿镇。

1966 年，动工建设后岐海堤，堤长 900 米，于 1970 年 5 月竣工。

1968 年 9 月，设秦屿人民公社，崳山划出秦屿管辖区域。

1971 年 3 月，动工兴建长章溪水库，总库容 153 万立方米，于 1974 年 3 月建成。

1975 年 10 月，动工建设小东门海堤，长 876 米，于 1978 年 12 月竣工。

1975 年，筹建秦屿第二小学，于 1978 年 9 月建成投用。

1975 年，秦屿水电站建成，装机容量 1 千瓦时。

1977 年 6 月，秦屿至城关公路通车。

1977 年 10 月，动工建设平桥水库，于 1983 年 12 月竣工。

1978 年，秦屿自来水站建成，日供水 1000 吨。

1982 年 8 月，秦屿镇改为秦屿区。

1982 年 9 月，秦屿中心幼儿园建立。

1983 年，秦屿镇中心卫生医院开五官科，收治一些简单病例，同年还配置了心电图，设立专室。

1984 年 12 月，12 头抹香鲸搁浅樟岐村打水澳。

1987 年 8 月，建成秦屿敬老院。

1987 年，秦屿区复称秦屿镇。

1987 年，筹建秦屿农贸市场，于 1988 年 5 月建成开业，占地面积及店面摊位为当时宁德地区集镇市场之最。

1988 年，太姥山被列入第二批国家级风景名胜区。

1988 年，太姥山国兴寺遭火烧毁，2005 年国兴寺遗址被公布为第六批省级文物保护单位。

1989 年 1 月，太姥山 30 瓦调频发射广播试播成功。

1989 年 1 月 14 日凌晨，天降瑞雪，积雪达 5 厘米。

1989 年 1 月 27 日，由秦屿开往嵛山的"鼎秦客运 2 号"客班船于跳尾处遭风沉没，船工与乘客 34 人全部死难。

1990 年 5 月 1 日，秦屿电视地面卫星接收站建成正式使用。

1992 年秋，创建福鼎第十七中，1994 年迁址到秦屿镇积石路。

1992 年底，秦屿中心卫生院改为福鼎县第二医院。

1994 年，建成 200 吨级客货码头。

1998 年，福鼎四中评为省三级达标学校。

2000 年 8 月，建设二湖溪水库，洋里电站完成技改。

2000 年，开始筹建牛栏岗海滨浴场，2002 年投入运营。

2002 年，经福鼎市政府批准成立太姥山镇水井头工业项目集中区，这是福鼎市工业区"一园十区"重要组成部分，位于太姥山镇集镇北部，规划面积为 900 亩，其中企业供地 636 亩，路网供地 264 亩。

2003 年 12 月，筹建秦屿镇水井头项目集中区，用地面积约 1000 亩。

2003 年，秦屿镇荣获"全国文明村镇"荣誉称号。

2005 年 1 月，福宁高速并入 G15 线沈海高速公路，在太姥山镇设有高速出入口。

2005 年，秦屿镇被国家发改委确定为首批发展与改革试点城镇。

2005 年，海鸥公司入驻水井头工业集中区，成为工业园区内第一家投产的企业。

2006 年 8 月 10 日，超强台风"桑美"登陆，给秦屿带来重大损失，死亡 14 人。

2006 年 9 月 1 日，国家发展改革委同意宁德核电站一期工程开展前期工作。

2008 年 2 月 18 日，宁德海峡西岸经济区建设的第一座核电站——福建宁德核电站主体工程正式开工。

2009 年 3 月，潋城古堡、秦屿戍守台湾将士墓群（包括虎头岗、圣寿岭）被公布为第七批福建省文物保护单位。

2009 年 9 月 28 日，"福温高铁"正式开通运营，设立太姥山动车站。

2009 年，彭坑后门山遗址被公布为第七批省级文物保护单位。

2010 年春，秦屿中心小学文昌阁重建。

2010 年 5 月，秦屿第二小学新校区一期工程正式启动。

2010 年 9 月 5 日，时任国家副主席习近平视察宁德核电项目。

2010 年，太姥山入选世界地质公园名录。

2011 年 3 月，秦屿镇更名为太姥山镇。

2011 年 10 月 27 日，举行太姥山镇揭牌仪式。

2011 年，太姥山镇文化综合服务中心建成投用。

2012 年 10 月，虎头山公园建成投用。

2012 年 10 月，建设太姥山镇生活污水处理厂，一期工程日处理 1 万吨，于 2013 年 12 月初正式投入使用。

2012 年，完成玉池街、碧海路、秦川北路、育贤路景观街改造。

2013 年 2 月，秦屿中心幼儿园搬迁至旧二小。

2013 年 3 月，戍守台湾将士墓群公布为第七批全国重点文物保护单位。

2013 年 4 月 15 日，宁德核电首台机组正式投入商业运营。

2013 年，太姥山被授予国家 AAAAA 级旅游景区。

2014 年 5 月，太姥山旅游集散中心正式开工，于 2017 年 9 月投入使用。

2016 年 1 月，福鼎市行政服务中心太姥山分中心建成投入使用。

2016 年 7 月 21 日，宁德核电全面一期工程四台机组全面建成，年发电量达到 300 亿千瓦时。

2016—2019 年，太姥山镇连续四年入围"全国综合实力千强镇"。

2017 年 1 月，太姥山镇垃圾压缩中转站完成主体工程。

2018 年 3 月，实施牛郎岗景区拓展提升改造。

2018 年 4 月，福鼎第二人民医院新院区启动建设。

2018 年 9 月，动工建设太姥山镇第三小学，于 2020 年 9 月投入使用。

2018 年 12 月 4 日，秦屿国营农场农垦改革后成立茶塘社区。

2018 年，相继完成秦川大道、975 县道集散中心段、玉池路二期改造提升。

2018 年，动工建设太姥山第二中心幼儿园，于 2019 年 9 月投入使用，2021 年 1 月独立办园。

2019 年 3 月，太姥山镇城乡供水东南管网改造。

2019 年 11 月，太姥山敬老院项目（一期）投入使用，同年二期工程开始建设。

2019 年，太姥山镇获评"全国卫生乡镇"称号。

2019 年，实施海山大道一期（北段）、水井头三期路网求是路、交警大楼、八都桥拓宽改造项目建设。

2020 年 4 月，太姥山镇被列为福建省经济发达镇行政管理体制改革单位。

2020 年 7 月 22 日，福鼎市太姥山茶业商会举办揭牌仪式，25 日在太姥山镇人民政府礼堂隆重举办太姥山茶业商会成立大会，共吸收近 150 个单位会员和个人会员。

2020 年 8 月 25 日（农历七月初七），太姥娘娘圣诞日，首届"白茶始祖·太姥文化传承礼暨七夕主题文化活动"在太姥山景区博物馆广场隆重举行。

2020 年 11 月 6 日，太姥山镇荣获"中国白茶始祖小镇"的颁授仪式在太姥山旅游集散中心广场举行。

2020 年 12 月，海山大道（一期）工程建成投入使用。

2021 年 7 月 13 日，太姥山镇被授予"全国文明镇"。

2021 年 7 月，牛郎岗景区拓展提升项目。

2021 年 10 月，太姥山镇银安西路、南门仔等市镇道路修建。

2021 年 12 月 16 日，福鼎市第二医院（新院区）一期建设项目竣工。

2021 年 12 月 26 日，全国唯一"福鼎老茶树群落核心保护区"揭牌。

2021 年，举办"中国白茶始祖小镇喊山祭茶仪式"和"中国白茶始祖太姥娘娘敬祀大典"。

2022 年 1 月 29 日，旧八都桥完成重建落成使用，总造价 396 万元。

2022 年 11 月 22 日，宁德地质公园文化旅游节活动在牛郎岗景区举办。

2022 年 12 月 20 日下午，召开太姥山镇诚信促进会成立大会。

2023 年 2 月，乡道 Y906 巨蒙线竣工，全长 6.7 千米，总造价 2400 万元。

2023 年 3 月 27—29 日，举办福鼎市白茶节太姥娘娘祭典活动。

2023 年 4 月 14 日上午，福建省老体协王美香主席一行到太姥山镇调研老年人体育事业工作。

2023 年 4 月 15 日上午，举办最美太姥山骑行赛。

2023 年 4 月 17—19 日，福建省旅游经济发展大会在牛郎岗景区举办。

2023 年 4 月 22 日，举办方家山村三月三畲族歌会活动。